BETHLEHEM
BIOGRAPHY OF A TOWN

伯利恒

[英] 尼古拉斯·布林科 著

周平 译

上海译文出版社

目 录

序　圣诞布丁　　　　　　　　　　　　　　　　　　001

第一章　游牧部落与恋人
　　　　——从石器时代到青铜时代　　　　　　　001

第二章　气味、香料及化学品
　　　　——铁器时代　　　　　　　　　　　　　023

第三章　伯利恒与基督
　　　　——古典时代　　　　　　　　　　　　　042

第四章　海伦娜教堂
　　　　——基督教罗马时期　　　　　　　　　　071

第五章　皇帝的新教堂
　　　　——拜占庭　　　　　　　　　　　　　　095

第六章　商人到十字军
　　　　——从伊斯兰的征服到十字军的城　　　　113

第七章　马穆鲁克与奥斯曼
　　　　——从 13 世纪至 19 世纪　　　　　　　132

第八章　英国人

　　　　——维多利亚时代至二战时期　　　　　　153

第九章　约旦

　　　　—— 1948—1967　　　　　　　　　　　177

第十章　以色列

　　　　——从 1967 年到奥斯陆事件　　　　　191

第十一章　巴勒斯坦

　　　　——奥斯陆之后　　　　　　　　　　　200

第十二章　定居者的未来　　　　　　　　　　214

第十三章　伯利恒之未来　　　　　　　　　　229

附录　定居点名录　　　　　　　　　　　　　235

参考文献　　　　　　　　　　　　　　　　　238

致谢　　　　　　　　　　　　　　　　　　　255

译后记　　　　　　　　　　　　　　　　　　257

序

圣诞布丁

1994年12月，我带着一盒圣诞布丁第一次去伯利恒。对女友的父母来说，这应该算理想的礼物吧，尤其是在圣诞节，尤其是在伯利恒。莱拉的父亲安东·桑索尔是位数学老师，小个儿，浓密的头发直冲冲地竖着。她的母亲蕾莎则是个身材苗条、体态匀称的俄罗斯冷美人。两个反差极大的人在1960年代相遇于"莫斯科之声"（Radio Moscow），从此相守至今。安东那时在"莫斯科之声"上夜班，以此维系自己的博士学业。伯利恒是安东的故乡，令我不解的是，在那之前他从未见识过圣诞布丁。我不知道该如何描述这种布丁，于是开始大声朗读其中的各种成分。安东哈哈大笑。原来，布丁包含的所有原料绝大多数都可以在他的园子里找到，其余的部分则早就由阿拉伯商人像基督诞生的故事里运送金子、乳香和没药那样，依靠牲口驮队穿越沙漠运送到这里。标签上的布丁成分以及一些化学物质如下：无核小葡萄干、葡萄干、巴旦木、杏、无花果、肉桂、肉豆蔻、牛脂、鸡蛋、面粉、面包屑、樱桃蜜饯、橙子、柠檬皮、柠檬汁、柑橘油、柠檬油、糖浆、食糖及白兰地等。

这个故事与文化占有无关：将干果、糖、鸡蛋和面粉熬成深色球状的做法，无疑是天才的英国式思维。然而，这种软糯的圣诞味儿却融入了被漫山遍野果树环绕的沙漠城市伯利恒的某种基调。这条香料古道从阿拉伯半岛及更远的地方，运送着异国风味的产物一路北上。这种文化冲突——农耕者与游牧民族之间的冲突——塑造着伯利恒，并影响着世界历史的进程。我的圣诞布丁成分，分阶段送达欧洲糕点师傅手中，从最古老的罗马时期到伊斯兰时期，从十字军东征再到奥斯曼帝国，成为见证以面食为基础的东西方贸易及欧洲与圣地关系的纪念品。这便是历史：是历史创造了布丁。

约旦裂谷是因 2300 年前中新世时期（Miocene period）阿拉伯半岛脱离非洲大陆时撕裂而形成。环绕伯利恒的沙漠曾坐落于深水之下。今天，地中海沿岸的海水拍打着约旦的边界，轻柔的浪花将几百万年的泥沙缓缓沉积，积层被强烈的地震冲往高地之前转化成了石灰石。巴勒斯坦从海洋里升起，逼退海浪，形成了如今的地中海海岸线。伯利恒靠近连绵不断的、称为朱迪亚丘陵的南部边界，阿拉伯语称此山脉为"Jibal al-Khalil"——"希伯伦山脉"，或者按字面意思称"挚爱者之山"。石灰层倾斜压缩，形成了这片美得惊人的山地景观。整个狭长地区山峦密布，山丘轮廓的形状好似过度亢奋致心肌梗塞的病人的心电图。

伯利恒的 muḥāfazat 或者说辖区，海拔在 2500 英尺到 3000 英尺之间。由于死海低于海平面 1400 英尺，伯利恒看起来比实际高度高得多。伯利恒荒原（El-Bariyah）与山地沃土之间的分界线两侧景色迥异：坚利的石块地陡然间变为一片肥沃的绿地，人工开垦的梯地形状如阿兹特克金字塔斜面，上面密布橄榄树与果园，下方的耕地与沙漠地质大同小异。两者的差异，部分乃是因气候所致——海拔高度使得伯利恒的环境更为凉爽温和——部分是因为伯利恒的地下石灰石中蕴含着丰富的水层，果树得以繁茂而茁壮地生长。千百年来，荒野与山地农场之间的界线进退交替。石器时代后气候变化，沙漠面积逐渐扩大，伯利恒人开始慢慢学会利用山地水资源从荒野中找回一些土地。

这些正是人类最初决定扎根下来，在这片土地上生活时的山地。这里最早的居民是些懒惰的游牧民族。他们发现自己再也不用在不同的季节跋涉迁徙，只需从沙漠转往山地，不用离开这片土地。春季里，他们可以在荒野放牧，雨水会适时地将荒野短暂变为绿茵翻滚的大草原，与此同时，他们还可以在平坦而肥沃的河谷上耕作。他们学会了驯养狗和羊，继而又学会了种树。一开始种杏树，之后是橄榄树。伯利恒山村从 3500 年前开始积累财富。那时，一群群牲口驮着橄榄油前往尼罗河沿岸城市，建起一条商贸大道，南起今天的希伯伦路，穿过贝尔谢巴到西奈半岛，再前往埃及。

伯利恒的果园大多坐落于环绕城市西部的山谷群中，沿逆时针方向自北边的葡萄酒产区克雷米桑修道院，穿过长满杏树的马库尔山谷到达拜提尔村落、夫钦河谷和纳哈林。山谷里的梯田得到了来自石灰石层间涌出的天然泉水的巧妙灌溉。山上生长着我的布丁中所包含的所有坚果和干果类植物：巴旦木、杏、无花果、葡萄——从春季到秋季，几乎每个月都是收获的季节。摘下的果子摊在布单上置于树荫下，或最好在室内阴干，这样太阳就不会把果皮晒得粗硬。英文的果实名称暗示着它们到达糕点房前的路线：巴旦木（almond）得名于希腊文 amygdala，中世纪欧洲人增添了前缀 al-，因为他们的坚果来自阿拉伯人，遂以为该词汇源自阿拉伯语。英语中的"杏"（apricot）最初的拼法为"abrecock"，由阿拉伯语"al-barquq"直接音译而来。

无花果（fig）一词源自拉丁文"ficus"，而该拉丁词源自更为古老的迦南语名称。Sultanna 的阿拉伯语意为"女王"；而"Raisin"则来自拉丁文的"葡萄"一词。这些名称读起来就像在阅读穿越岁月的东西方关系史。

圣诞布丁中有的香料也许没有生长在伯利恒，但它们在某个方面总是属于最典型的本土原料。"肉桂"（cinnamon）和"cassia"（意为"皮"，指肉桂树皮）都源自迦南语，那是波斯帝国出现前 2500 年的巴勒斯坦人和腓尼基人所讲的语言。最古老的肉桂品种源自埃塞俄比亚。生姜和丁香来自印度，肉豆蔻发现于一片神秘的群岛，该群岛的地理位置曾是严密封锁的秘密（剧透一下：是爪哇东面 1200 海里外的班达群岛）。印度糖浆在最初销售时为带有黏性的白色球体，约公元 5 世纪时期精炼为晶体。那是十字军第一次看到糖，他们称之为"甜盐"。在十字军的年鉴中，提尔[①]的威廉曾把此物作为健康食品推荐给读者。

纳巴泰人垄断香料贸易达千年之久。他们与以土买人（Idumeans）（或称以东人）同为波斯时代前两大阿拉伯原住民群体，两者均为半游牧民。[②] 然而，早在公元前 800 年，纳巴泰人就因为某

---

① 古代腓尼基的城市，现属黎巴嫩。——译者

② 纳巴泰人统治香料贸易一千年，他们与以东人一样，是波斯时代前定居在巴勒斯坦的两个原始阿拉伯群体之一。从公元前 9 世纪起，巴勒斯坦就已经充分确认了诸如纳巴泰人和以东人（或原始阿拉伯人，因为他们现在不太可能讲阿拉伯语）这样的阿拉伯人角色。《圣经》中讲述了一个反对以实玛利人（阿拉伯人）和以色列人的起源故事。《圣经》不是可靠的历史指南，但阿拉伯人确实不是巴勒斯坦移民，这是事实。有史以来，他们就一直居住在那里。参见 Juan Manuel Tebes, "Assyrian, Judaeans, Pastoral Groups and the Trade Patterns in the Late Iron Age Negev"（2007）。另请参见 Taylor, Jane. *Petra and the Lost Kingdom of the Nabataens*（2002）。她在书中列出了公元前 1 世纪亚历山大、罗得斯和那不勒斯的庙宇/贸易基地。

位天才在恶劣的生存环境中发现并学会了利用和储存饮水的方法，而可以游历到比其他部落更遥远的地方。这为他们创建惊人的贸易网络——"香料之路"——打下了基础。纳巴泰人将贸易路线自南拓展至印度、埃塞俄比亚和也门，北至他们位于南部意大利那不勒斯海湾的仓库。

反过来，"香料之路"也为纳巴泰人的同盟者和竞争对手衍生出作为驿站、关口和市场的城镇。人人都想从这个贸易中获利。在巴勒斯坦，贸易并不仅限于香料、糖与熏香。纳巴泰贸易帝国的支柱为死海，那里是一个生产沥青、草碱、漂白土及其他有毒成分的天然化工厂。伯利恒横跨一条北起死海附近称为克里图恩河谷的重要的贸易路线，这个河谷最终将死海、雅法和加沙连接了起来。公元前 1000 年某时，在克里图恩河谷的最高处，一座名为土夸（Tuqu'）的新城建立起来。该城的建立是这片荒野与文明相遇的标志。土夸是片不毛之地，人们不得不从石灰岩中疏通出一条水渠，沿着山谷向北延伸至一个叫做阿塔斯的村里的清水泉，这个小山村可能就是伯利恒最古老的地区。

土夸—阿塔斯水渠建成后，伯利恒逐渐成为一个城市中心。然而，只有在公元前 200 年左右希腊统治时期另一座规模远大于此的水渠建成后，伯利恒城才算正式诞生，成为该地区较晚建立的城镇之一。

地下石灰石含水层涌出的山泉滋养着整个伯利恒丘陵地带星罗棋布的山村，唯有伯利恒城本身没有水源，只能依赖阿塔斯的泉水生存。现存于阿塔斯上方的三座蓄水池中最早的一座挖掘于希腊时期，目的在于为耶路撒冷供水。这条伯利恒—耶路撒冷渡槽[①]自阿塔斯延

---

① 指输送渠道水流跨越河渠、溪谷、洼地和道路的架空水槽。普遍用于灌溉输水，也用于排洪、排沙等，大型渡槽还可以通航。——译者

伸至耶路撒冷圣殿下方，人们在那里建造了规模庞大的内室。沿着渡槽开凿的线路，还在耶稣降生教堂坐落的山下开凿了隧道。渡槽第一次将水源引入了这片满目岩石的地区，也让我们得以给城市断代。渡槽给城市水源的开采打下了基础，伯利恒城围绕着它发展了起来。

伯利恒城远比传统故事所描述的年轻得多。的确，这座城市公元前 200 年左右才建立起来。和土夸一样，它起初只是沙漠与农场之间的缓冲地带。伯利恒坐落在一座视野开阔的圆形小山上，这使该城成为一个重要的军事堡垒。然而，与有天然泉水的老山村不同，伯利恒能成为居住中心的唯一原因是渡槽的修建。

我们给伯利恒渡槽断代的依据之一，是《阿里斯提亚书》（*Letter of Aristeas*）的作者曾提及它。这是一部有关《圣经》写作历史的简短文献。公元前 2 世纪初，亚历山大里亚的犹太文士通过对传统故事的整理润色，为整部《圣经》的完成奠定了基础。在犹太人围绕其两大支柱——犹太经典与朝圣之旅——重塑其宗教信仰之际，《阿里斯提亚书》的作者将《圣经》的出版与新渡槽修建的意义联系在了一起。由于渡槽的建成，这座城市每年有能力接待来自亚历山大里亚，以及穿越中东地区而来的数以万计的朝圣者。

犹太信仰的古老源头包含对一位被称为耶户（Yehu）的神的军事崇拜。[①] 传统的《圣经》故事是，在遥远的过去，早期犹太武士从美索不达米亚即现在的伊拉克，来到迦南。历史学家公认这种信仰源自铁器时代范围更广一些的迦南语地区，包括叙利亚的大部分、以色列与巴勒斯坦。耶路撒冷只是这些早期犹太武士所建立的众多袖珍王

---

① 我选择"耶户"而不是"亚户"或"耶和华"，因为它是神最初的三个名字中人们最为陌生的一个。这样用新鲜的眼光看待神也许有帮助。从原始犹太人的耶户崇拜到公认的犹太信仰的过程，部分也是关于这个神的名字如何降为父权制祖先，即耶户或犹大的名字，而神本身的名字则变得神圣得不能提及的过程。

国中的一个。这些耶户神庙的卫戍部队统治着周边的农场主和农民，同时也向更强势的国王和皇帝进贡。圣殿卫兵和当地人联姻后，作为总督或当时强大的帝国势力的雇佣军，他们联合跨边境、跨语言、跨氏族和跨部落的皈依者将耶户信仰传播开来。公元前 4 世纪，亚历山大大帝征服巴勒斯坦，他联合撒玛利亚的耶户军队，但他不信任耶路撒冷。这样一来，耶路撒冷成了非军事区。这无意中助长了耶路撒冷祭司势力的发展壮大，耶路撒冷圣殿也因此成为一个蔚为壮观的朝圣胜地，并以牲口祭祀和大量的纳巴泰香①而著名于世。

耶路撒冷在祭司的统治下，成为一个既神圣又充满乐趣的新兴城市。那时，大量的游客、朝圣者和新移民接踵而至，第一道伯利恒—耶路撒冷渡槽提供的用水显然已不够用。罗马人取代希腊人的统治后，犹太国王希律大帝在阿塔斯上方修建了一个罗马风格的新蓄水池，渡槽沿伯利恒的希伯伦路以北的一条直道，直通耶路撒冷。同时，他在土夸修建了一座新的夏宫，命名为希律堡，并对图曲的渡槽进行了改造，以适应夏宫的需求。这就是神圣家族所熟知的伯利恒——一个与耶路撒冷的基础设施连接，用以支持希律大帝宏伟蓝图的建筑工地。

追溯伯利恒至耶路撒冷的渡槽修建时期的历史，我们发现了这座城市名称中的歧义。在迦南语中，伯利恒意为"面包屋"，而在阿拉伯语中，该词意为"肉屋"。到伯利恒建城之初，迦南语已是一种远古时期的语言。"面包屋"——Beit Lechem——这名字对这个城市来说并不合适。伯利恒位于沙漠边陲水源充足的山地，是果树种植的理想地区，但不适合种植小麦。当然，一旦陡峭的地势稍有缓和，伯利恒人

---

① 用以在宗教仪式上点燃。——译者

也会种植小麦和燕麦。但巴勒斯坦的粮仓是北部的杰宁，或者说今日以色列国的平原地带。

一部伯利恒的历史应该能够回答以下问题：基督降生在这里吗？支持这种说法的最强有力的证据是，尚在他死后百年以内，人们就开始到此朝圣。也许，在人们对耶稣受难日还记忆犹新时，朝圣就开始了。可以肯定，朝圣离他遇难的时间近得足以建立起强大的集体记忆。相反的观点则认为，福音书的故事矛盾重重，并且似乎是通过精心设计，为的是使耶稣的故事能与游牧时期的牧羊人、之后成为国王的大卫的传说能联系起来。如果这两者都不可能成立，那么基督教的《马太福音》和《路加福音》至少展现了1世纪时期伯利恒的城市景观，这一点便可使它们成为珍贵的史料。

伯利恒的资源是它的水与气候，以及它与巴里耶（El-Bariyeh）荒野毗邻的优势。地处荒野附近，方便游牧民族的牧民进入伯利恒市场。福音书故事告诉我们，伯利恒是个牲口市场：耶稣降生后第一批前来问候的人就是牧羊人。贝都因人出售绵羊为人们提供肉食，而羊毛可以纺线。因为死海的化学物质，伯利恒成为一系列令人厌恶的化学物质的加工中心：从清洗到漂洗到染色等。伯利恒很有可能是围绕一个绵羊市场发展而来，这一点反映在与大卫有关的事实上。大卫是个牧羊人这点在那个故事中并非无关紧要，而是重点所在。将伯利恒设计并建设成一个周边有城墙、城边有"caravanserai"（《圣经》中的"旅店"）的市场，意味着这个设计源于在一个安全的环境中与危险的外来者做生意的想法。对城里人来说，除了游牧民族的牧羊人外，没有其他威胁存在。基督降生时跪在他摇篮边的牧羊人，应该是贝都因人之类的阿拉伯人或者阿拉伯先民，即住在邻近城市希伯伦的以土买人。这种与羊或牧羊人的关联说明，"伯利恒"之名可能出自阿拉伯语而非迦南语：Beit Lamb，肉屋。

城市甚至国家常常由来访者而不是居住者命名：美洲的名字来自意大利人；巴勒斯坦之名则出自希腊人和埃及人，因为他们将这块土地与非利士人联系到了一起。需要处理取名之事的，正是那些需要把握某地的方位的人，而不是当地居民。然而，也有可能因为伯利恒是一个古老的阿拉姆语单词的同音异义词，就像 Beit Lamra，这个词的确是"羊屋"（House of Lamb）之意。对一个古代牲口市场来说，这个名称再合适不过了。

"面包屋"和"肉屋"之间的歧义也在我的圣诞布丁里反映出来。布丁里既有面粉，也有牛脂末，或者板油。牛脂的熔点很高，只有与鸡蛋面粉糊搅拌后一起烤制，才会化为液状。牛脂粒融化时会形成气窝，生成一种更轻的物质，热油脂则会使本来较干的面团变得润滑。至少在圣诞布丁里，面粉和肉已经变得密不可分。

布丁中的橘皮来自柠檬与橙子。柠檬由苦橙与 1 世纪时期老普利尼在《自然历史》中提及的多肉植物枸橼（citron）杂交而成。[1] 尽管柠檬可能在 1 世纪时从印度来到了罗马，这个词却是个阿拉伯语。在公元 7 世纪的阿拉伯文明时期，柠檬才实现广泛种植。甜橙来自中国，约在公元 11 世纪时由西班牙和西西里的伊斯兰殖民者引入欧洲。巴勒斯坦最好的橙子和柠檬的品种出自耶利哥。圣诞节期间，桑索尔家厨房窗前的那棵树结出了小而饱满的果子。果子很青涩，还看不出是橙子还是柠檬。莱拉把它们放在内格罗尼酒里

---

[1] 普林尼关注柠檬的祖先。也因为 Margaret Visser 的 *Much Depends on Dinner*（1986）一书，我了解了柠檬的知识，更为深刻的是认识到人类历史是如何通过食物来讲述的。

作为装饰。

在柠檬和橙子的长相逐渐区分开的上千年间，许多制度应运而生，从文化和物质的角度定义了巴勒斯坦的身份。这个阶段清晰地一分为二：罗马时期与阿拉伯时期。即使在罗马时期，阿拉伯风情也已经逐渐浓郁。而基督教会与此密切相关。第一位基督教皇帝出现在公元204年，即"阿拉伯人菲利普"，这是他为自己取的别号。另一些罗马阿拉伯人沿着今天的叙利亚—土耳其边界——尤其是埃德萨①和巴尔米拉②——建起了一些基督教小王国。3世纪下半叶，耶路撒冷有了第一位来自巴尔米拉的阿拉伯主教。

自罗马时代初期到基督教时代后的较长时期内，伯利恒都是士兵与奴隶的家乡。罗马的第十军团驻扎在伯利恒，其任务是保护耶路撒冷脆弱的水源和阻击沙漠劫匪，而成千上万默默无闻地生产橄榄油和酒的工人则是奴隶。在一个由士兵和奴隶构成的城市，基督教传统必然来自新移民，在此，富有的罗马女人和阿拉伯基督教徒结成了奇特的同盟。双方都极为看重伯利恒同荒原毗邻以及它与圣母马利亚和基督降生的故事的关系。基督在荒野中度过的40天里表现出了他清心寡欲的品性，吸引了罗马的女继承人。基督成功地克服了自己作为人的生理需求，此举激励了20多位离异者和寡妇，比如君士坦丁大帝的母亲海伦娜和耶利米的资助人葆拉，她们想把自己的女性身份抛在一边，以财富与特权去追逐政治权势。阿拉伯人也为基督与荒野较量的故事所吸引，但在他们看来，其中反映出的是他们自己的沙漠生活，而且这已经是许多阿拉伯诗句和歌曲的主题。早期效仿耶稣在沙

---

① 曾为希腊人和基督教的圣城，现名乌尔法，位于土耳其东南部。——译者
② 叙利亚境内的著名古城，大马士革的东北方，是古代最重要的文化中心之一，今保存有大量古代神庙等遗址。——译者

漠中生活的阿拉伯基督教圣徒被称为 boskoi①，即"荒野隐士"。

4世纪至6世纪之间，罗马人与阿拉伯人的影响在伯利恒并存。圣海伦娜建造了耶稣降生教堂，而圣葆拉修建了这座城市的第一家修道院。阿拉伯施主和资助者紧随其后，很快在伯利恒沙漠里建造了许多修道院。

罗马神职人员的等级结构旨在反映罗马帝国的宫廷里从骑士、公爵、国王到皇帝的升序。6世纪的皇帝贾斯蒂尼安将"帝王之城"君士坦丁堡与"上帝之城"耶路撒冷联系到了一起，自他开始，巴勒斯坦被明确称为"圣地"。"圣地"也许是人间天堂，但这片人间天堂是严格按照罗马人的思路建立的，上帝被看作天上的帝王。与罗马化的基督教版本相反，阿拉伯沙漠里的修道院则有意将人间与天堂分离，代表了一种更为异样和奇特的基督教模式。这是一种更加强烈的基督崇拜，因为基督拒绝人类的脆弱，找到了战胜其肉身的精神力量。

在美索不达米亚，樱桃与橘皮经过昂贵的工序制作成糖块。至今，水果蜜饯在安曼、迪拜和吉达②的礼品商店还是处处可见，而且远比同为礼品的巧克力之类的东西昂贵得多。制作过程中，人们将果实放入糖浆中细熬慢炖，直到果子的纤维变得晶莹剔透，果肉呈胶质状为止。阿拉伯商人和征服者将这类及其他复杂的化学工序如蒸馏等，从伊斯兰世界带到了欧洲。与此同时，欧洲的朝圣者拜访圣地时也学会了这些新工艺。

---

① 一种叙利亚和美索不达米亚的僧侣，靠植物的根和草药生活。他们不住房屋，不吃肉，不吃面包，不喝酒，声称进食前的时间要在敬拜神以及念诵祷告词和赞美诗中度过；时间一到，各人就拿着刀去田间为自己预备菜蔬和药草。据说这是他们唯一的饮食习惯，也是他们不变的生活方式。——译者
② 沙特阿拉伯的港口城市。——译者

罗马阿拉伯人（Roman-Arabs）在罗马统治的"Oriens"——拉丁文的"中东"——长期以来代表着一个重要的甚至是精英的阶层。"阿拉伯"一词当时仅指罗马公民。而居住在帝国以外的部落居民则被称为"Saracens"（撒拉逊人）。一些撒拉逊人成为罗马人的盟友，或者叫"foederati"，罗马人付钱雇他们守卫帝国的沙漠边境，以防劫匪和波斯军队入侵。这些盟友：坦努西德人、萨利希德人以及最后训练有素、令人恐惧的加萨尼德人都是虔诚的基督教徒。令人不解的是，这些被雇来打仗的部落常常既是基督教徒，也是犹太阿拉伯人（Jewish Arabs）。这两种信仰都在罗马帝国和波斯帝国之间的边缘地带传播，并在阿拉伯半岛有着深厚的根基。盟友的任务是保卫边境，但不能干涉帝国境内的罗马公民的生活。然而，公元529年，撒玛利亚人的造反却导致了伯利恒教堂的毁灭，罗马皇帝查士丁尼将巴勒斯坦交到了加萨尼德人手中。撒玛利亚人是犹太人中分出的一支，他们从来不接受耶路撒冷为犹太生活中心的观点，也不承认大卫和所罗门故事中有关耶路撒冷有着至高无上的地位的说法。撒玛利亚人在公元5世纪和6世纪时，是巴勒斯坦最大的居民群体，但他们从未从与加萨尼德人的战争中恢复元气。撒玛利亚的男人在这场战争中被大量屠杀，妇女儿童则被卖为奴隶。

公元636年，轮到加萨尼德人遭厄运了。他们在耶尔穆克战役（Battle of Yarmouk）中，在其堡垒戈兰高地被穆斯林军队击败，穆斯林新军得以长驱直入巴勒斯坦。以后的几个世纪里，巴勒斯坦切断了与罗马帝国和罗马基督教之间的联系。中东的基督教会作为阿拉伯正统教会，遵循着自己的发展轨迹，与其他一些较小的、独立的教会，比如巴勒斯坦阿拉伯语区的麦尔基派教会（Melkite Church）等，同时成为东正教的一部分。其他东方教会在叙利亚和黎巴嫩发展起来，播下各自文化传统的种子，三个国家分别保留了自身文化的特色。

布丁中有一种成分与巴勒斯坦当地没有关联，那就是白兰地，尽管伯利恒的克雷米桑修道院的修道士蒸馏一种果酒，他们也称之为白兰地（他们还声称会酿马德拉酒、马沙拉葡萄酒、雪利酒和波特酒等）。不过，白兰地的产地与巴勒斯坦之间的确有着密切的关系，因为蒸馏技艺就是通过圣地传到法国的。白兰地的产地与波尔多接壤，先是锡商，之后是基督教朝圣者乘船从不列颠群岛出发到达波尔多湾，从那里沿着一条马帮线路穿过乡村到达罗纳河（Rhone），再沿河而下抵达马赛，所有从普罗旺斯去圣地的旅程都得从那里启航。

北欧与巴勒斯坦的交流除了依靠锡商和朝圣者外，还有奴隶。马赛是个巨大的奴隶市场。然而，真正改变这个地区的决定性因素是斯堪的纳维亚人进入了奴隶市场。其中一个部落——诺曼人——对中东了如指掌，他们后来成了十字军东征的有力推动者。

圣诞布丁中独特的甜香味也存在于其他圣诞甜点中，比如德式甜面包或普罗旺斯的"十三道甜点"等。这种味道在肉馅饼里最为突出。肉馅饼的配方来源可以追溯到第一次十字军东征时期：人们将油封肉（meat confit）放入果汁糖浆里慢慢熬煮，这样肉就被糖包裹，可以储存过冬了。

十字军到来之时，罗马帝国统治下的东方世界一分为三：以君士坦丁堡为首都的罗马帝国、以巴格达为中心的阿拔斯王朝[①]，以及以

---

① 阿拔斯王朝是哈里发帝国的一个王朝，也是阿拉伯帝国的第二个世袭王朝。于750年取代倭马亚王朝，定都巴格达，直至1258年被旭烈兀西征所灭。中国史籍称之为黑衣大食，其在恒罗斯之战中打败了唐朝。——译者

埃及为基地的法蒂玛王朝①。三大势力之间的缓冲地带则成为一股新
势力入侵的门户：来自遥远的亚洲大草原上的突厥游牧部落——塞尔
柱王朝。一些欧洲雇佣兵窥伺到其中冒险发财的机会，开始在这个地
区参与作战。他们先是为罗马拜占庭而战，然后又为亚美尼亚军队而
战，亚美尼亚人乘机在安条克后面的山区建立起一个小国家。雇佣军
是诺曼人，他们几乎在同时期成功征服了英格兰，并在意大利建立起
王国或公国，再从意大利向中东发起进攻。

　　诺曼人凭着对叙利亚边境地区的了解及与亚美尼亚人的友好关
系，实际上掌握了十字军的领导权。不仅如此，他们还对于战争结束
后如何管理巴勒斯坦有着切实可行的想法，因为他们在意大利已经管
理过类似的阿拉伯王国，懂得如何治理巴勒斯坦这类民族与宗教混杂
的社会。在西西里和普利亚②的各个地区，诺曼人留用了阿拉伯公务
员进行行政管理，铸造了他们自己的双语版阿拉伯货币，甚至欣然接
受了阿拉伯人的柠檬种植业。对于意大利各共和国——威尼斯人、热
那亚人、比萨人和阿玛尔菲人等，诺曼人既与他们发展出了紧密的关
系，也与他们成了激烈竞争的对手，所有这些共和国的人都是开罗的
法蒂玛人的贸易伙伴。在整个十字军东征时期，意大利人都同时在与
十字军和穆斯林国家做生意。十字军东征结束后，威尼斯商人在过去
的十字军城邦提尔租赁土地，为欧洲市场生产食糖，后者已然对甜食
上瘾了。

　　在伯利恒，诺曼人重建了耶稣降生教堂，但几乎没有考虑保留这
座建筑原来的罗马风格。尽管诺曼人在巴勒斯坦的统治仅限于第一代

---

① 法蒂玛王朝（909—1171），因伊斯兰先知穆罕默德之女法蒂玛而得名。中国史籍称
　之为绿衣大食。——译者
② 意大利南部的一个大区。——译者

十字军期间，他们对这片土地政治形态的改变却是巨大的，因为他们彻底剥夺了当地基督教徒对自己实行了上千年的制度的发言权。阿拉伯正教在当地教区的小教堂里延续了下来，但在耶路撒冷的大教堂和伯利恒的修道院里却已经绝迹。到 16 世纪奥斯曼帝国再次统一罗马统治的中东地区后，这种状况仍未改变。他们并没有恢复巴勒斯坦基督教徒的势力，而是将权力交予了讲希腊语的东正教会。这种状况被解释为回归旧制，而事实上，希腊教会已经发展得与其在罗马帝国的根基相去甚远。刚刚到达伯利恒的希腊神职人员不过是另一支外国侵略势力。

作为圣诞布丁主体的大面团，是在中世纪农民一种可口的粥食的基础上演变而成的。他们把粮食和肉放入一种穆斯林口袋里，吊在装着开水的大锅里煮。17 世纪前，因为黎凡特公司①的贸易快船开通，在英国到处都可以买到葡萄干，无花果水果布丁也应运而生。到维多利亚时期，圣诞布丁在这个重要的全国性节日里成为家家户户最重要的节日食物。

1831 年，即维多利亚女王登上王位前 6 年，穆罕默德·阿里的军队入侵了伯利恒，这位变节的奥斯曼将军如今已经成为埃及最高统治者。穆罕默德·阿里是个阿尔巴尼亚人，自称为时代先驱，从某种意义上讲，他说得没错，他这个人专制、穷兵黩武，崇尚技术治国。阿里的入侵在巴勒斯坦赢得了一部分人的支持，因为他结束了奥斯曼

① 16 世纪晚期兴起于英格兰的特许公司之一，是英国政府根据重商主义原则组建的近代商业机构代表，在英国海外贸易发展史上发挥举足轻重的作用。该公司垄断了东地中海地区英国与奥斯曼帝国的贸易活动，扩大了英国在近东地区的殖民范围，这在一定程度上推动了英国资本主义的发展和社会转型，也在客观上推动奥斯曼帝国的政治经济发展。——译者

帝国的统治。但到了 1834 年，人们不再对此感兴趣，巴勒斯坦人联合起来反对埃及的统治。这次起义被称为"农民起义"，因为大部分民兵来自"Fellahin"阶层，即农夫阶层。而事实上，起义士兵也包含了巴勒斯坦社会方方面面的人：贝都因人、城镇居民和野外劳动者。这是一个重视民族自决权的时代，这次反对阿里的起义正是巴勒斯坦民族主义的里程碑。

这次波澜壮阔的民族联盟的奠基者为两大政党：被称为"亚曼尼斯"（Yamanis）的"巴勒斯坦人民党"及其对手，被称为"凯斯"（Qais）的保守党。虽然这些名称来源于阿拉伯和黎凡特在前伊斯兰教时代确实存在的部落之名，但它们取材于民间故事，代表着虚构的身份，一如被 19 世纪的英国和美国政党普及的辉格党与托利党的称呼。人民党军队从伯利恒出发，包围了耶路撒冷，几天之内便占领了首都。当这座城市被埃及人夺回时，伯利恒的姊妹城市拜特贾拉（Beit Jala）遭到了可怕的报复。1834 年仲夏，尽管这场战争留给巴勒斯坦人一个遗产——普遍的身份认同，革命却失败了。

1840 年秋天，英国人与君士坦丁堡的奥斯曼帝国政府结为同盟。在皇家海军协助下，埃及人被赶出了巴勒斯坦。1840 年 11 月，海军上将纳皮尔对巴勒斯坦的阿卡港①开火，一颗新型炮弹击中了阿卡的军火库，摧毁了半座城市。埃及人落荒而逃。

对于本国的布丁与炮弹相似这一点，英国人一直津津乐道。在纳皮尔的炮艇外交一个月后，年轻的维多利亚女王与丈夫庆祝了他们的第一个圣诞节，这对夫妇在上一年的 2 月刚刚结婚，8 个月后，即 1840 年 11 月，他们的第一个孩子出世。随着德国杉树的引入，他们

---

① 今为以色列北部城市，保存有阿卡古城。——译者

的第一个圣诞节体现出了英德传统融合的特征。在巴勒斯坦，这种新的英德友谊使得耶路撒冷成立了一个路德教与英国圣公会联合的主教辖区，尽管合作时间很短，英国和德国的清教徒却给巴勒斯坦带来了实质性的改变，而且这次合作获得了英德本土一群热心读者的支持，他们随时准备购买图书、照片和绘画作品，为传教项目提供资助，他们当中许多人甚至达到狂热的地步。

作为宏大的帝国研究工程的副产品，维多利亚时代的人开创了圣经考古的先河。最早也是最著名的巴勒斯坦考古著作的作者是一位教会人士：威斯敏斯特教堂的院长阿瑟·斯坦利。他在《西奈与巴勒斯坦》（*Sinai and Palestine*）一书中讲述了他在 1852 年到 1853 年的圣诞节和新年期间的朝圣故事。此书大获成功，英国政府还因此专门设立了"巴勒斯坦考察基金"（PEF）。英国军队受命于该基金会作了相关调研，这份研究使英国 1917 年入侵巴勒斯坦时大受助益。

"巴勒斯坦考察基金"自称为一个现代科学项目，斯坦利还与达尔文主义者亲切对话。然而，与受达尔文思想启迪的科学家相比，圣经考古的精神实质与神创论者更为接近。很明显，该基金会的目的是揭示《圣经》中有关巴勒斯坦的一系列"事实"。基金会所派的考古学家在踏上这块土地那一刻就深信，只要他们够仔细，一定能发现他们心里认定存在的东西。每一次田野调查、每一道沟壑、每一块陶片都不过是他们在换着方式证实他们从主日学校听到的故事。无论走得多远，他们始终坚信，最终一定能回到由上帝创造，然后交给亚伯拉罕、摩西和大卫的那个世界。

1917 年 12 月 7 日，英国人占领了伯利恒水库。随着水源落入英国人手中，4 天之后耶路撒冷陷落。英国首相劳合·乔治将这次攻陷称为"送给英国人民的圣诞礼物"。炮弹与圣诞节之间的关联似乎依然顺理成章，即使在帝国弥留之际也是如此。

英国人是通过他们背包里的《圣经》看到了巴勒斯坦的风景。这种原始的基督教—犹太复国主义的影响在伯利恒周边清晰可见，因为围绕这座城市的 42 个以色列定居点都来自斯坦利院长及其追随者打造的历史的版本。尽管伯利恒显然远不如《圣经》所述的那样古老，但脑子里装着自己认为的"事实"的西方考古学家对一切与他们先入为主的观念相左的东西视而不见，或者不予保留。

当我盘算着送安东和蕾莎什么圣诞礼物时，我想的是烤好的布丁，里面放着一枚传统的幸运币。这就是为什么我要去哈罗德百货：我希望在这个包罗万象的商店里找到我想要的东西。我的确回想起了儿时圣诞节的情形，那时，我的祖母总会在布丁里放一枚 6 便士的银币。伯利恒需要好运，这个想法弥漫在整个 1994 年，《奥斯陆协议》（Aslo Peace Accords）就是在那一年签订的①。我并不想毁掉任何不知道《奥斯陆协议》之结果的读者的心情，但我只能告诉你，哈罗德百货并不卖藏有一枚 6 便士幸运币的布丁。

伯利恒的故事是关于果园、牧羊人、农夫和游牧民族的，而这些事情并不会在历史记载中留下深刻的印记。伯利恒的历史不可避免地是关于那个以它为中心的时代的历史，是围绕它的更广阔的格局的历史。当然，幸运的是，这个时间段实际上取决于伯利恒，就看我们由基督诞生的日子往前算和往后算。但在研究过程中，有几次我担心伯利恒会从视线里消失。我收集了所有的资料，有的美妙动人，有的枯燥乏味，而我想知道的是，伯利恒是否会有从它自己的传记里消失的

---

① 此处时间似有误，《奥斯陆协议》应是 1993 年签订的。——译者

危险。随着工作的深入，我的担忧慢慢减弱，伯利恒像我祖母布丁里的那枚6便士幸运币一样，一直在众多成分中熠熠生辉。

关注伯利恒为我们熟悉的故事带来了一个新的视角。圣地的历史是围绕耶路撒冷展开的，在这座城市，历史与神话很容易混淆。在把圣经故事汇集成册的时候，并不是所有人都认可耶路撒冷的重要地位，即使在犹太人当中也一样。犹太领主掌管着一些同样势力强大的城市，比如撒玛利亚和安曼。可想而知，在那些统治者心里，他们的圣殿和祭司与耶路撒冷的是平起平坐的。讲述一个把耶路撒冷同时置于国土与信仰的中心——两者似乎指向同一件事——的故事，这种做法的问题在于人们已然在其中采用了一系列过滤器，将历史与神话混为一谈。

要将耶路撒冷置于故事的中心，历史学家就得不断回到《圣经》之中。但是，当视线转向伯利恒时，世界开始变得大不一样了。伯利恒只是一个沙漠边陲的小山城，空气倒是清新得多。当神话的迷雾消散，历史视野就变得可能了。这是自伯利恒建城伊始到今天居住在那里的人们的历史。这是一个比任何人所能想到的都更具延续性的故事。我一直热爱着城镇和周围的乡村，在此指引下，我筛选出了最新的历史思考。

伯利恒的果园与安东家的花园一样，种满了杏、巴旦木、无花果、葡萄、橙子、柠檬和橄榄。波斯语中的花园和果园为同一个词"pardes"，这个词后来产生了《圣经》里的"paradise"（天堂）一词。基督的故事便是围绕着两个园子形成的：伯利恒城边的花园"旅店"，以及耶路撒冷的"客西马尼园"①。最初的基督徒认识到了基督通过

---

① Garden of Gethsemane，是耶路撒冷的一个果园，耶稣在被钉上十字架的前一晚曾和他的门徒在最后的晚餐后前往此处祷告。——译者

两个园子进入和离开这个世界的意义。正如这些花园客栈是通往城市的入口，是本地人和陌生人相遇、交谈的地方，园子也被看作通向永恒的通道。大约在公元 4 世纪有一则短小的犹太寓言为此作了注解。[①] 寓言说：四个拉比进入一个花园天堂，一处世外的神秘空间，头三位拉比傲慢无礼，还或多或少有些破坏行为，只有阿基瓦拉比对花园带有敬意：他悄悄地来，又悄悄地离去。现实中，平和这个名声对于阿基瓦拉比来说或许是受之有愧的，因为他曾是巴尔-科赫巴叛乱中的军队教士，在伯利恒的拜提尔村周围的山洞里躲藏了数年之久。不管怎样，此事的教训在于：理解一个问题的最好办法就是和平地对待它。

受这则寓言的启发，产生了一种传统的犹太阅读技巧，它可以归结为波斯语中的 Pardes 一词。作为一种正规的阅读方法，Pardes 指的是一个文本中蕴含的四层意思。Peshat 指字面意思（词的本意）；Remez 指寓意（一种欣赏和颂扬经文中的诗歌并阐释诗歌意义的方法）；Derash 指比较的含义（通过在平行段落中寻找这个词的替代用法来厘清定义）；最后一个，Sod 指神秘的含义（灵性层面的解释，往往很隐蔽，因而要求读者有较高层次的智慧或虔诚）。这四个层次合在一起，构成了 PaRDeS 这个词。

自维多利亚时代开始，基督教徒就已经单独强调字面意义的重要

---

① *Pardes* 的寓言最早出现在公元 4 世纪或 5 世纪（约 375—425 年）在海滨城市卡埃萨雷亚编纂的《巴勒斯坦塔木德》中。见 Palestinian Talmud Hag. 21, 6 到 7 世纪修改和扩充为 Babylonian Talmud Hag. 14b。人们认为，*Pardes* 的寓言解经规则，也被称为卡巴拉（Kabbalah），源于约 1268 年的西班牙吉罗纳的纳赫曼尼德斯。见 Bible Exegesis, Jewish Encyclopedia。公元 5 世纪的寓言与 13 世纪的解读实践之间的关系一直是犹太神学界争论不休的话题。参见 Gershom Scholem，他认为传统是强大而持续不断的。我印象里则有一个经典的复古工程的案例，在 Ithamar Gruenwald 的 *Reflections on the Nature and Origins of Jewish Mysticism*（1993）一书中有着更为详细的讨论。

性。维多利亚时代的人相信《圣经》反映的是历史事实，并认为诗歌与讽喻是古怪离奇的弯弯绕，必须回到字面意义上来。隐喻被视为烦人的东西，得将其压扁并简化成字面意思：一种诗意化的毁灭。在我高中的宗教课程中，我的老师毫无疑问地认识到了上帝六天创世的故事是一个寓言，但他对我们说，创世的顺序反映出了上帝的工作规划。而按照 Pardes 的说法，读者应该保留文字的神秘性，在不同层面的意义之间留出适当的空间，这样一来，它们就不至于混在一起。读者应该尊重不同层面的意义，也应尊重区分这些意义的边界。

在研读雅克·德里达的著作时，我突然想到了 Pardes。① 莱拉和我在英格兰相遇时，我们都是哲学研究生，如果我到了伯利恒却对她的家乡或者巴以冲突一无所知，那是因为我一直在埋头读德里达。他的作品之所以吸引我，是因为他被称为"无政府主义含义的毁灭者"（anarchic destroyer of meaning），作为年轻的博士研究生，我觉得毁灭是很酷的。不过，认真钻研了德里达的著作后，我却发现事实恰恰相反：他真正的兴趣在于如何在一个像我们所在的世界一样充满暴力与毁灭的地方坚持沟通和理解的方式。1990 年代初，德里达写过一本回忆录，回忆他身为一个犹太孩子在阿尔及利亚时的成长经历，正是在这本书里，他透露说他的哲学灵感来自以 Pardes 的方式解读的犹太教法典《塔木德》。那时，我还并不确定自己是否希望读到一个保守的、尊重传统的德里达，但这就是我所发现的德里达。

Pardes 要求读者在阅读文本时保持敏感睿智，同时还要心怀仁爱。如果读书如此，那么读一座城更要加倍这样。伯利恒充满了历史与神话，因而看起来不像是一个真实的城市，甚至对于居住在这里的

① 此处指他的传记 Circumfession，是德里达与杰弗里·本宁顿合著。

人来说也一样。在我为伯利恒的故事操心那会儿,《圣经》的叙述不可避免地开始瓦解,但它们从未消失。它们总是有某种牵引力,与这座城市的真实历史纠结在一起。伯利恒的历史与神话的那一面只能共存,只能和平共处。常言道,伯利恒不只是为了圣诞节而存在的。我们都得与巴勒斯坦和以色列命运与共,就算我们并不真的生活在当地。

圣诞布丁中有太多的学问,它就像某种用柔软的水果、香料和面粉做成的古董。但最重要的是,它是善意与友好的象征。我懂得这一点是因为包着布丁的玻璃纸上附有一张卡片,上面写着:带着和平与友善,祝大家圣诞快乐!

第一章　游牧部落与恋人

从石器时代到青铜时代

艾伦比大桥是巴勒斯坦人往返伯利恒以及西岸其他城市的过境点。检查站是一个仓库般的大型棚式建筑。大巴车从河的约旦那一方抵达，乘客在那里需要通过以色列部队的一系列安检，再取了各自的

行李，搭乘公共汽车或出租车前往耶路撒冷。出租车一般不去像伯利恒那么远的地方，以往我会安排伯利恒的出租车司机穆斯塔法在杰利科附近的沙漠加油站接我。穆斯塔法是塔马利赫贝都因人，身材瘦小而结实，留着克拉克·盖博式的胡子，脑袋坚硬有棱角，形状像个纸制的水弹。即使在成功地开了一家汽车租赁公司后，他依旧会来接我，而我直到多年之后才得知他早已不再是出租车司机。

通往伯利恒的沙漠之路上可以看到贝都因人的城镇景观。冬季，大约圣诞节前后，地面坚硬而荒凉，天空是一成不变的石板灰色。到复活节时，天气会更糟。但几天之内一切都会发生变化。春天的原野就是奇迹。草，不知是从哪里冒出来的，像绿色的浪花一样覆盖了粗糙的地表。密密麻麻的小山呈现出儿童画般的快乐模样：一座小山游向另一座，第三座小山则躲在它俩的肩膀之间偷看。感觉似乎从未有人见过如此鲜活而崭新的世界，这就像是开天辟地的头一天。

在塔马利赫郊外的一个以穆斯塔法所在部落命名的沙漠地区，我伸长了脖子，越过穆斯塔法的肩头第一次看到了伯利恒。午后的太阳低垂着，整个城市也暗了下来。城市的轮廓，看起来像是一只猫在壁炉的余烬中舒展身体，享受着最后一丝惬意。想象一下，在那座陡峭的圆形山丘上，耶稣降生教堂就像猫的脑袋。面对着它的是一条又长又窄的山脊；大学是伯利恒的最高点，那里就像悬空的猫的背部和后腰。随着这条沙漠之路的攀升，小镇逐渐模糊成一个灰色的剪影。当我看见教堂的轮廓时，我意识到自己已经到达伯利恒了：这是现存最古老的罗马神庙，自然也是世界上最神秘的建筑。

人类历史的时间轴是围绕耶稣的诞生而设定的。每当我写下一个公元前或公元后的日期时，我便会意识到耶稣降生教堂标志着人类时间的支点，所有的历史都以其为轴心。公元前，最初的伯利恒地区坐落于一个帝国和贸易网络纵横的世界，而它自己只是一个无名的村落聚居地，以其水果和橄榄油而闻名。公元后，其中一个村庄脱颖而出。在教堂里时光流逝似乎要慢得多，就像一个疯狂旋转的宇宙中心的黑洞。也许这就是为什么在教堂中心的隐蔽处或在据说是耶稣诞生的洞穴内，耶稣诞生地点都以坠落的星星为标志。

公元 327 年，君士坦丁大帝授命建立耶稣降生教堂。教堂于公元 339 年竣工，就坐落在繁华的山顶城市的边缘。随着新的修道院和旅馆的增加，小镇本身最终被挤到了对面的山梁上。如今，小镇与教堂隔着一个短马鞍相向而立，这个马鞍已被建成一个开放式的马槽广场（Manger Square）。从山梁顶部的大学走到教堂广场约莫需要 15 分钟，不过这取决于人流量、星期几以及你需要购买多少东西。道路倾斜，越往下走越陡峭。街道的尽头便是露天集市和一段大理石台阶，两侧是斜坡。斜坡上磨出了凸痕，这样可以在摊贩用手推车将货物运往集市的时候为车轮增加一些摩擦力。宽阔平坦的排水沟延伸至斜坡的中心，当地小孩便将其作为滑道，坐在纸板上俯冲而下，到达沟底时彼此撞到一起，顿时欢笑声四起。

这便是伯利恒：一座古老的城镇，面朝另一座更为古老的城镇而立，就坐落在耶路撒冷南面 6 英里外的沙漠边缘。纵观其历史变迁，伯利恒一直由其地理位置所定义。沙漠是贝都因人的家园，也是通往古代世界的道路——那时有游牧民和驼队，有牧羊人、东方三贤以及中东地区失落的伟大而灿烂的文明。耶路撒冷是通往西方的大门，而一扇敞开的大门太容易招来占领者和入侵者。如今，这里是进入以色列的通道，若用 1949 年《日内瓦公约》的语言来描述，以色列即为"敌对占领势力"。伯利恒夹在过去和当下之间，面朝沙漠，似乎是在伸展四肢取暖，又或许是在期待新的一天。

1935 年，当地一位医生在小镇的最高处买下一栋房子，它就坐落于天主教神学院即如今的大学对面。医生请了个工人来为他的花园挖一个水池，而在挖掘过程中，他们发现了一些神秘的骨骸，其中还有形似象牙的东西。这一发现把考古专家多萝西娅·贝特及其同事埃莉诺·加德纳引到了伯利恒。[①] 贝特是威尔士一位警察之女，在伦敦的大英自然历史博物馆为化石编目期间，她有机会学习了动物学方面的知识。贝特十几岁的时候便开始为化石分类，按件计酬。1920 年代末到达巴勒斯坦时，她已年近五十，是个广受尊敬的专家，尽管她经常携带并喜欢使用炸药棒这点让人害怕。在医生的水池中所发现的是已灭绝的大象物种的遗骸，而不久之后，贝特和加德纳又发现了其他惊喜——早期的马和史前巨型龟的遗骸，还发现了其中一些动物被伯利恒的第一批居民猎杀过的证据。此外，乌龟的骨骼有经过钻孔吸取骨髓的迹象。

多萝西娅·贝特是在多萝西·加罗德的邀请下来到巴勒斯坦的。加罗德比贝特年轻，是剑桥大学第一位考古学女教授。1920 年代末到 1930 年代，英国统治巴勒斯坦期间，军事总督任命加罗德负责海法的考古挖掘。她发现，巴勒斯坦比别的地方更早有人类居住，也因此后来吸引了贝都因人来到此处。这一地区所具有的各种景观和气候，将这里集合为一个单一而紧凑的区域。自打有了固定居所，人们便不再需要每个季节都出去拾树枝了。根据她的挖掘地的名字纳图夫干河谷，加罗德将这些石器时代悠闲的游牧者命名为纳图夫人。纳图夫文明最重要的遗迹就是在伯利恒发现的，发现者是一名塔马利赫的

---

① Kay Prag's "Bethlehem：A Site Assessment，169 - 181"（2000）.

牧羊人。

1930 年，人们在克里图恩干河谷的洞穴群中发现了安萨哈利情侣雕像[1]，其大小如拳头，由一块圆形的方解鹅卵石雕刻而成。1840 年代后，奥斯曼政府的自由化改革引来了外国游客，伯利恒逐渐形成了一个生机勃勃的考古宝藏市场。塔马利赫人发现了其中的商机，在放羊的同时开始挖掘当地的洞穴。他们发现了伯利恒的许多著名文物，包括犹太教的某些最早文献：死海古卷[2]。此前 20 年发现的安萨哈利情侣雕像与此具有同样重要的意义。

方解石是石灰岩中的结晶石。我想象着牧羊人看到了洞穴暗处闪烁的光，然后拂去鹅卵石上干燥的沙漠尘土，惊奇地发现自己所得为何物时的情景。雕像刻画的是一对情侣，面对面，一人坐在另一人的阴茎上。我能想象那位牧羊人是如何将这雕像展示给他的朋友们，看看他们会作何反应，又或许跟他自己一样，憋住不笑、故作正经。塔马利赫人爱四处游荡，爱讲笑话。他们虽喜欢抱团——毕竟他们是一个氏族——但也相信各自的直觉。或许他会直截了当地问对方："这东西你怎么看？"但没等对方回答，自己就先咧嘴笑了。这对恋人的脸被雕在了一起，其中一人的大腿紧紧缠在另一人的腰部。其性爱的意象还不止于此。将该雕像翻转，并在一起的两张脸状似龟头，相拥的手臂成了包皮上扭曲的褶皱。再转个方向，另一面看上去形似外阴。再一转，你也许会发现那像一对乳房。似乎没有哪个雕刻家能在一个雕像上赋予这么多含义，但当你拿着这个雕像时，会发现它竟将如此多的性爱意象集于一身。

实际上，当我在大英博物馆看到它时，我是不能触摸的，它被薄

---

① 伯利恒现存年代最早的雕像，约公元前 90000 年，现藏于大英博物馆。——译者
② 20 世纪最伟大的考古发现之一。——译者

纸包裹，放在一个特百惠午餐盒里，陈列在一间研究室内，而大英博物馆有严格规定，禁止触摸。不过，策展人吉尔·库克允许我把玩一下其树脂浇铸的复制品，我拿在手中不断翻转观察，真希望我能向别人展示一下这个雕像，要是那人有 13 岁学生的幽默感就更好了。

雕像能陈列于大英博物馆经历了许多波折。塔马利赫男孩将此雕像卖给了由贝塔拉姆圣心教堂的神父所经营的一家小型私人博物馆，该教堂是巴斯克天主教会的一支，在伯利恒有一座修道院。这个雕像在 1933 年引起了新上任的法国外交官勒内·诺伊维尔的兴趣。诺伊维尔是一位考古爱好者，除了战时在北美工作，他的外交生涯几乎都在耶路撒冷度过。（他在 1946 年回到耶路撒冷，目睹了导致 91 人死亡的大卫王酒店爆炸案。当时该酒店是英国军队驻巴勒斯坦的总部，被后来任以色列首相的梅纳赫姆·贝京领导的犹太恐怖组织锁定为攻击目标。法国领事馆当时就坐落在英国军队总部的隔壁。）

诺伊维尔将所有的闲暇时间都花在了考古挖掘上，尤其是在拿撒勒①附近的一个旧石器时代的墓地。之所以去参观贝塔拉姆圣心教堂的神父经营的那间博物馆，是因为诺伊维尔当时正接待阿贝·亨利·步日耶神父，这位 57 岁的神父是法兰西公学院一位著名的史前民族学教授。在研究南非种族隔离制度时，步日耶声称，一幅 6 万年前的复杂而精妙的洞穴壁画决不可能出于非洲黑人之手，并将此视为新石器时代欧洲人在此处出现的证据，他也因此招来骂名。但在 1930 年代，步日耶依然享有盛誉。他被认为是研究史前人类的数一数二的专家，而且也是多萝西·加罗德的私人导师，她在他门下接受过两年的学徒训练。他当时到巴勒斯坦是为了检查加罗德在海法的挖掘工作，

---

① 现为以色列北部城市，传说耶稣在此地附近的某村度过了青少年时期，因而成为圣城之一。——译者

而造访伯利恒则像是圣地一日游。是步日耶看出了这一石雕的重要意义，并叫诺伊维尔一起来欣赏的。

在大英博物馆的研究室内，策展人吉尔·库克解释说，很难给这块石头断代，因为它独一无二，至今未曾发现与其极为相似的石头。步日耶认为它有约11000年的历史，也就是说它所属的那个时期，人类才刚开始采摘野生小麦，建立定居社区并驯养包括狗在内的动物。（吉尔告诉我两千年前人类就开始养狗。看来我们确实喜爱狗。）小麦是一种草，大多数草籽随风吹走，而辨认出种子附着于茎上的少数物种是人类进化过程中的关键一步：这使得人类因此可以收割茎秆，把种子带回家，趁着它饱满成熟时吃掉或者贮存起来，等干燥后磨成粉。这些都是吉尔告诉我的。在她说话的时候，我想起了一道我最喜爱的巴勒斯坦菜：一种叫做 frikeh 的成熟小麦，可以煮熟像米饭一样食用，也可以像碾碎的干小麦那样放在沙拉里冷食。食谱可以传承11000年，想到这里不禁令人感到晕眩，就像历史的地面突然塌陷，眼前即是万丈悬崖。

安萨哈利情侣雕像也似乎证明了石器时代的生活其实离我们没那么遥远。这是一位有足够闲暇时间从事雕刻的艺术家，他选择制作一个关于性和爱情的作品。这个主题反映出了很多关于休闲、创造力以及友谊和家庭生活方面的内容，不过要在单个物体中赋予太多的内涵是很困难的。吉尔是一位娇小的金发碧眼的女士，有着一双明亮的眼睛，做事严谨周密，一丝不苟。她听说过有关安萨哈利情侣雕像的一些夸张的理论，这些理论试图证明所有宗教的根源在于生殖崇拜以及探索人类的爱与性的奥秘，但这些理论并没有给她留下深刻的印象。吉尔认为，问题在于没有什么东西可以拿来与安萨哈利情侣雕像进行比较，我们也无从得知它对于雕塑家有怎样的意义。在尺寸和技巧上与之相似的雕刻作品唯有石杵和狗的雕像。（你可以在东耶路撒冷的巴勒斯坦考古博物馆，现称洛克菲勒博物馆，看到这些石杵和狗的雕像。）或许这块石头真是在庆祝生育，即使这样，纳图夫人也是刚意识到性行为与生儿育女之间存在联系。吉尔对这种观点有些认同。纳图夫人已经学会了驯化绵羊，她说，"所以，如果你有一群温顺的绵羊，很快你就会认识到要让它们远离野公羊，否则你又得重新驯化它们。"这个小雕像既性感又内涵丰富，然而我们在某种程度上仍然难以理解透彻。

对安萨哈利情侣雕像的着迷让吉尔的洞察力变得如侦探般敏锐。她从诺伊维尔和步日耶之间的一系列信件中发现，[①] 诺伊维尔从未一口咬定这块石头是在安萨哈利洞穴里发现的。在写给步日耶的信中，诺伊维尔提到自己是如何追踪牧羊人并让他带自己去发现这块石头的地点。克里图恩干河谷是通往死海的一条原始的沙漠之路，河谷的两侧布满了洞穴，诺伊维尔声称自己在该地区进行了搜索，但没有发现其他有重要意义的东西。

尽管在确定这块石头的发现地点和背景方面存有疑问，吉尔仍认同步日耶的评估。它属于新石器时代，据我们所知，是最早的刻画人类情侣的作品。然而，至今悬而未决的问题是：诺伊维尔是如何得到这块石头的？诺伊维尔 1952 年在耶路撒冷去世，当时这块石头就在其私人收藏中。他的子女 1958 年拍卖这件藏品时，被大英博物馆购得。

当我注视着放在带有纸质内衬的盒子里的安萨哈利情侣雕像时，突然意识到埃尔金大理石雕像[②]就挂在博物馆另一侧的翼楼里。我还

---

① Cook Boyd's *A Reconsideration of the "Ain Sakhri" Figurine* (1993) pp. 399 – 405.
② 为古希腊帕台农神庙的部分雕刻和建筑残件，是大英博物馆最著名的馆藏之一，2020 年 5 月希腊总理正式向英国政府提出要求，希望归还此物。——译者

想到，这块石头也许就是巴勒斯坦版的埃尔金大理石雕像，而终有一天，巴勒斯坦文物部部长会要求归还此物。因此，我决定亲自去调查一番。在我再次造访伯利恒时，我去了修道院，想一探究竟。修道院矗立在圣徒玛丽亚姆·芭瓦蒂的加尔默罗会修道院内。芭瓦蒂是一位默基特希腊礼天主教修女，2015年被教宗方济各追认为圣徒。芭瓦蒂的修道院俯瞰马阿里河谷边缘及伯利恒山梁的东侧。贝塔拉姆修道院的大广场则位于后面更远的地方，周围环绕着整洁的花圃。我拉响了门铃，一位年轻的非洲牧师过来告诉我，他们正好在吃午饭。我马上去了食堂，和僧侣们一起就着炖鸡吃 maftoul，后者通常被称为巴勒斯坦版古斯古斯饭（couscous）。令我失望的是，僧侣们竟无一人穿长袍。这些僧侣来自非洲和欧洲，他们的穿着比我还要随意。当时，修道院院长不在，但我受邀几天后在一间小书房和他见了面。彼得罗·菲勒特神父性情平和，留着整洁的灰色胡须，脚上穿着一双拖鞋。虽然在他所处的年代修道院里还没有博物馆，但他曾见过打印出来的藏品目录。他说，那是大约50年前，当时他还是当地天主教神学院的老师，他在贝塔拉姆图书馆看见过藏品目录，而如今就连图书馆也没了。彼得罗神父告诉我，在1948年战争期间，为安全起见，博物馆里的文物都被送走了，最后流入了意大利和法国。他觉得，部分藏品也有可能是在1936年的阿拉伯起义期间被送往国外的。

我猜勒内·诺伊维尔可能提出要帮僧侣将藏品转移到欧洲，毕竟当时他是领事。而彼得罗神父坚持认为这是不可能的，因为贝塔拉姆运动是巴斯克地区发起的，而且当时和法国政府的关系很糟糕。事情过去差不多70年了，今天我们已经无从得知诺伊维尔是如何获得安萨哈利情侣雕像的，或许是在藏品被打散运往国外的途中为诺伊维尔所获。也可能是谁给了他，或者在兵荒马乱中，那东西像是自己长了腿一样，跑进了他的口袋。

安萨哈利情侣雕像创造了伯利恒的人类历史上一个激动人心的起点。11000 年前，这就是一切开始的地方。当时，他们已经学会了养狗，并知道如何将小麦制成 frikeh，或许还会用乌龟的骨髓拌沙拉吃（这是我猜的），所以这是成为农民或动物饲养员（但到底是哪个呢？）的一小步。

我们有关人类史前史的许多观点都是基于将人类划分为农民与游牧民两种，农民过着安全但平淡的生活，游牧民则赶着他们的羊群在草原上四处迁徙放牧，周围充满了不可预测的情况。圣经史学家凯伦·阿姆斯特朗①提出了一个基于游牧民武士的活动的史前史通用模型。她研究了印度和中东的许多文明，从农民屈服于游牧民的袭击中发现一个不断重复的模式。随着游牧民族在原地建立封建小国，农民逐渐沦为奴隶。最终，游牧民摇身一变，成了贵族阶层。而对于用武力抢夺来的东西，他们学着用官僚主义和习俗来把控和维持，同时利用老于世故和精神性的外表来掩饰他们的侵略性。然而，这些王国从根本上依赖于奴隶制，作为一个即将形成的武士等级统治着土著农民。

阿姆斯特朗将这种抽象的模型应用于那些几乎没有或完全没有书面文献的时期，它证明了一个强大而诱人的解释，即文化、语言、宗教和商品是如何在看似不相连的广袤地区传播的。最早的国家仅是一些卫戍部队，只是辽阔大地上的一些不起眼的小点儿。当时没有现代意义上的领土意识，自然也不知道绘制地图。每个王国都只在其实力

---

① 她的史前史模型乃是基于游牧民武士的动向这一点，可参见 *Field of Blood*（2014）一书。

和补给线允许的范围内扩大，在这个点上，它逐渐消失为一片腹地。而过了这个点，靠武力征服的国王就再也不能放心地让士兵站岗、对农民征税或是向来往的商人征收过路费。过了这条地平线，将会有另一个武装驻军，会有另一位武士在他征服的区域内称王。

就其性质而言，这些早期的驻军国（garrison states）一直生存于多国、多种族的环境中。每个王国都是在与同一片土地上的其他国家的竞争中诞生的，而在王国内部，统治者和臣民有着彼此独立的私人的文化，对彼此都很陌生。阿姆斯特朗指出，农民们通常会继续信奉自己的神灵，这些神灵会时刻提醒他们主人和奴隶之间的区别。

这些星星点点的点缀在这片土地上的国家，汇集在一起形成了贸易路线或政治联盟。一个统治王朝的孩子可能会去建立他们自己的驻军国。国王们可能入赘另一个王朝，把权力当作彩礼，或仗着血缘关系要求继承权位。一个国王可能会成为更强大的邻国军阀的封臣。最早的帝国因此开始逐渐形成网络。那时还没有地图，但即便有，我们也不会看到把我们与帝国联系在一起的固定色块。相反，我们会看到其边界向各个方向慢慢延伸。这些新生帝国就像苍白的皮肤下的静脉一样扩张，形成血管，再长出器官和肌肉。

阿姆斯特朗的假设非常具有说服力，因为它不仅解释了农民与主人之间所体现出的奇特的文化不匹配，还解释了人类历史初期的全球化贸易网络是如何形成的。历史学家彼得·弗兰科潘对贸易网络是如何塑造我们这个世界的做过有力的阐述，[①] 他在其中指出，贸易路线也是游牧军队的军事补给线。但在着眼于伯利恒及其在此网络中所处的位置之前，我们应该注意到这个模型所产生的两个悖论。

---

① 有关补给线和贸易路线往往是一回事的说法，参见他的 *The Silk Road*（2015）一书。

首先，游牧民活动的理论让我们很难说出某个王朝的起源。这些游牧民建立了一系列王国，谁能说出这些王国是从何处开始的？当一个建立起来的王朝开始撰写自己的故事时，会有一种强烈的动机去构建一个起源故事①，从而在他们与他们所占领的土地之间建立一种神话般的联系，比如像罗穆卢斯和雷穆斯兄弟的故事那样的。据罗马神话记载，台伯河上的狼哺育了罗马的缔造者，而事实似乎是一个由不同的非法部落组成的联盟在罗马的帕拉蒂尼山上建起了自己的家园。要在想象中勾勒出一个国家的史前史轮廓是极其困难的，因为我们得借助书面文件，才能接近真实的历史，而这些书面记录出自国家主办的官僚机构。就罗马而言，在公元前509年罗马共和国成立之前，几乎没有该城市的任何记录。共和国之前的一切都是宣传和神话所为；而在此之后，一个有效的政府借助其国家官僚机构和行之有效的法律法规，形成了确凿的书面文件，事件才变得明晰起来。

我们甚至可以说国家并不存在史前史。阿姆斯特朗向我们阐述了国家是如何形成的，但她的模型更多是在描述国际环境，而不是其中随便哪个国家的组织架构。其所有内容都是关于军队的流动、贸易路线的产生、技术的共享以及语言的传播等。它只是一个抽象模型，并没有真正描绘出这些驻军国可能是什么模样，或许甚至根本不应该称它们为"国家"。历史始于文件：法律文件、税务记录、销售收据、出生证明、死亡证明和结婚证、财产登记文件以及——或许更重要的——与其他类似国家之间的来往信件和条约。要想了解有文字记载之前的时期是困难的。正如雅克·德里达所说，在某种程度上，所有

---

① origin story，这种故事讲的并不是开天辟地从无到有的生活，而是目前的世界是如何从上一个世界演变而来的。——译者

的历史最后都成了书写的历史。① 若我们要强辩说，某个原始国家在一个历史悠久的、有记载的城市出现之前业已存在，我们就有可能迷失在军阀们所讲述的自己的神话中。这种情况在巴勒斯坦尤为危险，因为《圣经》常常诱使作家将神话变为历史。

阿姆斯特朗的游牧模型解释了驻军国的形成过程。然而，这一模型太过抽象，我们无法据此判断某一特定文化的存续时间。或许，这反而是该模型的优势之一。法国哲学家吉尔·德勒兹也被游牧武士是历史前进的动力这一观点所吸引。但他赞同这一理论的原因恰恰在于它是一个抽象的模型。如果模型的第一个悖论是无法谈论国家的起源，那么第二个悖论就是这根本不是国家的历史，而是如弗兰科潘所指出的，是世界的历史。在他的书中，德勒兹将游牧民牧场主称作"游牧战争的机器"，② 并认为这些游牧武士的活动形成了一个框架，使我们可以借此想象历史空间和历史时间。这些游牧民在漫游世界时建立的路线，为贸易和文化交流的网络化空间奠定了基础，而他们对已经定居的社群的屡次攻击形成了政权和王朝变更的时间表。如果历史即王国的兴衰故事，那是因为游牧民通过推翻一个政权并且要么取而代之，要么让城市荒废掉，从而在历史的时间表上留下刻痕。从这个意义上讲，游牧部落是历史的抽象动力：他们创造了我们用于绘制

---

① 摘自 *Of Grammatology*（1976）中卢梭的 *Essay on the Origins of Languages*。学术意义上的历史总是指"有记载的历史"；也就是说，它一定是发生在某人身上并被记录下来的事情，例如税务记录、新闻报道或目击者的叙述及其他文化标志，例如，具有可识别、有图案特征的陶器碎片等。对德里达来说，这意味着历史永远指有记录的东西的历史（广义上的"文本"是指"通用数据库"）。这就带来了一个悖论，即历史就是今天的标记，而今天已经过去了。德里达的主要兴趣是这些文本标记或"总是已经过去"的痕迹。
② 其核心思想"游牧民族是历史的抽象引擎"出现在他与 Felix Guattari 合著的 *A Thousand Plateaus*（1987）一书中。然而该理论基础在德勒兹的早期作品 the student guides on Hume，Kant，and Nietzsche 中已显而易见。

人类历史图表的方格纸。

游牧部落在迁徙中创造了一种历史感：他们的世界从绵羊开始，以帝国结束。凯伦·阿姆斯特朗、彼得·弗兰科潘和吉尔·德勒兹等人所接受的理论是想象国家史前史的一种有力工具，即使它只允许我们间接地谈论像伯利恒这样的城镇。比起描述实际生活在这里的人的生活，说说谁途经此地、谁吹嘘自己统治了伯利恒，对它而言更容易一些。通过研究游牧部落，我们得出了文明兴衰的动荡理论。

这个不断变化和运动的故事必然与伯利恒的考古学形成对比，后者所展现的是一幅截然不同的画面：它具有连续性和稳定性。考古学表明，即使主人变了，农夫、农民和奴隶的生活在数千年间都没什么改变。伯利恒人或者其中的大部分人很可能是其第一批居民的后裔。

城市在9000到10000年前开始出现。这些筑有围墙的社群可容纳数千人，但此时仍属于石器时代。在前往伯利恒的路上，我要先在杰利科渡过约旦河，然后穿过约旦的安曼，经过世界上现存的两座最古老的城市。安曼和杰利科是从特尔遗址中诞生，平原上的城市在贸易网络的演变过程中扮演了重要角色，这些贸易网络支撑起了像伯利恒周边的那些较小的丘陵社区。

我从大英博物馆黎凡特系列的策展人詹姆斯·弗雷泽那儿了解到关于特尔遗址的更多信息。詹姆斯是个高大的澳大利亚人，有双明亮的蓝眼睛和一头黑发。他说话语速很快，在谈到自己喜欢的话题时语速会更快：特尔遗址就是他最喜欢的话题。詹姆斯生动地描述了发掘安曼的艾因加扎尔考古遗址的故事。特尔遗址是用易碎的晒干的黏土砖建造而成的。然而，随着一代建筑的倒塌和新一代建筑的建成，这些遗址周围的城墙可能包含着废弃的砖石，因此这些城市是向上发展的，而不是在平原上蔓延。由于每个新的社区都建立在旧址之上，特尔遗址才会在几十年至几百年的时间里上升，形成一座巨大的人造山。詹姆斯说起自己站在穿透城市的壕沟深处，仰望历史留下的这个层次分明、高耸入云的厚重痕迹，兴奋之情无以言表。艾因加扎尔曾有 3000 人口，是一座石器时代的大都市。

新石器时代可分为前陶器时期和后陶器时期，大英博物馆有两件来自艾因加扎尔的石膏像，是在高温陶瓷窑发明前的作品。雕像是儿童的半身人体模型，一对长着鬼气森森的眼睛的双胞胎，是用稀释的黏土涂在芦苇骨架上，经太阳晒干而成。他们已有 9000 年历史，被陈列在一个玻璃箱里，眼睛直勾勾地盯着外面那个他们不可能了解的世界，尽管他们的目光好像看穿了它。

詹姆斯告诉我，将人类时间划分为石器、前陶器、后陶器、青铜器和铁器时代是不准确的，因为旧技术总与新技术共存。迦南农民发现，亲手制作一把燧石长柄大镰刀或一把小刀，要比购买金属成品更方便、更便宜，特别是在国王和军事领主严格控制金属的情况下。

我看过镶嵌着可断代为 19 世纪的尖锐燧石的巴勒斯坦脱粒板，这让我意识到石器时代的技术元素流传到了现代社会。刚收割的小麦和大麦散落在一个圆形的室外脱粒场上，一头驴拉着这块镶着燧石的脱粒板绕着场地转圈，碾过干燥的庄稼。在阿拉伯妇女联盟（AWU）伯利恒分会开办的人种志博物馆中也有一例。阿拉伯妇女联盟是一个类似于美国的妇女俱乐部的社会组织，旨在促进福利和教育，博物馆位于老城区的露天市场，分为两座建筑，展示了 19 世纪传统的家居生活。海伦·罗西让我参观了保存完好的厨房，她是一位 60 多岁的娇小女士，目光锐利，举止正式，但丝毫不影响她天生的热情。她是厨房用品的专家，一个厨房垃圾桶大小、由石膏制成的较高圆筒引起了我的注意。这是一个用于储存杏干的料斗，是远古技术可以沿用到现代社会的又一范例。与艾因加扎尔双胞胎雕像完全相同，这种料斗也是在芦苇骨架上制作的。海伦告诉我，料斗从未经历商业化生产，妇女自己就能做一个出来供家里使用。她们也会制作小的黏土火盆用于壶、罐之类容器的保温。几个烧着木炭的火盆放在厨房门口，就像一个个按比例增大的用茶烛加热油的香炉。火盆和料斗都是太阳晒干而不是在窑里烘干的。料斗虽然简单却非常精妙，因为它把鲜明的特性和独特而复杂的设计结合在了一起。海伦解释说，它里面衬有一个装着杏干的平纹细布袋，料斗底部有一个翻盖，当厨师需要干果时，她就把手伸进翻盖，取出一把来。

当平原上的许多城市被遗弃，任由风吹日晒时，特尔时代的城市杰利科和安曼幸存了下来。新一代的城市都沿河而建。5000 年前，底格里斯河、幼发拉底河和尼罗河沿岸的居民生活中开始运用"涡轮机驱动"，詹姆斯·弗雷泽这样告诉我；新兴文明沿上游和下游延伸，创造出了最早的"网络化"帝国。虽然安曼和杰利科远离这些大河，但它们在新时代的生存地位是独一无二的，这多亏了一条后来被称为"国王大道"（King's Highway）的金属贸易之路。

国王大道的路线以一条从红海的亚喀巴（Aqaba）开始、向北通往叙利亚的现代公路为标志，由于目前的叙利亚战争，那里出现了大量的难民营。在古代，这条国王大道从埃及的尼罗河到亚述和美索不达米亚的东边城市，跨越了已知的世界。它日渐成为连接各大帝国中心的外交途径，但首先也是最重要的一点是，它将内盖夫①的铜矿与现代土耳其的安纳托利亚锡矿连接在了一起。铜加上锡可以铸出青

---

① 巴勒斯坦南部一地区。——译者

铜，这种金属太重要了，以至于它被用来命名一个时代。伯利恒位于与国王大道平行的一条路上，这条大道从内盖夫向北经过希伯伦、伯利恒和耶路撒冷，到达一个岔路口，右转经戈兰高地进入大马士革，左转则前往提尔和黎巴嫩海岸。这仍是一条穿过伯利恒的主要道路，被称为"希伯伦路"。在帝国的世界中，这可能是一条"B"级路，而不是一条"A"级路。然而，它却起着至关重要的作用，而且因为与国王大道相连，人们可以沿着这条路到达巴比伦或开罗。

最近，在土夸和阿塔斯之间一座名为哈立德-阿贾马（Khalet al-jam'a）的山深处，发现了一个青铜时代的墓地，伯利恒早期生活的线索才由此浮出水面。2014年，一支巴勒斯坦和意大利考古学家组成的小队在这座山上发掘地下墓室，[①] 除了若干具5000年前农民的干尸外，他们还发现了一些与众不同的巧克力色的罐子。这种深棕色表面的罐子上有着锃亮的白色图案，这是把研磨好的石灰粉填入擦痕，而后涂上颜色较深的油泥形成的。这种风格的罐子称为"特尔-艾尔-雅胡地亚（Tell el-Yahudiyeh）"器物，或"犹太城陶罐"，因为首次发现它是在埃及犹太人居住的城市，故以此命名。（这个名字纯属巧合。对于一个在青铜时代被称为内塔胡特［Neyta-hut］的城市来说，特尔-艾尔-雅胡地亚是一个相对现代的名字。）尽管第一次出土是在埃及，但它们因其迦南式设计而出名。实际上，英语里的"jar"一词，便是源于这些罐子的迦南语名，过去它们被用于运输迦南橄榄油。制陶技艺和金属加工技术相伴而生，因为冶炼内盖夫铜所需的高温窑也可以烧制陶瓷制品，这反过来又使得橄榄油在五千年前成为可交易的商品。

---

① L. Nigro's "Bethlehem in the Bronze and Iron Ages"（2015）.

我在伦敦见到了当时发掘哈立德-阿贾马山的考古团队领队洛伦佐·尼格罗。他告诉我，那座伯利恒墓地面朝农民的住所而建，这表明伯利恒最古老的有人居住的地区是以阿塔斯为中心，并有可能已扩展到正好在伯利恒下方，一个被称为马里河谷的建筑群密集地区。此处的房屋沿着河谷平行排列，一座叠着一座，由此可推断出其果园和梯田的形状。和附近的拜提尔村一样，阿塔斯的泉水也可以通过梯田引流。因其优越的地理位置，圣玛丽亚姆·芭瓦蒂选择在马里河谷的边缘地带建造她的加尔默罗会修道院，当时她的内心深处有个声音告诉她，这里能够俯瞰以色列王大卫的父亲耶西的住所。幸亏她这么想，芭瓦蒂或许就这样在无意中发现了伯利恒最古老的部分。

埃及人将这片土地命名为迦南，希腊语则称之为腓尼基。这两个词都是"紫色"的意思，个中原因还有待探知。这个名字可能是因加沙和黎巴嫩之间海岸的骨螺而来，把这种骨螺的壳压碎，待其分解，就会得到一种紫色染料。无论人们是否把他们的家园视为"紫色的"，甚至看作其他任何一种家园，我们都无从得知。通过希伯伦路，通过沿着这条路线用驴子运送的棕色和白色的罐子（这些罐子被绳子绑在驴驮着的木架两侧），迦南山上那些出产橄榄油的村庄结成了密不可分的关系。随着金钱的流入，伯利恒周围以及其他种植橄榄的地区的人们顺着这条路一直走到尼罗河，并在那里建起仓库和贸易站，以便直接向顾客销售。

似乎是为了证明贸易路线也是军事供给线，一群被称作希斯科斯的迦南袭击者沿着橄榄油运输线征服了整个尼罗河下游。希斯科斯人非常擅长驾驶战车。他们在3800年前创建的埃及王国执政约150年之久，直至被一个强大的新埃及王朝推翻，这个王朝被充满想象力地称为新王国（New Kingdom）。新政权并不满足于仅仅击败希斯科斯人，他们一路穿过迦南（或腓尼基）追击闯入者，将埃及领土扩展至今天的叙利亚境内。

如今，伯利恒的橄榄油很少在其市区范围之外的地方出售。在这样一个市区，橄榄油的产量并不高。随着伯利恒的大部分农村都被征用来建造犹太人定居点，其余地方也成了封闭的军事区，以往村庄周围的橄榄园都消失了。然而，伯利恒的橄榄油因其出名的美味在巴勒斯坦的其他城市颇受欢迎。我问表亲薇薇安·桑索尔，为什么伯利恒的橄榄油如此非同凡响，如此与众不同，如此稀罕呢？她告诉我，是因为它的哈喇味儿。这听起来可不是什么好事，但薇薇安向我保证这绝不是什么坏事。她是一名农艺师，研究过法国橄榄油的生产过程。她解释说，橄榄通常需要尽快采摘，在最短的时间内榨油。但伯利恒橄榄油的制作方法是将橄榄在防潮布上晾几天，让橄榄在榨油前稍稍烤干一下。我一直认为伯利恒的橄榄油是极好的。它不像有些橄榄油那般辛辣，但有一种明显的口感和味道，或许我可以形容为坚果味，有点复杂，甚至是浓郁。

但绝对不是霉臭的。

被归类为哈喇的话，意味着这种油不能在欧洲销售，不过，在伯利恒人几乎没有足够的橄榄油的今天，这似乎并不是什么难事。

约公元前1550年，新王国征服了迦南，这是迦南历史上领土最广阔的时期。然而，新的法老任命各个诸侯——他们用的词更接近"市长"或"州长"，以减少用直接干预的方式治理他们的"战利品"。我们或许可以把这些地方官员视为特许经营者。他们住在驻军的宫殿里，享受着国王般的生活。他们需要做的只是将一部分利润交给埃及总部。这些特许经营者之间以书信的形式留有了一些书面记录，其中包括统治着尚属岩石废墟时期的耶路撒冷的阿布迪-赫巴。他的名字可译为"女神赫巴的仆人",这表明他可能来自现在的安纳托利亚,并且可能是亚美尼亚人的祖先。这个城市没有更早的历史记录,因而亚美尼亚人可能会称自己是这片堡垒,即之后的耶路撒冷的创始人。

埃及人不仅招募外国统治者,而且还选择了一种外来的书写系统来与他们的特许经营人交流。这种文字系统,即阿卡德语的楔形文字,是世界上存续时间最长的机构,即阿卡德-苏美尔帝国的行政机构的产物。虽然这个帝国在六七百年前已经消失,但其官僚机构依然存在。这种楔形文字用削尖的笔来"写",用尖利的笔在软黏土板上留下楔形的凹痕,各种凹痕组合成符号,而这些符号组成书面文本。文本一旦完成,黏土板便会被烘干或晾干。这套系统需要各城市的无数训练有素的文士、准备黏土板的技术人员、管理邮政中转站的通讯员以及所有维系邮政服务运转的马夫、驯马师和马鞍制造商之间的通力协作。

楔形文字与埃及新王国铸为一体。这一点更为引人注目,因为它是被用来传播一种法老以及像阿布迪-赫巴这样的省长都不会说的语言。楔形文字已经成为一个抽象的符号系统,其存在是为了促进疆域扩张,完全与实际的语言运用脱节。在大英博物馆,詹姆斯·弗雷泽准备向我展示他精选出来的一些楔形文字板。而我对这种礼遇的报答却是迟到,而且上气不接下气,因为我在进博物馆的时候选错了入口。入口几乎被折梯和涂料罐遮住了,但一旦穿过这扇门,我就发现一个天花板很高的维多利亚式房间,这样的房间本该布满灰尘,而这一间却是一尘不染。书架直达椽子,每根椽子上都放满了盒子,里面装着阿卡德语的黏土板。我只在照片中看过这样的黏土板,想象它们是摩西石碑那样的尺寸。实际上,黏土板更接近果酱罐的大小,易于摞起来或用布包起来装入马鞍的包里。6 名翻译人员正在拱形天花板下方的一张长桌上工作，拿着放大镜在干燥易碎的黏土板上查看。詹姆斯告诉我，大多数黏土板上的文字都还未翻译出来。

1915 年，德国语言学家奥托·施罗德尔（Otto Schroeder）翻译了阿布迪-赫巴寄往埃及的信件。施罗德尔希望借此找到《圣经》文本的佐证，并且他相当巧妙地臆造出了当时还不存在的伯利恒。引起他注意的其中一封信中，阿布迪-赫巴抱怨一座名为"尼努尔塔之屋"（Beit Ninurta）的城市改换了自己的效忠对象。[①]"尼努尔塔之屋"这个名字引自阿卡德语中的战神。施罗德尔知道迦南山上的人们不太可能崇拜一个早已过时的神，这让他做出了一个有一定投机性的大胆猜想：他认为阿布迪-赫巴指的就是伯利恒。

施罗德尔似乎一直在研究一种预感：用来象征尼努尔塔这位战神的符号，被说迦南语的人借用于代表日常用语中的"战斗"一词：lakhem。由此，他提出 Beit Ninurta（尼努尔塔之屋）可能实际上应读作 Beit Lakhem，与 Beit Lekhem 同音。施罗德尔的翻译中有一些离谱的步骤：从象征战神的符号到代表"战斗"的词，然后又作为lekhem（在迦南语中意为"面包"）的双关语。虽然有些牵强附会，但仍有一条可辨认的主线贯穿于施罗德尔的翻译之中。当美国考古学家威廉·F. 奥尔布赖特（也是当时最有影响力的圣经考古学家）1921 年接受他的翻译时，就连这条貌似有理的细线也不见了。[②]

施罗德尔宣称自己找到了第一次提及伯利恒的依据，而奥尔布赖

① Amarna Letter number 290 in Schroeder 1920.

② William F. Albright's "Contributions to the Historical Geography of Palestine"（1921）pp. 1－46. 但在 Albright 的最后一本书 Yahweh and the Gods of Canaan：A Historical Analysis of Two Contrasting Faiths（1968）中，他改变了观点，认为 Beit Ninurta 与 Beit Horon（一座《圣经》中提到但从未被发现的城市）是同一城市。在巴勒斯坦城市拉马拉附近有一个名为 Beit Horon 的定居点。

特很快便接过了这种说法。不过，他给出了另一种更简单易懂的翻译。他认为，楔形文字符号 Beit-Ninurta 可以读作 Beit-Lahmu，因为 Lahmu 一词在苏美尔语中可以替代 Ninurta。之前从未有人提出过这一点，Lahmu 只与他的双胞胎妹妹 Lahamu 一起被提及过，当然这种关系极不可信。事实上，奥尔布赖特似乎只是对施罗德尔仅在德国发表的这种读解存在误解。1968 年，奥尔布赖特宣布收回之前的观点，并指出 Beit-Ninurta 即 Beit Horon，然而他对阿布迪-赫巴这封信的异想天开的解释至今仍在给伯利恒断代的各种指南和考古研究中被引用。

《圣经》中的事件设定在神话时期，这使它们置身于历史时间之外。威廉·F. 奥尔布赖特的伟大创新在于通过创建一个映射人类历史时间线的《圣经》时间线，从而将神话与历史联系在了一起。这一项创新以及雇用并培训的第一代以色列考古学家的行为都是他留下的永恒的遗产。[①] 奥尔布赖特将族长的故事、埃及流亡者的故事和大卫王崛起的故事定位在埃及新王国等历史上确有的帝国的兴衰背景之下。正如他对阿布迪-赫巴这封信的解读一样，他的方法基于主观思想而非事实，并不比芭瓦蒂的想法更可靠。与世隔绝的阿卡德语楔形文字中几乎都是随机混合的符号和语音元素，在翻译古老的阿卡德语楔形文字时，难免会只译出自己想看到的内容。

对于历史学家来说，好消息是阿卡德语的楔形文字正在逐渐消失。在公元前 1000 年的开端，它开始逐渐被一个更透明的语音系统所取代，那是我们今天的字母表的祖先。这种新文字的早期——也可能是最早的——例证，就是在伯利恒发现的。

---

① 比如考古学家、马扎尔家族的族长本杰明·马扎尔。

第二章　气味、香料及化学品

铁器时代

在卡德尔（al-Khader）村葡萄园的尽头，有一座为纪念圣徒乔治而建的方形石头教堂。这座教堂原本是修道院，但在19世纪时改作清真寺，而该村也是在此时得名卡德尔，意思是"绿地"。卡德尔虽

是穆斯林圣徒，但他与圣徒乔治的形象几乎合二为一，因而难以区分。由于来自俄罗斯的捐赠，清真寺在 19 世纪末得以改建为教堂。在教堂院子的后墙上，一根锈迹斑驳的螺栓上挂着有年头的锁链。据说圣徒乔治当时是作为囚徒被锁在墙上，假如一个疯子整夜遭受这种折磨，圣乔治会为他祈福，驱除他的恶魔。我亲自试戴了一下锁链，可惜因为时间不够长，并没有体会到其中的好处。

　　如今的卡德尔村有更多现代人的疯狂。矗立在教堂上方的足球场是"卡德尔男孩队"的主场，他们是约旦河西岸足球超级联赛的 12 支球队之一。这座足球场也是每年举办葡萄节活动的地方。2007 年，葡萄牙出资修建了这个场地，但由于以色列从 2004 年就开始在伯利恒周围修建了 8 米高的混凝土墙，足球场就被挤在了教堂和隔离墙之间的空隙中。专为犹太定居者开辟的小道在隔离墙的另一侧。这道隔离墙是用来标明领土的，而不是为了阻止人们穿过；隔离墙下还修了一条地下通道，通向卡德尔村的果园，以及开往耶路撒冷的 23 路公共汽车的停靠站。隔离墙勾勒出了伯利恒建好的城区的边界，那里也是农田的起点——处处是迷人的山丘和山谷，伯利恒的村庄以及 42 个犹太人定居点就坐落于此。2004 年 7 月，随着隔离墙路线的公布，国际法庭（ICJ）发表了咨询意见。[1] 15 位法官以 14 票对 1 票裁决隔离墙是非法的；他们认为，隔离墙的路线并非出于安全问题的考虑，而是有意"在当地制造一种'既成事实'，很可能成为永久性的……这无异于对巴勒斯坦领土的事实吞并"。眼下，巴勒斯坦人可以从隔离墙的一侧自由出入。即便如此，人们还是担心地下通道总有一天会被封住。

---

[1] ICJ advisory opinion，issued 8 July 2004.

1953 年，卡德尔村出土了 26 件青铜矛头。这些锯齿状、叶子形的矛头可追溯到公元前 12 世纪末至公元前 11 世纪初。它们出土时是捆绑在一起的，这一事实表明它们属于军械库。卡德尔村地处十字路口，穿过克里图恩河谷的死海小径在这里将希伯伦路一分为二。青铜矛头的发现表明，3000 多年以前，卡德尔村不仅是个军事要塞，还充当了收费站的角色。我们从这些青铜矛头得知，死海贸易利润丰厚，所以这么早就出现征税或防卫也就不足为奇了。其中 5 件青铜矛头上刻有按字母排序的注音文字，[①] 鉴于这些文字可能是迄今为止所发现的这种文字的最早例证，所以意义尤为重大。这些矛头代表着一场革命的开始，这场革命对人类潜能的解放是过去和此后没有任何一项发明能与之相较的。一旦识字普及，我们就会变得平等，至少从某种意义上讲，我们都能够权衡证据并据此做出判断。这些青铜矛头站在了一个进程的开端，这个进程不仅通往人权和普遍正义的理念，也最终使得国际法庭形成了 14∶1 的咨询意见。

"字母表"（alphabet）一词来自迦南语的字母 Alf 和 Beit，[②] 它们也是"牛"和"房子"的意思。至今已经发现的大量使用这种字母文字的文件，包括祝福与祈祷词、法律文件、购物类的清单，以及旨在教授儿童读写的练习册。[③] 经过短期的学习，任何人都能书写，不像它所取代的阿卡德语系统那样难以掌握。不仅如此，这种文字还可以书写在任何东西上。人们开始用纸莎草、羊皮纸和石板砖代替黏土板

---

① 这些文字可能是最早发现的拼音文字样本。参见 Nigro 2015 and Sass-Finkelstein 2013。
② 黎巴嫩儿童习题的发现表明，即使字母表的顺序也早于希腊人对文字的定义。参见 Willi 2008。
③ 这些通常被称为 ABC，尽管更准确的术语是 abjads，因为第三个字母是"J"而不是"C"。

在上面写写画画，在陶釉上刻画人物，在象牙、石头或珠宝上雕刻传说，甚至将祝福词刻在武器上。探索附近墓地的小队成员洛伦佐·尼格罗告诉我，尽管那时人们已经开始用铁制造武器，但青铜仍然被看作更贵重的金属。这些青铜矛头非常漂亮，为狭长的叶子状，将"叶茎"插进钻孔的插槽里就可以把矛固定在标枪上。考虑到它们相对较小的体积，它们很可能早已被装在短矛上用于近身格斗，是彰显地位尊贵、优雅，也许还有点过时的武器，就像后来的骑兵军官的剑一样。青铜矛头上的铭文称颂的是阿纳特（Anat），也就是现今叙利亚尊崇的一位女神。[①] 公元前 1274 年，埃及人与赫梯人在叙利亚打了一场大仗。6000 辆战车开到了奥龙特斯河（Orontes River）边，这是有史以来规模最大的一次战车大战。此役使双方军队筋疲力尽。没过多久，埃及人便撤回到尼罗河，赫梯人则分散成许多作战小分队，就像一个遭到联邦反垄断法打击的工业巨兽。其结果是迦南出现了权力真空。

有些考古学家把这一时期看成是个危机时期，倾向于把它称作"青铜时代晚期的崩溃"（Late Bronze Collapse），并且寻找干旱或洪水的证据来解释长期以来围绕土地而建的帝国是如何衰落的。然而，也有许多迹象背道而驰，指向了一个创新时代。在迦南，这被证明是一个令人兴奋的时期，因为这片土地从不再为其发展服务的帝国体系中解放了出来。也许我们所理解的崩溃实际上是一种迹象，表明现存的帝国进步得太慢，已经无法跟上武器、贸易，当然还有书写——毕竟它给那些较弱的对手带去了竞争优势——等方面的技术革新。伯利恒的主要贸易是销往埃及市场的橄榄油，但卡德尔村地处死海以北的贸

---

① 在交谈中，洛伦佐·尼格罗告诉我，撒丁岛人会在铁器时代将当地铁矿石换成铜和锡，因为他们喜欢青铜武器。青铜是铜和锡的合金，因为稀有，所以价高。

易线上，也就是说它的贸易商品更为丰富：有羊毛——不用说，它来自沙漠放牧者，此外还有沥青、明矾以及漂白土等化学品。这些化学品的目的地也是新的。从卡德尔村开始的贸易路线，继续向西延伸至地中海的港口城市：这是货物第一次运到海上。

一个刚成立的武士联盟已经踏上了地中海沿岸，并建立了迦南南部的首批港口。不仅如此，他们还为这片土地取了名字。从现在起，与之毗邻的政权便用他们的名字命名这片土地了：比如巴勒斯坦、法勒斯廷（Falestin）、佩勒斯特（Pelest）、非利士。

上世纪90年代中期我第一次造访以色列时，四分之三的人口居住在雅法和海法之间，在海边的一条狭窄地带，似乎整个国家都码在了海滩上。之后的几年里，雄心勃勃的政府资助，试图把以色列的平衡中心从这些种族混合、多重信仰的城市，向其占领的巴勒斯坦的犹太定居点倾斜。然而，即使在今天，最理想的居住地还是位于那些地中海沿岸城市，像雅法、特拉维夫、海法及阿卡等。没人不爱海滨生活，但这是一种最近才流行起来的时尚，是工程项目使其成为可能，因为我们对这些项目太过熟悉，以致不再有欣赏其规模和雄心的兴致。大海带来了特征强烈、变幻莫测的天气。海岸线向四面八方蜿蜒，有上有下、有进有出地起伏着。河流在它们最宽阔和地面最湿软的地方汇入海洋，也就是说，很难在上面架桥或涉水而过。任何一个选择住在海边的人都是完全脱离常轨的。这种与世隔绝造就了别样的一类人：渔民、走私客、海盗以及在海陆之间奔波的人。一条穿过巴勒斯坦的海滨大道最终得以建成，顺理成章地被命名为"非利士人之路"，但连接埃及和叙利亚的主要道路仍然是沿着国王大道的较长的路。相对难以接近的黎巴嫩海岸位于山脉后面，它提供了一个保护性的飞地，迦南或腓尼基的海员们有朝一日可以从这里一举进入北非的汉尼拔的迦太基帝国。但非利士人捷足先登，成了地中海最早的海洋民族。

大英博物馆藏有非利士人用来埋葬死者的一组石棺，其样式和绘制的图案都是面容友善的大人物的脸。令人不安的是，我居然发现非利士人好像有点像电影《非常小特务》（*Spy Kids*）里的福鲁格里斯（Flooglies）。石棺的两侧雕有埃及象形文字，但那些文字的意思尚不明确。非利士人是盛气凌人的新来者，不懂象形文字；他们只是喜欢这种效果，就像那些篮球运动员把拼写错误的字文在自己身上一样。从某种程度上讲，非利士人是个谜，因为他们似乎没有什么特殊的种族特征，只是无人来识别：他们的文化是借来的，他们不会读写，也不会讲迦南语。他们是水手，而迄今为止所有的国家都建立在陆地上。在不同时期，他们被人自信地认作撒丁岛人、西西里岛人或其他意大利人，还有多立克人和赫梯人。[1] 在安纳托利亚的锡罗—赫梯人中有一个叫巴勒斯汀（Palastin）的群体，[2] 他们应该很符合描述，尽管证据比人们预期的要弱得多。或许，与他们同时代的特洛伊人一样，非利士人也发源于规模日趋缩小的赫梯人中。不论他们来自哪里，他们都是从海路而来，跨越地中海的岛屿，一路扩大队伍。和后来的罗马人一样，他们十有八九被当成一个多民族的联盟，是由被驱逐出自己的社会的人组成的。他们是不法之徒，说是海洋版的地狱天使也不为过。他们驾着船出现在地平线上，那船配有单帆，船体宽大而结实，主要靠桨手划桨。

埃及人在尼罗河三角洲初次撞见非利士人时，把他们看作袭击

---

[1] Abulafia（2011）声称他们是希腊人，这一点受到许多人质疑，例如 Hitchock 和 Maeir。他们是文盲，为不同民族的混血儿的假设，源于以色列历史学家 Trude Dothan 的研究，尽管如此，他还是遵循《圣经》关于非利士人和以色列人之间关系的假设。

[2] JuliaFridman 在 "Riddle of the Ages Solved: Where Did the Philistines Come From?"（2015）这篇短文中总结了这些论点。

者。他们的船只不能运输马匹，因而他们没有骑兵，他们把船只当作登陆艇，进行步兵作战，所以他们也许是最早使用剑的人。在迦南，他们在河畔建立了自己的城市，以避免遭到战车的攻击。根据圣经传统，非利士人的活动范围仅限于他们建立的五座城市：亚实基伦、加沙、雅法、迦特、以革伦。事实上，非利士人在巴勒斯坦各地安家，① 正如从现在的以色列北部发现的石棺和陶罐所显示的那样。然而，那著名的五座城市似乎是第一批非利士人的据点。它们的数量可能暗示了他们早年是以联盟的形式生活的。倘若他们还有什么内在差异，可能就是他们的优势：毕竟一个依靠一系列沿海城市构成的联盟要远比一个大城市强大得多。它们彼此之间相距不过一天的步程，这可以确保危急时刻援兵能及时到达。

如果说非利士人的出现令人猝不及防，那么他们在 150 年后的消失也同样令人始料不及。然而，随着他们建造的城市继续蒸蒸日上，他们很可能通过彼此同化而变得无形。他们接受了当地的文化，随后消失于其中。然而，纵然非利士人神秘莫测，他们还是给所有的邻居留下了深刻的印象。从那时起，迦南南部就已被视为他们的土地。在埃及，这片土地被称作 Pelest，希腊语为 Philistia，在迦南语和后来的阿拉伯语中是 Falastin，在拉丁语中是 Palestine（巴勒斯坦）。希腊人开始保留腓尼基这个名字，纯粹是为了现属于黎巴嫩的那些海滨城市。在《圣经》故事中尤其反映出非利士人被提升为一个所向披靡的神话，把他们当作一种永恒且不朽的黑暗力量，而不是一个历史上确实存在的民族。他们在

---

① 巴勒斯坦博物馆展出的非利士风格的石棺被认为发现于如今整个以色列北部地区。参见 Gilboa, Cohen-Weinberger, and Goren（2006）的研究，除了安葬仪式外，非利士双色罐分布也很广泛。这种广泛分布的事实对于以《圣经》为基础的历史学家来说是一个问题，他们必须为与非利士文化（在推测它与后来的犹太文化的联系之前）分离的迦南—以色列文化留出空间。

亚伯拉罕神话时代就在那里了。他们如同巨人歌利亚，像阿喀琉斯一般刀枪不入，只有游牧的牧羊人才能找到他的致命弱点。有时，在大卫的故事中非利士人会被描述成伯利恒的统治者，并且当《圣经》故事的叙述转向一个真实存在的历史人物，即非利士人消失在这片土地上之后统治耶路撒冷很久的希西家时，非利士人仍被认为是敌人。

那些刻着傻乎乎的人脸的石棺和意义不明的象形文字会让任何人对非利士人产生好感。他们最厉害的地方就是成功地完成了偷猎者变身猎场看守人的经典把戏，把自己从海盗变成了巴勒斯坦港务局。

1861 年，一位名叫约瑟夫·巴克利博士的爱尔兰牧师开始了他对圣地的访问，他带着购物探险的心思而来，离去时带走了一件公元前 7 世纪的浴室装饰物，是用巨大的蛇纹五爪贝的壳刻成的。我再次前往大英博物馆的研究室一探究竟。它是实心的，尽管看起来很精致，呈珍珠般的奶油色：在波提切利的想象中，将维纳斯带到岸边的正是这种贝壳。贝壳里原本装有面霜或粉饼：化妆品行业是巴勒斯坦最早的本土产业之一。这种面霜可能加入了来自也门或阿拉伯半岛的芳香油调香，尽管大部分化妆品用的是橄榄油甚至羊脂，还加入了来自死海的明矾。明矾是一种天然的收敛剂，可以抗真菌，在泡沫皂发明之前很重要。

巴克利曾在巴勒斯坦两次任职于伦敦犹太人基督教促进会，后来成为圣公会—耶路撒冷路德教会的第三任联合主教。1865 年，他将这枚贝壳连同他买下的其他物品一并捐赠给了大英博物馆，就陈列在非利士人的石棺旁边。包括护身符及香水瓶在内的这些物件均保存完好，可见它们是在一个墓室里被发现的。巴克利说，当地的商人告诉他，这些物件是在拉结墓（Rachel's Tomb）附近出土的，那里本是罗马基督教的朝圣地，1861 年时已经成了穆斯林墓地。这些东西不太可能是拉结墓里发现的。我们也不知道它们是否真的来自伯利恒，或甚至一个单独的埋藏地。但它们都大致属于同一时期，即公元前9世纪或前8世纪，都带有某种美容品的味道。瓶中的香气已荡然无存，所以现在还无法确定它们是否曾盛有阿拉伯的乳香、埃塞俄比亚的没药或杰利科的香脂油。不论怎样，这些香水瓶至少证明了"香料之路"上的长期贸易在这一天已经十分活跃。而这并非唯一的证据。

那枚蛇纹五爪贝，原产于印度洋，估计是同芳香油和焚香一起沿着纳巴泰人的"香料之路"运抵巴勒斯坦的。数以百计经过雕刻的巨型贝壳在巴勒斯坦各地被发现，当年曾远销意大利、西西里岛和撒丁岛。这种贝壳象征着铁器时代家居装饰的时尚高度，堪称 *Elle Decor* 杂志的公元前800年的春季设计。这些贝壳从未过时：1970年代，我母亲还用它做肥皂盘。我得戴上医用手套来拿这个贝壳，事实上它只是一半，因为贝是两半的生物。托起这只贝壳，一种强烈的似曾相识的感觉袭来，因为我曾在伯利恒看到过当代版的这种贝壳。至迟从16世纪起，伯利恒的工匠们就开始在贝壳上雕刻基督徒的祈祷场景。这项工艺利用贝壳内部的那些随着贝壳的逐年生长而不断增加的层，在贝母的身上产生五光十色的三维画面，这些画面通常是宗教场景和基督降生的画面。一般情况下，它们都是牡蛎壳雕刻而成的，不过我也见过用鹦鹉螺和海螺壳雕的。在包含梵蒂冈和伊斯坦布尔的托普卡帕宫在内的教堂博物馆里，都有珍贵的伯利恒珍珠贝母，[①] 但我在伯利恒博物馆的展览和更为古老的纪念品商店的玻璃箱里见过它在19至20世纪时的样子，这种纪念品商店有不少是由从16世纪开始就从事贸易的家族经营的，比如拉玛家族、加科蒙家族、达都波家族、洛

---

① 伯利恒大学有少量收藏，信息可见于其网站：http://library. bethlehem. edu/e-turathuna/Mother _ of _ Pearl/。

克家族及祖戈庇家族等。拿着巴克利收藏的化妆盘，我觉得这项贸易开始的时间似乎有可能不止 600 年；或可追溯到大约 3000 年前。

詹姆斯·弗雷泽再次向我详细地介绍这件雕刻品。它描绘的是一位女神，其名字众说纷纭，被称为阿施塔特（Astarte）、伊什塔尔（Ishtar）、亚舍拉（Ashareh）或者亚斯他录（Ashtoreth）。小的凸起的结节上形成了贝壳的铰链，他把上面的女神特征指给我看。最后，我沿着贝壳铰链的中线看见一只鼻子，然后是在两边看到椭圆的双眼。女神有着鹰一般的外貌，狭长而面带疑虑。刹那间，她变得洞悉一切。我把贝壳翻过来，贝壳深深的波纹化作女神斗篷间的褶皱，上面有羽毛般的图案仿佛孔雀尾巴。

在贝壳上雕刻的技艺也可用于象牙，在公元前 8 世纪时，象牙雕刻是巴勒斯坦的支柱性行业。出土的华丽象牙带扣及护身符展现了巴勒斯坦工匠的鬼斧神工。其中，令人尤为惊叹的是一件雕有繁茂的棕榈树的作品，它本是家具上的装饰，现由伦敦大学学院皮特里考古博物馆收藏。从这件藏品可以看出，室内设计的时尚倾向于偏僻场景和异域风情。棕榈树并不是巴勒斯坦本土的树种，而是种植在气候更温暖的约旦和阿拉伯地区。这种象牙装饰的家具是巴勒斯坦的一种特产，它们如此引人注目，以至于在尼尼微建都的新亚述王朝的皇帝要求进贡的一长串贵重物品清单里，特别列出了这种象牙制品。[①] 清单上还特别提到了象牙床和象牙椅。

尼尼微人进入巴勒斯坦，结束了长期没有全面管控的局面，而皇帝对象牙家具的需求是在耶路撒冷短暂的叛乱结束后提出的。象牙家具虽是作为对不良行为的处罚，但它也让我们了解到巴勒斯坦闻名遐

---

① *Annals of Sennacherib* 刻写在泰勒棱柱石碑上。

迩的物品种类。这份清单里还包括来自印度及其附属岛屿的乌木以及埃塞俄比亚的黄金，后者亦是象牙的产地。此外，还有织物染料和黑色眼影粉等化学制品。这些物品也是纳巴泰人的贸易的一部分：可见他们的货物种类远不止香料和焚香。

纳巴泰人把耶路撒冷作为一个自由港，或者一个亚马逊网那样的仓库。对于从更远的地方进口的货物，这个城市是个集散地。贸易使得这座城市富有起来，正如皇帝的需求清单所示，尼尼微人对这里的存货垂涎三尺。想要夸大公元七八世纪经过巴勒斯坦的货物的价值是不可能的。当尼尼微人被巴比伦政权取代时，一座名为泰马（Tayma）的新城在沙漠里拔地而起，其目的纯为阻断纳巴泰人的贸易路线。向纳巴泰人征税并不是一种额外补贴或者一种边际效益：整个帝国都是建立在纳巴泰人的财富之上的。①

公元前 8 世纪末，耶路撒冷的总督希西家反叛，他得到了纳巴泰战士的支持。据新亚述人记载，耶路撒冷驻军里的一支阿拉伯军队与希西家的"雇佣兵"并肩作战。"Arab"一词随后就专指纳巴泰人了。

"Arab"一词没有明确的词源，要想追溯是很麻烦的。在古典时代，希腊和拉丁作家会发明词源学说法来为他们对人或地方的描述增色，或将神话和历史编织到一起来暗示他们的命运。因此，"Arab"一词一直与沙漠联系在一起，有"外来者"或"西部"的意思，还与《圣经》中的族长亚伯拉罕的名字有关，希腊词语的 Hebrew（希伯来语）一词也由此而来。但对新亚述人和新巴比伦人而言，"Arab"一词仅仅指纳巴泰人。

---

① Cf. Edens and Bawden, *History of Tayma*, *and Hejazi Trade During the First Millennium B.C.* (1989).

公元前 6 世纪，以佩特拉为首都的纳巴泰王国开始初具雏形。[1] 不过，他们的贸易路线网络则相当古老，可以追溯到公元前 8 世纪。纳巴泰人不单是商人，作为工程师的他们享有无与伦比的声誉：考古学家亚伯拉罕·纳盖夫认为，Nabatean（纳巴泰人）一词的意思是"找水者"（water-finder）。[2] 在阿拉伯半岛、内盖夫、约旦及巴勒斯坦都发现了纳巴泰人的渡槽和蓄水池。其标志性的成分是一种石灰基水硬性水泥，是生石灰和二氧化硅的混合物。当这种混合物接触到水时会产生化学反应，从而形成一层防水屏障。纳巴泰人把这种灰泥涂于他们在偏远干旱的沙漠中挖的蓄水池的内部，随后开始涂在他们建造的用来填满蓄水池的水道和渡槽上。纳巴泰的化学家找到了一种在相对较低温度下制造生石灰的方法，[3] 而这样大的飞跃是随着

---

[1] Alessandra Bonazza et al. , "Characterization of hydraulic mortars from archaeological complexes in Petra" (2013) .

[2] Avraham Negev's "Masters of the Desert" (1983) .

[3] 所有关于古代中东水硬性水泥的文献都只引用了纳巴泰水泥，并认为这种水泥不同于希腊和罗马水泥。参见 Bonazza et al. (2013) and De Feo et al. (2013)。基本假设是，纳巴泰人在中东垄断了水硬性水泥。地球聚合物化学之父约瑟夫·戴维多维茨的研究解释了对这种独特的纳巴泰技术的一种推测，即在相对较低的温度下生产的石灰砂浆。"*En 1979, Davidovits a propose un nouveau nom pour ce materiau: geopolymere. Le terme «polymere» est utilise parce que ces materiauxont des structures polymerisees et parce qu'ils durcissent a basse temperature. Leterme «Geo» parce que ces materiaux sont stables a hautes temperatures, non inflammables et inorganiques. Nous pouvons retrouver ce type de matrices sous un autre nom de «Alkali-activation slag» qui a ete propose par Purdon (1940) ou comme des «granulosilikaty gruntocementy» nomme par Glukhovski (1959) . Mais c'est prof. J. Davidovits qui a rendu ce materiau relativement celebre.*" 这出现在 Katerina Krausova Rambure's *Vers de nouvelles matrices minerals pour l'immobilisation et la valorisation des dechets ultimes de l'incineration des dechets menagers* (2014)。参见 Davidovits's "From ancient concrete to geopolymers" (1993)。Davidovits 的工作为 Dan Gibson 的研究提供了信息，参见发表在 Nabataea. net 上的 The History of Concrete and the Nabataeans。Gibson 还引用了 B. Mason 的 *Principles of Geochemistry* (1966) 以及 Orchard D. F. 的 *Concrete Technology* (1973)。Gibson 还借鉴了有关拉姆河谷（Wadi Rumm）附近希玛沙漠出现天然细石灰的原始研究，以及位于约旦南部拉斯姆卡布附近的纳巴泰要塞和格雷恩堡的石灰坑。Gibson 和 Davidovits 都有特别偏爱的研究话题（前者对佩特拉，后者对吉萨金字塔），然而他们具有影响力的还是对纳巴泰水硬性砂浆的研究。

在偏远沙漠地区发现的一种纯质天然的二氧化硅实现的。之所以很少有文明能掌握水硬性水泥的制造技术，其关键原因在于需要制造出纯度很高的二氧化硅。希腊人碾碎陶罐来制，这使得他们的灰泥凹凸不平，就像希腊红鱼子泥色拉。罗马人则把埃特纳火山富含二氧化硅的火山灰磨成粉末。只有纳巴泰人有现成的资源，它的纯度足够制作水泥了。

纳巴泰人对他们的技术严格保密，要不是古代蓄水池的发现，他们的影响力至今还不为人知。在亚述时期，巴勒斯坦的城市里开始出现蓄水池。比如，在贝特谢梅什（Beit Shemesh），我们见到了公元前8世纪时期的一整套精心连接的蓄水池系统的构造。[①] 大约在同一时间，希西家的要塞经由一条地下管道与塞勒瓦（Silwan）的一处泉水相连。纳巴泰军队在耶路撒冷出现，这表明他们作为承包商不仅出售最新的市政供水系统，而且坚持作为顾问来实施这项技术。要想有效地利用蓄水池，仅仅把池身挖到地下然后给它们刷上防水灰泥是不够的。它还要求人们对城市空间有一种新的态度，确保地表径流被引导到蓄水池中贮存起来。打在城市屋顶上、掠过人行道、溅到水沟里的每一滴雨水，都必须流入蓄水池，这就需要对城市从根本上重新思考。这就是为什么把纳巴泰人视为承包商、推销员或战士是有意义的。每当一座巴勒斯坦城市开始围绕蓄水池和水资源保护安排其城市结构时，我们就会看到纳巴泰人的身影。

纳巴泰人的影响仍在继续：在伯利恒，家家户户都有地下蓄水池，为使雨水入池，房屋的屋顶和阳台都是经过特别设计的。挖水池

---

① MacKenzie1912。人们推断，当时水泥衬砌只可能是纳巴泰人做的。参见 De Feo et al.，"Historical and Technical Notes on Aqueducts from Prehistoric to Medieval Times"（2013）。纳巴泰技术独特而无处不在。

是伯利恒生活方式中再熟悉不过的一部分，没人把它当回事，除非他们挖出一头史前大象。它只是城市基础设施的一角，一种3000年前从沙漠吹来的未被承认的影响，塑造了巴勒斯坦独特的文化。

"希西家"这个名字的后缀，或者Hizkiyyahu，表示的是对耶户神的崇拜，这个神给了我们Jew（犹太人）这个词的词根。在《圣经·列王纪》里，希西家是一长串以耶路撒冷为大本营的统治者之一，这些统治者可以追溯到神话时代。[①] 这些几个世纪后写下的段落，显示出了希腊和罗马文字的影响，此时它已成为把真正存在过的列王和神话中的祖先——比如罗穆卢斯和雷穆斯、伊洛斯和特洛斯——联系起来的王权修辞的一部分。古典作家把统治者追溯到众神和英雄，这并不是在做现代意义上的族谱。他们既不是学者，也不是族谱专家，他们是神话的创造者。《圣经》把希西家的家族追溯到一个神话的创立者——耶户达（犹大）。从表面上看，这个故事把耶户神贬为凡人耶户达。到公元前2世纪至前1世纪，当《圣经》被写出来时，上帝被视作一个隐秘的形象，关于神的一切均不可言说。至于耶户达这个被创造出来的凡人祖先的神话，是为改造故事里的旧神服务的，同时也给希西家的家族带来了更多的古意。然而，从真实的希西家的历史视角来看，这一切都是五六百年后才会发生的事。他信奉的神是耶户神，他对这位神的笃信与对任何特定土地甚至任何民族的依恋都没有关系。

在年代确定的史料中，希西家对尼尼微人的反叛使得他成为最早

①《圣经》中对这位国王的叙述中，有许多不合时宜的地方，例如他与非利士人的战争等，还有加上他对异邦崇拜的偶像的打压。要反对偶像，就需要知晓《申命记》中的律法，而这些律法是之后许久在以耶路撒冷为中心的宗教兴起时才出现的。考古记录显示，希西家时代的耶路撒冷，对异邦神灵的态度是宽容的。

出现的原始犹太人物。值得注意的是，在尼尼微人围困耶路撒冷的报告里，对平民乃至地方军队都只字未提。报告中只提到了希西家、他手下的雇佣兵以及纳巴泰阿拉伯人。倘若希西家这个原始犹太人是个统治者，那么他统治的是谁？难道他是个没有臣民的王？抑或亚述人忽略了那些没参加战斗的平民，以及养活了希西家的驻军的奴隶和农民？

埃弗赖姆·斯特恩（Ephraim Stern）在写到铁器时代的军阀和他们的臣民之间的关系时说："每个民族的（男性）主神都有各自独特的名字，[①] 但在所有这些文化中女性主神的名字千篇一律：亚舍拉，或者它的变体亚斯他录、阿施塔特。"男性的"民族"和女性的"文化"之间的区别令人生疑。由于这一时期还没有真正的民族：真正的区别其实是即将到来的军阀与现有的农民。不过，斯特恩的基本观点合乎情理：军阀到来时带来了自己信奉的神祇，尽管他们容不下其他男性神祇的存在，但如果农民崇拜的是一个女性神祇，那他们会欣然接受。正如斯特恩所指出的，巴勒斯坦各地信奉的女神一向是阿施塔特，就是雕在巨型蚌壳肥皂盘和其他上千件物品上的那个形象。男神则不计其数，有巴力[②]（Baal）、马杜克[③]（Marduk）、厄力[④]（El）和耶户等，而且每个神都受到几个城市青睐，都有各自的起源传说，想追根溯源的话可能会相当棘手。记住这些神，就好比记住一箩筐铁器时代的超级英雄。只有阿施塔特女神还是同一个。农民可以获准保留自己的神，只要这个神是女性化的、被动的，这就意味着她会象征性地服从神的王。在巴勒斯坦各地，阿施塔特被匆忙地安排了婚礼，嫁

---

① 参见 Stern，2001。
② 迦南宗教男性保护神，多为雨神等。——译者
③ 巴比伦主神、守护神。——译者
④ 永恒之神，曾是迦南宗教的主神。——译者

给了这些男性神祇。

　　耶户神和阿施塔特的结合，使许多神殿和神庙由此兴建起来。这对夫妇在耶路撒冷、伯特利、贝特谢梅什、撒玛利亚和西奈半岛等地均受到崇拜。而在伯利恒，尽管对阿施塔特的崇拜有迹可循，但至今没有任何证据表明为这一男神和女神的结合设有任何神龛。在伯利恒传统婚礼当晚，也就是指甲花之夜，可以看见新娘的手脚都会涂上指甲花颜料——这是迦南人时代纪念巴力和阿纳特这两位神结合的仪式的一种反映，这种仪式也延续到了后来像耶户神和阿施塔特的结合上。按照犹太人的传统，以木制的"亚舍拉神柱"[①]代表阿施塔特，因为木头象征着树。《圣经》里有几处要求摧毁这些神柱，还不许把它们立在祭坛附近。但在犹太人的婚礼和住棚节[②]（Sukkot）上，搭遮篷用的就是这些柱子，这个小花招意在将生育女神偷偷接引进来，以便得到她的一次秘密祝福。在伯利恒，基督徒和穆斯林庆祝婚礼和丰收的方式，都是在树下举行首场露天宴会。同世界各地的犹太婚礼一样，在当地穆斯林的婚礼上，新郎和新娘会被用椅子抬着参加一场狂野和喜庆的婚礼舞会。椅子的使用似乎与轿子以及国王王后的宝座有着明显的渊源，然而，四条椅子腿分别由一位客人举起的方式，让我想到了亚舍拉神柱的托举和搬运。我依稀记得在安东·桑索尔当伯利恒大学的副校长时，在他两个学生的婚礼上，我亲眼看见新郎新娘被激烈地颠来颠去，因为用力过猛，新郎的头直接撞进了聚苯乙烯天花板里。

　　阿施塔特常常被描绘成一个手托双乳喂奶的母亲形象，集生育和爱的主题于一身。在主诞教堂后面的一条街上，有座小教堂，专门纪

---

① Deuteronomy 16：21。在詹姆斯王版的《圣经》中，这些神柱往往被称为"树丛"。
② 犹太民族的盛大节日，与逾越节、五旬节并列三大朝圣节日。——译者

念圣母马利亚给基督喂奶的那一刻，这条街也因此得名"乳洞街"（Milk Grotto Street）。传说几滴乳汁落在地上，使得地面变成了白色。小教堂由一连串小洞穴雕刻而成，在暖光的映衬下，这些石灰岩显得更加紧凑。一条柔软的白色石脉抵在颜色稍深的琥珀色岩石上。据说，要是刮下来一点，然后和水搅在一起，这种乳状液体可以治愈不孕不育或解决哺乳问题。一种古老的民间信仰一旦受到压抑，反而会得到更多关注，慰藉人心。

巴克利牧师的那些小藏品可以追溯至公元前7世纪，也就是希西家的统治时期。其中有一件阿施塔特的小雕像，被称作柱形雕像，听上去比实际尺寸大得多。而事实上，它不过几英寸高，由两块原料做成。她的身体由黏土捏成，呈烟斗状，她的头和胸部则是分别塑成后粘到躯干上的。她像一个沥青分配器，不过多了两个乳房，而且和沥青分配器一样都是量产的。在已经发现的800个柱形雕像中，有400多个是在耶路撒冷找到的，这表明生产中心就在这座城内。显然，对阿施塔特的崇拜有官方的支持。当局所做的不只是简单地选择了当地的宗教，他们还努力向外发展——甚至可能寻求当地人的支持。军阀们渐渐了解，政治控制不再是单纯的主从关系。暴力是不够的；政权必须学会以政治方式行事。

公元前8世纪至前6世纪，统治者开始重视平民的信仰及传统。国王乃至皇帝发现，尊重臣民的传统和文化会赋予他们的王权合法性。新亚述皇帝亚述巴尼拔（Ashurbanipal）在其首都尼尼微建造了他们的第一座国家图书馆。在巴比伦，皇帝那波尼德着手对城市的废墟加以保护，在此过程中还收获了"考古学家第一人"的声誉。当公元前539年巴比伦落入波斯的居鲁士大帝之手后，就连居鲁士也宣称自己的首要目标是保护和保存城市的古老传统。虽然我们掌握了原始犹太耶户军队的第一手资料，但没有任何东西能像《圣经》中的犹太民族一样存在，[①] 幸而波斯占领军驻扎在尼罗河上的一个耶户卫戍部队写了大量信件。令人吃惊的是，这些信件对耶路撒冷并没有什么特别的兴趣，对耶户神的信仰虽然跨越了种族及语言的界限，却至今没有形成地理中心。[②] 施罗默·桑德在他的著作《虚构的犹太民族》（*The Invention of the Jewish People*）中指出，犹太历史有多种起源，不只出现在巴勒斯坦，还有巴比伦、伊朗、阿拉伯半岛等其他地方。那些写信者所尊敬的一位巴勒斯坦的统治者是撒玛利亚王，被称为参巴拉（Sanballat）。那些写给他的信是旨在恳求他出资，以重建尼罗河边的神庙。

在罗马时代的犹太历史学家约瑟夫斯（Josephus）撰写的一篇关于亚历山大大帝征服巴勒斯坦的记述中，参巴拉的王朝被重提。亚历山大大帝攻克巴勒斯坦是在公元前 332 年，[③] 而约瑟夫斯写下他的历

---

① 对于现代读者来说，在读希罗多德及其对波斯统治下的巴勒斯坦之旅的描述时，令人惊讶的是，他没有提到任何耶户势力，甚至对于这种异教最强大的城市，如撒玛利亚和耶路撒冷也只字未提。希罗多德将巴勒斯坦与腓尼基和叙利亚分别叙述：表明这三个国家的轮廓已经出现。据我们所知，巴勒斯坦和腓尼基都向波斯海军提供船只和水手（相比之下，纳巴泰人被允许与波斯人进行贸易，而无需向他们进贡）。希罗多德给我们提供了其他一些信息，他指出巴勒斯坦人遵循埃及的割礼习俗，他称之为一种非洲习俗。他的《历史》一书重视文化，因为此类信息具有政治价值：可以作为外交事务指南。事实上，在接下来的几个世纪里，《历史》一书成为了国家管理的基础。参见《历史》1：105。

② Shlomo Sand 的 *The Invention of the Jewish People*（2009）一书，在以色列语境下，对该问题进行了详尽讨论。Sand 指出，19 世纪的民族概念可以追溯到青铜时代的部落时期。令我感到震惊的是，以色列的身份认同表述往往依赖于 19 世纪德国哲学家的研究。黑格尔认为，当社会以一种通常与个人相关的自反的自我意识行动时，一个群体就成为一个国家。尼采认为，超人的社区不是源于对文化和历史的意识，而是源于原始的"愿意"（见《查拉图斯特拉》）。人们通常认为，尼采和黑格尔是互不相容的，但他们对以色列的论述却很多共通之处。当然，这样做的结果是，为了使巴勒斯坦人能够以以色列的名义作为"民族"集体发声，他们就必须了解并拥护民族主义者的欧洲哲学。

③ Antiquities. xi. 8.

史著述是在大约 400 年后。撒玛利亚的参巴拉人与亚历山大大帝的大军联手，但耶路撒冷抵抗，仍然忠于波斯。约瑟夫斯告诉我们，亚历山大大帝非常震怒，于是向耶路撒冷进军，意图摧毁这座城市。只是在最后一刻，一种不可思议的力量使他改变了主意。他把耶路撒冷作为对那些在巴比伦和米底亚（Medea）的波斯犹太人演讲的地方，向他们保证他们终会发现他是他们的朋友。约瑟夫斯的记述，不可能说清什么是事实，什么是想象出来的。无论他的资料来源是什么，都已经不复存在了。可以肯定的是，在亚历山大大帝时代，耶路撒冷还算不上一座重要的城市。然而，很快它就做到了这一步。随着耶户神信仰在希腊统治下的传播，这些不同的社会逐渐把耶路撒冷看作巴勒斯坦的核心城市，而伯利恒周边尚未建成的地区则被视为它古老的腹地。事实上，耶路撒冷发展成一个祭司之城和朝圣的中心是由于一系列原因，其中最重要的一个是它坐落于纳巴泰人的香料之路上。

不过，耶路撒冷崛起的一大原因是伯利恒。耶路撒冷急速扩张，而它所需的所有水都在山下。它所需要的只是有人注意到这一点，并建造一条渡槽。

第三章　伯利恒与基督

古典时代

　　2016 年 11 月初的一个晴朗的日子里，我站在伯利恒荒野中的马萨巴修道院一个岩石平台上，凝视着下方的汲沦谷中沸腾的溪流。20 多年前，当我第一次访问伯利恒时，作家威廉·达尔林普也在城

里，他当时在马撒巴写他的处女作《来自圣山》（*From the Holy Mountain*）。[①] 他写道，修道院的希腊人院长警告他，在审判日那天，当恶魔追赶教皇、共济会成员和其他罪人穿过山谷进入地狱时，这条河会变成一片血泊。他得知，这个岩石露台是在末日浩劫那天看这场热闹的完美地点。审判日还早，所以我没有一睹魔鬼和共济会的大戏，但我认为能够看见水流湍急的汲沦谷已经足以称为奇迹了。那天酷热难耐，伯利恒已经8个月没下雨了，我们身处沙漠中央，然而当水流经过修道院下方80英尺的沟壑时还在翻滚、冒着气泡。怎么可能呢？有人告诉我，这条小溪里流淌的不是一般的水，而是纯粹的污水。如果我站得再近一点，那臭味就会扑鼻而来。巴勒斯坦人占领东耶路撒冷后，并没有将以色列的污水系统连起来，因而每天有超过800万加仑的未经处理的污水被泵入伯利恒荒野，然后排入死海。

汲沦溪长期以来一直是一条开放的下水道，[②] 这也许就是为什么这个山谷被视为一条有朝一日会将世间一切最糟糕的东西一扫而光的管道。在进入公元前2世纪之时，数以万计的亚历山大朝圣者造访耶路撒冷。这座城市的基础设施正在瓦解，塞勒瓦仅有的一处泉水不敷使用。更糟的是，塞勒瓦的池塘的水道在神庙的下面被直接切断，以致未经处理的污水、内脏和寺庙祭祀的血液污染了水源。一条原本打

---

① "'那条河？如今，它只是从耶路撒冷流出的一道污水沟。但在审判日那天，血之河将会在那里流淌。到处都是共济会成员、妓女和异教徒：清教徒、分离教会成员、犹太人、天主教徒……再来点茴香酒？拜托。'"Dalrymple, William. *From the Holy Mountain.*（1997）.

② 污水数据来自2010年。最近在东耶路撒冷建造污水处理厂的计划流产，原因是东耶路撒冷正在处于军事占领之下，以色列希望新工厂既从现有的东耶路撒冷社区，也从按照《日内瓦公约》在军事占领区而被视为非法的新犹太定居点提取污水。参见 Hillel Cohen2013 年的文章 "Losing Jerusalem Sewage Plant Could Prove Longer Term Win for Palestinians."，可在以下网址找到：http://www.thedailybeast.com/articles/2013/09/13/losing-jerusalem-sewage-treatment-facility-could-be-longer-term-win-for-palestinians.html.

算为寺庙供水的渡槽变成了下水道，毒害了塞勒瓦的居民，与以色列军事占领时期的情况如出一辙。

前往耶路撒冷朝圣始于托勒密王朝，这个王朝是由亚历山大大帝的将军——托勒密一世于公元前 305 年建立的。新的埃及首都是港口城市亚历山大，在参巴拉军队的帮助下建成，后者便成了这座城市的缔造者。[1] 在整个古典时期，亚历山大港是世界上犹太人最多的城市，[2] 比巴勒斯坦任何一个城市都要多。亚历山大港的原始居民也逐渐认为他们是犹太人而非撒玛利亚人：犹太人和撒玛利亚人之间的教义分歧直到很久以后才发生，是由耶路撒冷的崛起引发的。然而，在公元前 3 世纪末，即使在巴勒斯坦内部，耶路撒冷成为一个强大的城市的可能性也微乎其微，更不用说在国际舞台上称强了。这个城市没有军队。它由安曼统治，安曼信仰耶户神的多比雅人（Tobiads）负责收税，相比巴勒斯坦北部的参巴拉城市，耶路撒冷更是黯然失色。然而，耶路撒冷的弱点——这个城市的贵族阶层注重宗教而不是战争——反而成了它的优势。它变成了一座祭司之城。

　　一份被称为《阿里斯提亚书》[3] 的文献将耶路撒冷崛起的所有因素联系到了一起：亚历山大港朝圣者、新的宗教教义及伯利恒的渡槽。真正的阿里斯提亚是亚历山大港的托勒密宫廷的犹太顾问，这份文件的作者只是假托其名。这份文献通常被断代为公元前 2 世纪初之

---

① Josephus. Ant. 8. 6.

② Philo 估计有 100 万人口。即使他将这个数字夸大了 10 倍，该城的犹太人口也比任何其他城市要多得多。参见 J. R. Bartlett, *Jews in the Hellenistic World*（1985），尤其是 pp. 20 – 21。

③ 据说这 72 个文士是由犹太 12 个支派选派。以色列部落的人数总是使我感到困惑，因为圣经说亚伦和约书亚都有自己的部落，这样一来，以色列部落的数目就不止 12 个。

物，而且公元前 160 年时肯定已经存在，因为基督教学者尤西比乌（Eusebius）的著作里保存了这一时期的片段。将"阿里斯提亚"这个名字与托勒密王朝时期的亚历山大港联系起来，有力地证明了这份文献是在建都于大马士革的塞琉古王朝（Seleucids）于公元前 200 年占领耶路撒冷之前写成的。《阿里斯提亚书》讲述了《犹太圣经》的创作故事，后者也被称为《七十士译本》，因为此书被认为是由 72 人翻译的。据说每个人都被要求把原来的犹太经文译成希腊文，而 72 名译者的希腊译文都奇迹般地如出一辙。这个神话掩盖了一个事实，那就是《七十士译本》并不是真正的译本，最好还是把它看作原创作品。在许多情况下，《圣经》并没有其他更古老的版本。即使在当地语言——无论是迦南语还是阿拉姆语——中发现的是这些片段，也不一定比希腊语版更具权威性。《死海古卷》是犹太经文中非希腊语片段的主要来源，[①] 而且几乎没有比公元前 3 世纪更早的版本了，这使得其中最古老的一卷大致与《七十士译本》同时存在。《七十士译本》是第一本经过编辑和校勘的《圣经》，直到公元 1 世纪，人们仍不断对它进行更新和修订。

直到伊斯兰时期，希腊语的《七十士译本》都是犹太教会堂里阅读的神圣文本，当时，阿拉伯语译本成为阿拉伯语世界的犹太人的标准读本。人们习惯用"希伯来语版"一词来指代用古迦南语写成的犹太经文，尽管犹太《圣经》的第一个完整的希伯来语译本——《马所拉文本》（Masoretic Text）——是在中世纪才创作出来的。被认为最

---

① 几乎全部古卷都已翻译，以色列文物网站提供了相关信息：http：//www.deadsearolls. org. il/explore-the-archive。以色列文物网站上提供了信息：http：//www. deadseascrolls. org. il/explore-the-archive。尽管古卷中的《申命记》文本残片可能早于公元前 200 年，绝大多数可追溯到希腊和罗马时代晚期；也就是说，这些文本并不早于《七十士译本》。以色列军队于 1967 年将《死海古卷》从巴勒斯坦博物馆运走。

权威的版本最近才问世，是印刷机发明之后，在文艺复兴时期的威尼斯出版的。

《阿里斯提亚书》中谈到了朝圣贸易、水资源和圣经，把支撑起耶路撒冷新的卓越地位的三个因素联系在了一起。该文献使旅行者安心，这里有足够的水冲去庙里献祭的"万千野兽"的鲜血，而来自远方的水源源不断地补充着位于寺庙之下的蓄水池。从阿塔斯到耶路撒冷的渡槽有 14 英里长，在绵延起伏的山丘之中绕行，长度几乎是沿着希伯伦路直走的两倍。

伯利恒—耶路撒冷的渡槽里的水来自阿塔斯的泉边所挖的两座水库。如今那里已经有三个水库，合称为"所罗门之池"，这是后来可能在十字军统治下给它们的称号。两座较高的水库建于罗马时代，大约在公元 1000 年前后，那座偏低的水库是在 1460 年代马穆鲁克苏丹王朝胡什盖德姆统治时期，由两座原始的希腊水库合起来建造而成。① 到目前为止，它是三个水库中最大的一个，容量达 11.3 万立方米。最初的托勒密水库可能较小，而水压必须足以通过倒虹吸管将水向上引到渡槽口。② 这条渡槽是在阿塔斯和伯利恒之间的山路上，沿着马里河谷自然形成的谷墙而建。

水库的内部修了一层层的石阶，就像专门为巨人造的，供其来到水边以便浣足。阿塔斯的泉埋在较低的那个水库中，所以池子里总能有一点水。这眼泉还向土夸供水，后者是位于克里图恩河谷顶上的海关哨所。位置较高的水库则由较远的泉供水。我记得有一次我在水库

---

① 参见历史学家 Mujir al-Din 的 *al-Uns al-Jalil bi-tarikh al-Quds wal-Khalil*（"The glorious history of Jerusalem and Hebron"）(c. 1495)。我没有读过这本书，我的知识是间接获得的。
② 希腊时代的渡槽使用陶土虹吸管将水提升到起点。之后希律时期的上渡槽则是用切割的石块建造，但也需要某种倒置虹吸管。

边的森林里野餐，那是我第一次注意到渡槽从松林间的岩石山坡上经过。我参加过一个找"aqqub"的寻宝活动，aqqub是一种像仙人掌一样的带刺植物，在炖煮前要小心把刺去掉。它看起来有点像大黄，味道像酸芹菜。我爬上山坡，穿过针叶林，看到一条沟状的水道，像深深的干疤蜿蜒着穿过水库周围的树林。这就是阿鲁布（al-Arrub）渡槽，它的名字源于希伯伦郊区的一眼泉。平时走25英里的时间，在那里才走了12英里半。拜亚尔河谷（Wadi al-Biyar）的渡槽由其位于艾因法霍尔（Ain Faghour）的源头供水，艾因法霍尔也在伯利恒南部的希伯伦路上。这两条渡槽都有分支，方便从沿途的其他泉水中收集水。那是一个温暖惬意的日子，空气中弥漫着松脂的香味，阳光在水面周围的树影间穿梭。看起来古老的这片树林，实际上是20世纪初英国人种植的。

　　这三个水库的地势在去阿塔斯的路上，一个接一个地往下降。从2012年左右开始，水库就被铁丝网包围了起来，如果你想在水库边野餐，就得从马路对面的会议中心买票。会议中心是在《奥斯陆协议》的乐观气氛下建造的，但在2002年以色列入侵时尚未完工。它处于造造停停的状态达十年之久。现在它开始营业了，在16世纪的要塞上还有一个很不错的民族志博物馆，从那里可以俯瞰最高的水库——一切都很好，除了不能再随意地在水库边散步。春天里，经历过几场冬雨后的地势低的水库在村庄上方处于不稳定状态，给人一种不祥的感觉。不过，全年大部分时间里，水库水位都很低。有一次，我偶然看到三个男孩站在一个几乎干涸的池边拿着鱼竿钓鱼，旁边有几只羊在石缝中间长出的灌木丛里吃草。令我惊讶的是，男孩们居然钓到了一条小鱼，拿着它站在水边骄傲地挥舞着，估计这条鱼可能是从希伯伦的泉一路游过来的。

原来的希腊虹吸管早就不知所踪。英国人用一个泵站取而代之，直到 1967 年以色列占领约旦河西岸时，这个泵站一直服务于耶路撒冷。以色列人选择完全绕过水库，直接从建于艾因法霍尔的一个他们称为卡法蔡恩（Kfar Etzion）的军事基地和定居点的地下含水层取水。这些水库的海拔并不比耶路撒冷高多少，只比神庙高出 30 米左右。在希腊时代，水的流动完全靠重力。在通往神庙的 14 英里路程中，渡槽每经过 120 码海拔就下降约 8 英寸。位置较低的渡槽虽然以低调的方式工作，却是一个令人印象深刻的工程。从对历史进程的影响来看，它无疑是整个巴勒斯坦历史上最重要的人工建筑。在奥斯曼时代，它变成了一条管道而不是一条石头水道。但总的来说，它仍然使用了大约 2300 年。

2016 年 10 月下旬，我试着沿渡槽而行。这条路位于阿塔斯上方，阿塔斯是个人口密集的小镇，那里的人在干河谷的河床上建了一溜的塑料大棚种植卷心菜。当路拐向伯利恒时，我在山坡上搜寻渡槽的踪迹。山顶上便是巴勒斯坦总统的直升机坪，只有在以色列允许的情况下才能使用，而且基本上是有外国领导人访问那里的教堂时才使用，比如意大利总统预计将于那天上午抵达。当这条路进入马里河谷时，我手头有一张最好的地图，那是我从 1907 年版的《贝德克尔旅游指南：叙利亚和巴勒斯坦》上拍下来存在手机里的，我就按照地图所示沿这条路前行。（当我在大英图书馆打开这本书时，一张在埃及亚历山大港的克里奥帕特拉车站买的头等车厢火车票掉了出来。我倒真的很想搭乘那列车一游。）

这条渡槽向西北流入马里河谷，然后在加尔默罗会修道院下面急转弯，沿着伯利恒的长山脊的南翼延伸。在街的尽头，路分岔，从一座低矮而陡峭的小山通往马槽广场，那儿有一个名叫阿莱茵（Al

Ain，意为"春天"）的喷泉。它的水由渡槽供给，修建于奥斯曼时代的一座石亭在它上方为它挡风遮雨，下面有一排水槽，可用来浣洗衣服。喷泉被荒废之后，被人用铁栅栏围起来，上了锁。1940年代，考古学家开始研究这条渡槽。在挖掘现场的一张照片上，一名衣着考究的男子蹲在一条隧道里，隧道是拆除喷泉正面的一部分时被发现的。当我第一次看到这张照片时有一种感觉，我认识此人。通过询问一位名叫凯·普拉格的退休考古学家，我证实了自己的预感。我们见面时，她认出了罗伯特·汉密尔顿，一位英国考古学家，1929年到1960年代末在巴勒斯坦工作。汉密尔顿与当时巴勒斯坦数一数二的考古学家迪米特里·巴拉姆基一起挖掘了伯利恒渡槽，后者因发掘了杰利科附近那座神话般的希沙姆宫（世界上最大的马赛克拼砖遗址）而闻名。汉密尔顿写了一本关于希沙姆宫的专著，其中完全没有提到巴拉姆基的名字，二人因此闹翻了。

凯是一位身材娇小、为人热情的澳大利亚女性，与巴勒斯坦已经打了40年的交道。她与资格最老的中东考古学家凯萨琳·肯扬以及汉密尔顿都有过合作，至今还在为巴拉姆基和汉密尔顿之间的裂痕痛心不已，因为他们曾经如此亲近。1963年，凯在耶路撒冷的一次挖掘活动中得到了自己的第一份工作，当时她是和汉密尔顿的一个儿子从伦敦乘火车过去的。两年后，她受雇于肯扬负责监督挖掘工作，这次她专门买了一辆二手路虎，独自从伦敦开到耶路撒冷。那时，伯利恒和耶路撒冷还在约旦的控制之下；凯记得，耶路撒冷至伯利恒之间唯一的路线是沙漠之路，因为在边界的以色列一侧的犹太士兵会朝希伯伦路上过往的车辆开枪。这条沙漠之路被称为安纳尔河谷，即"火之谷"。为了拿到约旦驾照，凯得在参加在河谷进行的驾驶考试。考试包括一个半坡起步，没别的。考官告诉她这就够了，如果她能完成一次半坡起步，她就没事了。

我和凯约好在曼彻斯特见面，自 1960 年代末以来她一直住在那里。我们在惠特沃斯美术馆会面，像曼彻斯特当地人一样交谈，并一致认为维多利亚公园细雨中的景色令人叹为观止，咖啡馆里的茶也是一流的。我手机上的那张照片里的汉密尔顿，是个高个子男人，穿着一套浅色西装：在地下隧道里穿成这样有点不合时宜。隧道两边凹凸不平。伯利恒石灰石被称为"皇石"或 Meleke（石灰岩）。它是如此柔软，软到可以用刀从采石场切下来，但与空气接触后会奇迹般地变硬，随着时间的推移，颜色也会发生变化，从嫩黄色变成珍珠般的琥珀色。

1993 年我第一次造访伯利恒时，马槽广场是一个宽敞而肮脏的停车场，上面铺着日渐剥落的沥青，以吸走来参观的旅游大巴漏下来的油滴。尽管我听过当地传说广场下面埋藏着宝藏，但我对自己脚下有一条隧道浑然不知。在 2000 年千禧年庆典的筹备阶段，伯利恒人有机会对传说一探究竟，因为广场被挖开，用当地的大理石重新铺设。一队考古学家到场准备看一看，凯·普拉格负责全面评估。[①] 她发现镇子和教堂之间的马鞍形比她预料的要深得多。马鞍在一块斜坡上，所以它的位置要高于渡槽进山的点。在希腊时代，隧道会出现在离如今广场中心更近的地方。

对此可以得出一个明显的结论，凯和我都很认可。《圣经》中，伯利恒的水源位于城门处。[②] 这片土地的原始形状表明，镇子的前方有过一个渡槽，因此城门外可能曾经有一个喷泉，为来逛集市的商人

[①] 很高兴与凯·普拉格会面。感谢她以及巴勒斯坦考察基金会的费利西蒂·科布与我们保持联系。

[②] "三位勇士冲破非利士人的军队，从伯利恒城门旁的井里打水。"（2 Samuel 23：16）。

提供饮用水，也为他们贩卖的牲畜设了水槽。公元 7 世纪时，阿尔克罗夫（Arculf）主教①的一篇记述描述了水从教堂前面的一块石头流出，进入镇子周围低矮墙边的水槽里。伯利恒处在一个干燥、多岩石的山顶，有了从渡槽里流出的水，才使得这个镇子发展为集镇。宗教学者一直追随威廉·F. 奥尔布赖特的脚步，将伯利恒小镇的故事编撰到青铜时代晚期。将水源地更进一步断代到希腊时代的渡槽，不仅改变了人们对伯利恒的历史年限的假设，而且意味着圣经中对这个城镇的描述应该被解读为希腊或罗马时代的生活图景。

从马槽广场，渡槽转向了耶路撒冷，与一条人们称为"新路"（New Road）的道路并驾齐驱，尽管在旅游地图上，"新路"被标为"马槽街"。新路是伯利恒狭长的山脊东侧的一条支路，取代了短且狭窄崎岖的"星街"（Star Street）。人们在一家礼品店后面的"新路"上发现了一段原始的希腊渡槽，这家礼品店有个容易让人误解的名字：罗马运河商店。按照伯利恒的标准，这是一家小店。伯利恒最大的商店则可以同时容纳几辆旅行大巴的客人。然而，这家商店的架子有从地板到天花板那么高，上面所有可用的空间都摆满了橄榄木雕像和希伯伦产的漂亮的蓝白相间的盘子。在商店的后面，通过玻璃观景窗可以看到一小段渡槽。我发现我需要一张凳子往里面看，光线太暗了，以致我只能认出一层切割过的石头。我忍住没告诉店主渡槽不是罗马时代的，因为没人喜欢自作聪明的人。隔壁有一家咖啡店，是巴勒斯坦连锁企业"星-巴克"（Stars and Bucks）的分店，与"星巴克"（Starbucks）毫无关系。喝咖啡的时候，我试图从我透过观景窗借助闪光灯拍摄的照片里勘破一二。大部分的图像都被玻璃的反光遮住

---

① Adomnan，Bede.

了，但我还是能辨识出渡槽的轮廓。

　　渡槽继续沿着"新路"延伸，经过主干道到达贝特萨霍（Beit Sahour），即卡尔卡法街（Karkafa Street），然后直接朝明爱婴儿医院而去。我本可以沿着这条路继续往前走，但就在伯利恒的最后几幢房子后面，这条路被两排带电的栅栏挡住了，栅栏之间是一条土路。这是一个点名为霍马山的新定居点的边界，是将当时伯利恒一座受欢迎的森林公园夷为平地后，于1997年建成的。原来的渡槽在前往耶路撒冷的路上，就在这座小山下挖洞穿过，而我只能止步于栅栏这里了。

　　伯利恒在基督降生前大约200年突然出现。犹太《圣经》中关于这座城市的故事可能并没有反映出青铜时代，但其向我们讲述了公元前2世纪到公元前1世纪的伯利恒，确实具有巨大的历史价值。

　　《旧约》中关于伯利恒的三个故事中有两个提及"城门"。[①] 在《路得记》中，地主波阿斯在爱上了一位年轻的农家姑娘后，坐在城门前与人商议路得的所有权归属。在另一个故事中，大卫最好的三个勇士夜里潜入伯利恒去偷一壶水。它们所描绘的这座城市是一个防御据点，城门和城里美味的水是镇上最重要的部分，也是唯一值得一提的东西。这几座城门如同城里和城外之间的气阀，是一个中立的正式谈判场所，这也就是为什么波阿斯宁愿等在门口也不去登门拜访。

　　勇士偷水的故事包含一个引子，大卫和他的手下像亡命之徒一样躲在山里。大卫总是回忆起伯利恒的水是如何甜美，他总是被描绘成一个牧羊人，而一个牧羊人只会在自己偶尔去买卖羊毛、羊肉和牛油

---

① 《路得记》中，波阿斯必须为路得争取利益："于是波阿斯上了城门，坐在那里。"（Ruth 4：1）。

的时候品尝一下喷泉的水。正如城门是城里城外的阀门一样，伯利恒本身也是巴勒斯坦山区农业城镇和贝都因人环绕的荒野之间的一道屏障。伯利恒是这两种不同文化之间的一个安全阀，人们可以在这个地方见面、做生意。

伯利恒在犹太《圣经》中被提及的次数屈指可数，这一事实令人震惊，因为这等于是在说一个城市几乎没有历史，而且完全没有血统可追溯。更重要的是，所有的故事都是大的叙事的补遗和旁白。喷泉的故事在大卫王一节的末尾突然冒了出来，与其说它是一个故事，不如说它是一个重要人物名单的引子，甚而让人想起电影末尾感谢的演职人员表。这些名字大概是希腊或罗马时代的贵族家庭的，他们被收录在《圣经》里是为了讨好他们与大卫能扯上关系。

《路得记》是一个带有明显寓言主题的民间故事。一个家庭因为贫穷和饥荒而逃离家园，它体现在路得已故的丈夫和他兄弟的名字上：疾病与饥荒（玛伦和基连）。故事中还包含了一个说法，称路得是大卫的曾祖母，这与故事本身无关，尽管这意味着它在《圣经》中占有一席之地。在基督教《旧约》中，故事被插在《士师记》之后，这大概是按照时间的顺序安排的；在犹太《圣经》中，它被归入圣卷（Writings）部分，地位低于真正神圣的文本。

仅有的另一个故事是关于利未人和他的妾的。利未人去伯利恒买了一个性奴，[①] 她在回家的路上被谋杀，引发了以色列部落之间的内战。这个战争故事变成了对罗马人强奸萨宾妇女的神话故事的翻版，这表明了在《圣经》构思过程中，罗马文化对亚历山大港地区的

---

① "那时候，以色列没有国王，在以法莲山偏远山区一个利未人娶了一个犹大伯利恒的女子为妾。其妾行淫离开丈夫，回到了犹大伯利恒她父亲家，在那里呆了整整四个月。"（Judge 19：1－2）。

影响。

听了路得的故事，人们可以想见伯利恒是一个小镇，主要以女人闻名。所有的故事都把伯利恒描述成一个很大程度上是外国的、非犹太人的城市，要么因为它的大多数人口是奴隶（见《路得记》），要么因为一个外国势力在统治它（见大卫的故事），要么两者兼而有之——就像利未人和他的妾的故事。

这三个关于伯利恒的故事可能与古老的民间故事相呼应，但作为宗教圣典，在基督降生前一两个世纪才流传开来。伯利恒的希腊语中是 Βηθλεεμ，这让我们无从得知当地人是否知道这个名字有迦南语、阿拉姆语或阿拉伯语的词根。[①] 伯利恒进入文学记录中是作为一个地方，在那里，当地人可以被买回去做工人、妻子和妾。这反映了一个希腊化的世界：庞大的多民族的帝国城市的出现，导致了一个城市的自由人阶层以及作为他们对立面的奴隶阶层的崛起。希腊人的攻占使得以农业为主的农民沦为奴隶，成了地主的财产。这是一个与前希腊世界的微妙差别，那时是军阀统治农民，农民也可能被绑在土地上，但不一定能被买卖。奴隶身份商品化是希腊的政治经济的支撑。

---

① 直到基督教时代，或至少是直到最近，《圣经》之外没有伯利恒这个名字的记载。2012 年，以色列考古学家伊莱·舒克伦发现了一个印章——一种显然与伯利恒有关的纳税凭证。舒克伦将其追溯到公元前 8 世纪或前 7 世纪。这是《圣经》之外唯一提及伯利恒的地方，并且比《圣经》提到伯利恒早了数百年。此发现的真实性遭到人们质疑。其中的一些问题是：它是公元前 7 世纪左右有关伯利恒的唯一参考资料，没有任何其他东西能与之对照，也没有任何东西可以推断该物品可能的含义。印章是破的，文本因此被重建，有可能出现完全不同的解读。还有，以色列的古董商经常伪造这类东西。即使封印被读作 bt lhm，并被解读为 "面包屋"，但由于同时代没有其他提及伯利恒的信息，因此无法将其与希腊时代的城镇区分开来。伯利恒这个名字第一次出现在希腊文《圣经》中时，第二个单词中没有字母或其他变音符号（即 "beth-leem" 中的 "leem"），这是阿拉伯语或阿拉姆语中的 "肉" 或 "羊羔"，而并非迦南语/希伯来语的 "面包"。

在伯利恒，还有另一个原因导致了对人民的奴役：安全。由于渡槽的存在，伯利恒自古以来就高度军事化。伯利恒渡槽是一种形而上的存在：它为耶路撒冷成为圣城和朝圣之地创造了条件。然而，渡槽也是一个弱点，甚至会招致暗中破坏。耶路撒冷最初是一个军事堡垒，但在它的名气上升之后，变得无法防御。正如历史一次次证明的那样，想要征服耶路撒冷就需要夺取它的水源。未来每一个侵略者都是这样做的，从塞琉古人到十字军、马穆鲁克人和奥斯曼人，再到英国军队，直到 1967 年以色列军队占领了耶路撒冷为止。

耶路撒冷的安全问题要求整个伯利恒地区军事化，不仅是水库周围的区域或渡槽的行进沿线，还有阿鲁巴、艾因法霍尔、拜提尔、阿塔斯和其他地方的山顶泉水。这片土地面积 700 平方公里，有着难以置信的山峦起伏，很难调动军队或搜索梯田、山谷乃至沙漠的干河谷。更糟糕的是，从警察部队的角度来看，这片土地布满了洞穴。在伯利恒周围散步时，这些洞穴是最吸引探险者的去处之一，因为许多洞穴都显示出了很久以前有人居住的迹象，包括地下掩体、人造的门楣和壁炉。从古到今一直有不法之徒藏身于伯利恒的山丘和周围的荒野中，从古代犹太人对罗马人的战争到进入现代时的巴勒斯坦人对埃及人的战争，再到 2002 年以色列入侵时，被通缉的巴勒斯坦人消失在山里，直到巴勒斯坦领导人在协议中宣布战争结束后他们才现身。

在埃及建立基业的托勒密王朝将权力交给了安曼的多比雅人。公元前 200 年，大马士革的塞琉古王朝征服了巴勒斯坦，允许耶路撒冷的贵族建立自己的军队。与伯利恒相关的两个故事——关于路得的和关于利未人和他的妾的，讲述了权力是如何从安曼转移到巴勒斯坦的：在《路得记》中，安曼人路得为自己是巴勒斯坦人波阿斯的随叫随到的奴隶而自卑；在利未人和他的妾的故事里，一名在伯利恒买的女孩被杀害所引发的内战，以为了让饱受战争蹂躏的巴勒斯坦城市增加人口而强奸安曼妇女告终。

塞琉古王朝肯定很快就对其武装当地重要人物的政策后悔不已：早期的后果是一场著名的马加比起义，带头的是来自耶路撒冷北部的农业区的莫迪因家族。然而，塞琉古王朝重新夺回了耶路撒冷，并继续信任当地的要人。塞琉古王朝在位时间最长的总督是大祭司兼战士约翰·许尔堪（John Hyrcanus），他是塞琉古王朝的亲密盟友，在与塞琉古人领导的联盟共同作战时为自己在希腊赢得了不寻常的声誉。许尔堪对巩固耶路撒冷的权力有功，首先是摧毁了与耶路撒冷的神庙匹敌的一座撒玛利亚的神庙，其次是使希伯伦的以土买人改宗。最早的阿拉伯以土买人可能已经是犹太人了，但让他们服从耶路撒冷的统治则反映出水安全方面的考虑。阿鲁巴泉位于以土买人所在地区，伯利恒的许多泉水离希伯伦比离耶路撒冷更近。

这一时期的史料通常将塞琉古王朝统治巴勒斯坦的时期描述为哈斯蒙尼时期，指的是犹太祭司、军阀约翰·许尔堪的王朝。他的统治持续了30年，而他统治期间赋予了很大的地方自治权。但从整体来看，哈斯蒙尼时期的特点是社会内部的冲突。许尔堪一世的遗产与其说是一个王朝，不如说是一个危险的宿怨。（哈斯蒙尼人传统上与莫迪因的马加比家族联系在一起，尽管这种联系可能是象征性的，或者可能是后来的人发明的。）约翰·许尔堪死后，权力又转移到安曼人手里。出于这个以及其他一些原因，将此间称为哈斯蒙尼时期给人一种感觉，即这个王朝明显缺乏稳固性。目标或机构的统一感，很难说成是这段时期各统治者的成就。

值得注意的是，塞琉古王朝的政策转变，即耶路撒冷从安曼独立出来，得到了罗马的批准。① 罗马人在整个塞琉古王朝/哈斯蒙尼王朝时期他们称为"东方"的地区崛起。起初，罗马人其实在政治上控制了亚历山大港，却满足于在幕后充当角色。此时的罗马外交政策只限于确保托勒密和塞琉古王朝之间的平衡。然而，这一时期随着罗马发展其征服世界的野心而结束了。它直接控制了埃及和巴勒斯坦。

塞琉古王朝时期建造的堡垒包含蓄水池和渡槽，里面抹的是纳巴泰人的水泥。显然，纳巴泰人仍然是巴勒斯坦的水管工。纳巴泰人曾是托勒密的盟友。塞琉古王朝在巴勒斯坦的崛起，见证了一场关于死海矿产权的短期战争。这是一场不可思议的海战：纳巴泰人乘坐特制的柳条艇从盐湖对面攻击塞琉古王朝的军队。不过，争端解决后，纳巴泰人与塞琉古王朝签订了新的协议。当罗马人取代塞琉古王朝时，在冷漠无情的庞贝大帝的统治下，纳巴泰人又经历了一段动荡时期。然而，随着巴勒斯坦的控制权移交给希律王朝，纳巴泰人卷土重来，纳巴泰人和以土买人之间形成了一个新的政治联盟。大希律王不仅是耶路撒冷、希伯伦和安曼的国王，而且是整个罗马省的统治者。由于罗马有尊崇神话中的开国元勋的习俗，也许是对 Yehudim（耶胡丁）② 一词译成拉丁文后的词根产生了混淆，罗马人给这个省起的名字是朱迪亚（Judea）："犹大地"（Land of Judah）之意。

---

① 罗马从公元前 200 年开始统治亚历山大港，因为这座尼罗河港口城市为罗马提供粮食。公元前 200 年，罗马阻止了塞琉古王朝对这座城市的接管。罗马早期接受犹太人对自治的要求，源于罗马帝国在亚历山大的统治地位及其遏制塞琉古王朝势力的初衷。正如 Tessa Rajak 在 "Roman Interventionin Seleucid Siege of Jerusalem?"（1980）中指出的那样，犹太人成为了罗马的一个棘手的问题。Tessa Rajak 提出了一个涉及面更广的观点，即罗马反复利用犹太人问题作为对塞琉古王朝行使权力的一种方式。
② 希伯来语中，耶胡达家族（Yehuda）的人称 Yehudim，即通常所说的犹太人。Yehudim 是复数，其单数形式分阴阳两性，一名犹太男子称为 Yehudi，一名犹太女子称为 Yehudit。——译者

耶路撒冷的崛起乃因它是一个已经跨越地区边界和部落身份的宗教的集中点。大希律王反映了这种多民族的犹太人身份：他们家，按他父亲这边算是犹太以土买人，按他母亲那边算是纳巴泰人。作为国王，他通过与位于安曼和耶路撒冷的哈斯蒙尼王朝以及位于撒玛利亚的参巴拉王朝通婚，巧妙地反映了犹太人身份的其他方面。过去，犹太贵族家庭曾以军阀或总督的身份管理各个城市。大希律王是犹太"民族"的第一位国王，尽管管理的只是罗马帝国的一个省。

从拿撒勒到伯利恒的旅程，要归功于大希律王统治时期的马利亚和约瑟，它从北到南贯穿着这个新兴国家，并在这一路上揭示出一个人可以在朱迪亚成为犹太人的所有不同方式。我们想象马利亚和约瑟骑着驴从拿撒勒到伯利恒，走了 100 英里的路。有其他方式可以选择，特别是轿子或者马，但马利亚和约瑟的肖像画表明，他们来自中等收入的家庭，他们住在或者定居在拿撒勒—加利利地区。事实上，双方在谦逊的问题上是达成一致的。人们对约瑟的年龄有不同的猜测，要么是有成年子女的鳏夫，要么是没有子女的初婚者，要么是个木匠，要么类似那种打零工的人，于是对于他的收入的猜测也相应地有所不同。而大多数人都认为马利亚是个年轻女子，也许非常年轻：在被称为"《耶稣婴童福音》"的伪经作品中，她是一个 12 岁的新婚少女。① 关键的一点是，不管马利亚和约瑟的收入有多低，他们确实有收入。他们可以旅行，并能支付途中可能需要的东西。

几乎所有的基督门徒都被描绘成谦逊的商人，就像他的父母一样。他们很难有其他选择；在一个大多数人都是奴隶的世界里，只有商人和贵族能自由中止日常生活并追随基督，而基督的启示当然不是

---

① 也有人认为是托马斯、詹姆士、伪马太以及叙利亚语版本的《婴童福音书》。此外，还有圣约瑟和施洗约翰，都可追溯到公元 2 世纪至 6 世纪。

针对贵族的。借用马克思主义的术语说，加利利已经成为资产阶级革命的发源地：一个独立的商人阶级已经超越了农民阶级，并享有一定程度的独立于统治阶级的地位。这种自由使他们有空间去思考自己的信仰，有闲暇去聆听巡回传教士的辩论。值得注意的是，从基督降生前的一个世纪到后来的 600 年里，巴勒斯坦的每一个有重要历史意义的犹太人物都来自加利利。

当希律王的其他臣民到耶路撒冷去的时候，神圣家族（The Holy Family）会看到他们是如何生活的。在城内，希律王的新神庙占据了人们的视线。它跨坐在两个山脊之间的马鞍上，是一座金碧辉煌的罗马式城堡，与下面露出地面的部分一样都用金黄色的石头建成，然而它是如此巧夺天工，以至于与原始的基岩形成了令人惊叹的对比。建筑师将希律王的神庙设想成一系列水平线的集合，分为广场、浅坡屋顶、阶梯和宽阔的露台。马利亚和约瑟在穿过这座城市的路上会在一家花园客栈过夜。显而易见的选择是客西马尼（Gethsemane），也是在最后的晚餐之夜，耶稣和他的门徒选中的同一客栈。客西马尼位于神庙之下岩石山坡最陡峭、最险峻的地方，也是镇上最便宜的地段的尽头，靠近塞勒瓦这个城中最贫穷、污染最严重的地区。

像这样功能的一些花园就如同波阿斯和路得的故事里通往伯利恒的门：进那些城市的中立入口（激发了后来在文学注释中用“花园”这个词作为进入文本的切入点）。游客们会在树下扎营，小贩们则会推着手推车或木制烤炉出售街头食物。这里有水供动物饮用，有小马倌出售饲料，有马夫治疗跛脚的驴或出售初生的驴。甚至还会有娱乐节目：唱歌和朗诵诗歌，也许还有皮影戏，宗教辩论当然是不可少的。犹太人的信仰在商队客店传递，遍布阿拉伯、波斯和马格里布。

花园上方的庙宇是城中之城，经济中心的经济中心。朝圣者必须将他们的钱兑换成一种特定的庙币，基本上就是用现金换取只能在寺庙范围内使用的代币。这些钱被用来买鸟和羔羊作为祭品，并支付祭司的服务费、购买能烧出巨大的彩色云雾的香。把钱换成代币以及寺庙商品销售，庙都要从中分一杯羹。当成年后的基督再次造访耶路撒冷时，他推翻了庙里的桌子，以此表示他对此种牟取暴利的行为的不满。在寺庙及其周边地区，大多数职业都与朝圣的生意相关，无论是作为守卫、官员、货币兑换商、小贩、旅馆招待、公务员，当然还有牧师。如此一来有助于形成某种保守的心态，因为世袭的神职人员通过小恩小惠、裙带关系和贿赂来控制每个人的生计。在加利利，情况就并非如此，因为无论是从地理环境或者人们的性情上，加利利都更接近撒玛利亚而非耶路撒冷。事实上，从拿撒勒来的路穿过撒玛利亚，就在基利心山的撒玛利亚神庙的正下方。就像所有的加利利人一样，教徒们和撒玛利亚人都对耶路撒冷嗤之以鼻。加利利人有权质疑神父在犹太人生活中的主导地位，而耶路撒冷人只知道自己的面包该在哪一边涂黄油。

寺庙的中心是内部的圣所，也就是至圣所，是寺庙生活的核心。圣所里只有一个方形的石祭坛，别的什么也没有。耶路撒冷是一座夹在希腊和阿拉伯世界之间的城市，兼收并蓄两种文化中最极端的反传统破偶像的思想。祭司的职责就是谴责一切形式的上帝形象，无论是书面的还是视觉的。在希腊世界，这种清教徒式的做法源于柏拉图的哲学，[1] 以及对艺术家和雕塑家的极不信任。正如皮格马利翁神话所显示的那样，希腊雕塑家的作品越来越栩栩如生，这既让人骄傲，又让人焦虑。哲学家们担心，这些才华横溢的艺术家不过是徒有其表而

---

[1] 参见 *The Republic* 中关于艺术模仿功能的讨论。

已；他们更喜欢模仿现实之物。柏拉图认为绘画和雕塑让我们眼花缭乱，让我们远离美德，进入一个虚假的世界。皮格马利翁的故事展示了一种以模仿自然为荣的邪恶，一种在没有理解的情况下陶醉于奢靡的不良风气。

与此同时，就像希腊人反对表象（representation），纳巴泰人崇拜的是一个抽象到根本无法被描绘出来的神。① 在他们穿越沙漠的史诗性旅程中，纳巴泰人会选定一块合适的石头，将其切割成立方体，并将其作为他们祈祷的对象。起初，这种方式听起来有种不可思议的原始：石头是永恒的，但它不是我们所讲的那种永恒；它没有记忆，没有过去和现在。希腊人对此很是困惑，而纳巴泰人却为此提供了一个微妙而深刻的答案：我们如何崇拜一个超越人类理解能力的神呢？纳巴泰人的抽象崇拜方法受到耶路撒冷的神职人员的热烈欢迎，他们在葬礼仪式中用石头来反映死亡的奥秘，并将一块切割成方形的石头作为神庙内部圣所的中心，这也是他们信仰的奥秘所在。

然而，在日常生活中，寺庙每日的主要任务就是宰杀和加工动物。从鸟、羊到昂贵的小母牛，每个收入阶层都有其献祭的动物。这些动物首先会被屠宰剥皮，然后把一部分肉烧掉。鲜血会沾满寺庙的地，但伯利恒干净的水会把它冲到神庙的屠宰层。血液从那里被冲进寺庙下面的坎儿井或蓄水池，并作为污水汇入塞勒瓦的供水系统。这些动物的毛皮最后也会被运到塞勒瓦，在那里被加工成羊皮纸。羊皮纸的生产是垂直一体的出版业的一部分，正如在死海附近的伯利恒洞穴中发现的大量卷轴所表明的，希腊和罗马时期是出版商的好年景。

① 参见 Maximus of Tyre："The Arabs serve I know not whom, but I saw this statue which was a square stone." Clement of Alexandria 还指出纳巴泰人崇拜石头。参见 Joseph Patrich 1990。

把兽皮变成上等皮纸的过程要接触各种脏污，需要把兽皮浸泡在像尿液和明矾这样的化学物质中，然后再把它们切成近乎透明的薄片，在木架上晾干。人们认为，塞勒瓦是塞琉古王朝建造的一个叫安提阿的郊区的所在地，那里可能曾经是一个理想的城区；到了大希律王的时代，它却沦为一个工业贫民窟。就像维多利亚时代的出版业催生了现代小说一样，多亏了印刷技术和教育的双重进步，犹太信仰的传播也催生了圣经的概念，这得益于来自寺庙祭祀的廉价兽皮的源源不断的供应，以及朝圣者的文学纪念品市场的繁荣。塞勒瓦社区是巴勒斯坦出版业的发源地，但一个靠制革和上等皮纸为生的地方不是任何人都会愿意在此安家的。

　　神圣家族前往伯利恒的路线会由客西马尼出发，经过塞勒瓦到达最近由第十弗雷腾西斯军团（Legio X Fretensis）①，即罗马第十军团重建的希伯伦路。这条路始于一个新建郊区的豪华住宅区，那里有干净的供水，与塞勒瓦被污染的水截然分开。这些水来自伯利恒，储存于阿塔斯的新水库中，通过一条新的渡槽到达耶路撒冷，这条渡槽以罗马军事工程师的直截了当的风格沿着希伯伦路而建。希伯伦路在进入耶路撒冷时急剧下降，渡槽一分为二：蜿蜒的下渡槽向右拐过山谷，钻过古城下的隧道，到达寺庙下面的蓄水池；上渡槽则由一连串的高拱支撑着，继续向希律王的新郊区延伸过去。

　　在接下来的 5 英里路程，当神圣家族的驴子沿着铺得很好的希伯伦路缓慢前行时，神圣家族的人会沿着上渡槽前进。水是在一条由石头的预制构件砌成的密封管道内输送的。这种石头一块挨着一块，就像项链上的方珠子，水从其中空的内部流过。在伯利恒周围都有这种

———————————

① 古罗马军队建制名称。——译者

石块建筑物的例子，伯利恒博物馆和靠近所罗门水池中间的穆拉德堡博物馆便是这样建成的。修建渡槽的任务落在军团士兵的肩上，造出上千个这种石块的工作却依赖于当地的劳力。希律王与伟大的城市建造者奥古斯都大帝是同时代的人，也同样热衷于建筑。希律王不但重建了耶路撒冷和杰里科，还建起了加利利的首都提比里亚，以及罗马时期巴勒斯坦在地中海的港口城市凯撒利亚。神圣家族沿加利利一路走来，沿途体会到了受罗马影响发生了超乎想象的变化的景观。伯利恒地区由于有着最好的采石场，再次成为这些变化的秘密中心。这种大理石般的石头，与意大利的任何东西不相上下。采石场位于伯利恒南部，如今亦然，它们散布在伯利恒的山区，山里的泉水注满了伯利恒的水库。几个世纪以来，罗马第十军团一直驻扎在伯利恒，在巴勒斯坦全境修建了数百英里的道路，其中最好的路都是用伯利恒的石头铺成的。然而，在这些采石场工作的是奴隶。

　　神圣家族的行进路线在希伯伦路上中断，就在一座喷泉旁，喷泉的水来自新渡槽。这对夫妇可能会在喷泉边喝水，饮他们的牲口，然后转到伯利恒山脊东侧的一条更简便的小路上。半英里后，山路突然上坡了。这是星街，之所以叫这个名字，是因为据说它是东方三贤为迎接初生的基督的路。于此观赏沙漠之景，着实迷人。当太阳最亮的时候，强烈的阳光和山峦褶皱的阴影会勾勒出每一道轮廓。照到南边的时候，视线开始消失在沙漠的雾霭中，游客们会看到希律王在土夸上方的圆锥形人造山上建的夏宫。

　　希律王通过在香料之路上征税来资助他的大工程。[①] 这就是为什么《马太福音》描述了东方三贤带着黄金、乳香和没药而来。这些奢

① Matthew 2：11.

侈品是耶路撒冷的财政支柱，还用来向另一个国王进贡。黄金来自埃塞俄比亚，乳香来自阿拉伯和索马里，没药来自也门。如果东方三贤不是真的打算成为纳巴泰商人，那么他们至少是在纳巴泰公路上旅行之人的盟友。马太宣称，就连希律王的家人和朋友都不认为他有资格成为犹太人的国王。《马太福音》是在它所描述的事件发生至少100年后写成的，当时整个帝国的犹太人都在公开反抗罗马的统治。作者并不认为希律王的统治时期是和平共处的时期，而是指责希律王以他自己的野心和过激行为把犹太人带入歧途。他这个国王，通过大兴土木来寻求世俗的荣耀。东方三贤故意拒绝给希律王应得之物，而把本该给希律王的贡品交给了一个可怜的孩子。虚空的虚空，凡事皆空，正如《传道书》中所说。给希律王的这种待遇也反映了加利利和耶路撒冷之间酝酿已久的分歧。加利利人认为，耶路撒冷是把信仰塞进了太过狭小的空间：耶路撒冷及其神殿。在希律王的统治下，犹太信仰是世俗权威和神职人员之间的卑鄙妥协，是一种以显赫、集权为重的权衡，一种将宗教权威完全掌握在耶路撒冷神职人员手中的正统观念。而东方三贤尊崇的是一种不张扬、贫穷、清白的犹太领袖，孩子气如希律王这般是世俗的。但是，《马太福音》通过将东方三贤包括在信徒之中，声称犹太信仰是广泛而普遍的，它不能被牵扯进一座小城的狭隘自私的政治中。

集市日那天，沿着通往伯利恒的小路走，神圣家族的人在离市场还有一段距离的时候就听到了羊儿咩咩的叫声。集市在拥挤不堪的希腊式多层瓦房小镇前蔓延开来。对伯利恒的描述中总是有一个城门，因此它一定是个有围墙的城镇。但是，一座新的小镇是不会有一堵用采石场的石块砌的墙的。阿尔克罗夫主教所描述的城墙低矮，更像是牲口的栅栏，尽管他去访问的时候已是700年后，但他的叙述让人感觉像是希律王时代小镇的真实写照。伯利恒也会有同样的由锯齿状、略带红色的地表岩石砌成的低矮石墙，就像支撑着梯田的石墙一样。这不仅可以满足饲养牲畜所需的一切，而且完全能起到防御效果。在受到攻击时，矮墙是一个很好的街垒，如果袭击者突破，防御者可以换到城墙的另一边，在袭击者试图逃跑时再次进攻。

在集市日，伯利恒看起来就像是在一大群人的背上航行，因为山脊和小镇之间的山谷里挤满了在喷泉边饮水的绵羊和山羊。看到这么多贝都因牧羊人集聚于此，可能会让游客大惊失色。这些牧羊人有着骨瘦如柴的头和炽热的眼睛，深深的眼影使它们更显夸张。妇女们的脸上以刺青为装饰。尽管他们花费大量空闲时间朗诵诗歌，但是这些沙漠牧民与希腊神话中弹奏七弦琴的牧羊人几乎毫无共同之处。许多传统的犹太法律是用来区分游牧民族和城市居民的：例如，禁止纹身，或者禁食奶和肉的混合制品。（贝都因人的宴会菜肴是门萨夫［mansaf］①：羊肉上淋山羊奶酪或羊肉奶酪酱。因为它的酱汁味道太浓，我花了好一阵才喜欢上这道菜。这是蕾莎·桑索尔的拿手菜，一位现代俄罗斯妇女，却能做这道已经有几千年历史的贝都因菜肴。）福音书中让牧羊人出现在耶稣诞生的地方，以提醒当代的犹太读者，这些粗野的部落男子比希律王治下耶路撒冷的任何一位大祭司都更像大卫王。因为大卫原本也是个牧羊人，远离文明，作为游牧者和战士生活在荒野中。

神圣家族不得不绕过市场，沿着较低的路去镇边的花园。与客西马尼客栈相对应伯利恒旅店，与英国人想象的圣经中的客栈截然不同，但也会有个客栈老板之类的人经营它。当神圣家族进入旅店时，会有几个奴隶跑过来摆桌子和靠垫。如果中午天气很热，他们可能会

---

① 属于手抓饭，如今为约旦国菜，宴会的重头戏。——译者

把一条布吊到树上遮阳，它会像桅杆上的帆一样鼓起。伯利恒的海拔很高，就算是烈日当空，也经常有微风吹拂。花园的位置比小镇低，这意味着它被一个布满洞穴的山谷包围，人们把这些洞穴扩建成马厩和储藏室，以及旅店的厨房。陷在厨房石头台面的大陶里会装满橄榄和泡菜。往下走几步，经过一个以木头为燃料的烤炉就可以从地道直达山坡了。做砂锅菜的锅和羊肩肉都抹上了药草，然后用长木棍推到烤炉里。烤炉装满后，它的入口会被砖和湿黏土密封起来。

在福音书中描述的事件发生很久之后，伯利恒的花园商队旅店很少被提及，当时基督教正处于上升时期。在哈德良统治时期，这座花园被描述为"收成之神"塔木兹的圣地。塔木兹的雕像可能矗立在一个凉亭里：不是很高，也许只有 18 英寸。塔木兹通常被认为是一个头戴高冠的王子，站得笔直，拿着的脱粒器像皇室权杖一样，类似于迦南最伟大的神——巴力的雕像。塔木兹有点像英国的异教神约翰·巴利科恩（John Barleycorn），一个在收获季节遭到绑架、殴打，被碾入尘土、又在下一年复活的神。在像伯利恒这样的水果种植城镇里，塔木兹的神坛可能是以观赏性的果园形式出现的，里面有具有象征意义的无花果、杏仁、杏和柠檬等。一些现代历史学家认为，正是因为这座花园已经是塔木兹的圣地，早期的基督教朝圣者才选择将它与基督的诞生联系在一起，将一个神叠加在另一个神之上。

第一次提到基督在山洞里出生，可以追溯到公元 145 年左右，在出生于纳布卢斯的基督徒、殉道者游斯丁的一封信中。[①] 虔诚的早期基督徒很乐意将花园神坛中的一个洞穴与弥赛亚的出生地联系起来，

---

① "但是，孩子在伯利恒出生时，约瑟在那村子里找不着住处，就住在村子附近的一个山洞里；当他们在那里时，马利亚把基督带出来，放在马槽里，从阿拉伯来的博士们在这里找到了他。"（Justin Martyr, Dialogue with Trypho，第 78 章）。

因为这显然与弥赛亚的死亡故事有相似之处——都由客西马尼客栈花园的一顿饭开始。这就是花园作为城市和外界之间象征性的气阀变得越来越重要的原因。在一个城外人和城内人彼此怀有戒心的社区，这是个可以坐下来谈生意的地方，基督徒认为它象征了生活中所有矛盾之间的解决之"道"。

犹太法律禁止犹太人文身和将肉与奶制品混在一起吃，其目的明显是试图保持城市居民与贝都因人之间的差异。2002年伯利恒遭到入侵期间，我在伯利恒的救护车上工作，一天，我给一位贝都因老妇人做肾脏透析。她家住在扎塔拉，那是沙漠里的一个新村庄，20世纪中期塔马利赫贝都因人在此定居。那位老妇人上了年纪，大概有90岁了，个子很高，身体肿得只能躺在轮床上，像一只搁浅的儒艮。她的前额和下巴都有面部纹身，这是我唯一一次在现实生活中看到这样的纹身。她很可能是伯利恒最后一个有纹身的女人。虽然犹太宗教律法旨在重新加强沙漠和城镇居民之间的界限，但这两个社区仍然处于相互依存的关系之中。旅店烤炉里的肉来自游牧民族的羊群，他们用来遮阳的布来自山羊的毛皮。他们彼此需要，并会在城门处的花园。早期的基督徒会看到把基督的出生地确定在沙漠边缘的这处中间地带的那首诗。还有别的什么地方能找到上帝之子——一个存在于两个世界之间的神呢？

《路加福音》告诉我们，神圣家族只是伯利恒的访客，最先向他们表示敬意的人是牧羊人（《马太福音》假设他们一家住在伯利恒，后来才移居到加利利）。[①] 同样，《路加福音》写于书中事件发生的100年之后。那个有关牧羊人的章节意在传达一种发自内心的震撼：

---

① Luke 2：8.

读者会看到一个年轻的犹太母亲与其子住在牲口住的地方，与野人般的瞪着眼的陌生人脸贴脸、肩碰肩。《路加福音》也写了撒玛利亚人的故事：这本书的一个关键主题是一个陌生人可能比那些要求我们忠诚和尊重的人更了解我们的心。就像《马太福音》一样，《路加福音》重点描写了那些能让读者想起希律王的人。《马太福音》用东方三贤来强调希律王的纳巴泰基因，《路加福音》中的牧羊人则反映了国土的以土买人父亲——安提帕。尽管以土买人还是以畜牧业者闻名，但是他们已经不再是贝都因式的游牧民。实际上，福音书告诉我们，即使是纳巴泰人和以土买人也相信基督是犹太人的国王，而且胜过他们的同族人，即罗马人任命的新创立的罗马朱迪亚省的国王。

在伯利恒的花园里过夜时，马利亚和约瑟会看到外表强悍的商人达成交易、计算利润和签合同，把羊和羊毛换成水果或橄榄油。作为来自加利利的游客，这可能会使伯利恒成为一个狂野而奇怪的城镇。尽管如此，伯利恒到处都是士兵，很明显没有加利利自由。第十军团不仅负责保护数英里长的渡槽，还负责管理沙漠、维护帝国边境以及利润丰厚的牲畜和死海化学品的贸易。此外，伯利恒的采石场和希律王的夏宫都是非常明显的军事设施。伯利恒应该是犹太人祖先家园的一部分。然而，正如圣经告诉我们的那样，这里并没有很多犹太人。当基督教的福音书问世的时候，那里的犹太人更是少之又少。第十军团以农田作为士兵的报酬，这意味着伯利恒的农场和果园落入了退伍军人的手中，他们依靠奴隶来完成劳作。罗马人并不在乎他们的奴隶信仰什么宗教。相比之下，犹太人和撒玛利亚的地主总是让他们的奴隶皈依，以确保他们的食物是根据宗教律法准备的。的确，犹太教徒可能是第一个坚持要奴隶皈依的宗教信徒，尽管这种做法被基督教和穆斯林所采纳，并一直延续到现代。

犹太人的住棚节反映出了一个明显的例子：犹太奴隶主阶级与他们的工人的风俗习惯是相互影响的。住棚节的露天盛宴源于收获季节的习俗。安东·桑索尔的母亲整个夏天的大部分时间都住在家里位于马库尔的果园里，她和其他小农场主睡在石屋里，或者干脆睡在星空下，在杏树的树枝上挂一块床单，用来遮挡早晨的阳光。伯利恒的夏天，每个月都会有各种各样的收获，其间她的儿孙们都会和她一起去山上帮忙摘水果——杏仁、杏子、无花果、橄榄——然后在温暖惬意的夜空下吃烧烤。

福音书写于公元66年至73年第一次犹太战争之后。那是一场横跨整个帝国的内战，但焦点最终缩小到了对耶路撒冷的牺牲性防御。战士们从罗马的各个角落赶来，他们认为最可怕的战士是当地那些被认为是以土买狂热分子的人，这些人总挥舞着刀，因此得名"短刀党人"（Sicarii）。这场战争持续了7年，其特点是盲目的攻击和大规模的自杀，就像约瑟夫斯所描述的加利利袭击，而他是唯一的幸存者。志愿兵知道他们来耶路撒冷干什么：他们就是来送死的。战斗以难以想象的恐怖告终。在漫长的围攻中，守军吃掉了死尸，最后发生了一场大规模的屠杀。这座城市没有伯利恒那样的水，以致腐尸遍地，苍蝇满天。但这甚至不是战争的尾声：在死海和内盖夫的交会处——马萨达[①]的南部要塞，又发生了一场血腥的战斗，以集体自杀告终。

第一次犹太战争的全球性特征在公元115年至117年的第二次犹太战争中得到证实，[②] 后者的战火遍布地中海南部，亚历山大港、塞浦路斯和北非都发生了重要的叛乱。第二次犹太战争被称为基托斯战争，在基托斯起义被柏柏尔将军镇压后得名。基托斯将军曾是驻扎在

---

① 以色列古犹太国的象征，犹太人的圣地，联合国世界遗产之一。——译者
② Sand 2009.

伯利恒的第十军团的指挥官，这提醒了人们罗马军队的多样性。叙利亚圣乔治村和卡德尔村之间的关联，可能是因为叙利亚士兵在该地区定居的缘故。

相比之下，第三次也是最后一次犹太战争范围要小得多，尽管叛军来自加利利，但战场完全在伯利恒。这一次发生于公元132年至135年，也被称为巴尔·科赫巴起义。叛军藏在开提尔周围的山上，那里橄榄梯田之间隐约可见的洞穴是进行游击战的绝佳地点。面对战败，巴尔·科赫巴没有藏回洞穴，而是以加利利、耶路撒冷和马萨达的早期殉道者为榜样，以献祭自己生命的方式结束了他的战争。巴尔·科赫巴在《塔木德》中被后人以"谎言之父"来纪念。起义中的另一个人物，阿基瓦拉比名声要好得多，他被认为是早期拉比中最智慧的一位。

圣经赋予伯利恒一个叙事性和历史性的地位，与其作为耶路撒冷的水库的地质物理方面的重要性相匹配。然而，在接下来的几个世纪里，伯利恒将获得真正的宗教地位，因为伯利恒的荒野中到处是沙漠修道院，为新的基督教信仰奠定了基础。

第四章　海伦娜教堂

基督教罗马时期

公元327年，一位70多岁的妇人从轿子上下来，^①被牲口市场肮脏的人行道弄脏了脚也不在乎。这位便是奥古斯塔帝国的海伦娜皇后。当她穿过市场时，一队主教和王子紧随其后。在人群的注视下，

他们加入了她漫长的朝圣之旅，前往伯利恒。身为君士坦丁大帝的母亲，她也和其他朝圣者一样谦卑地走向基督的诞生地。快到达山洞时，她跪下祈祷。海伦娜在朝圣途中宣布要修建许多教堂，唯有在伯利恒建造的教堂非常独特，这必然有着某种个人意义。小教堂是个六边形带圆顶的建筑，位于石窟上方，这样信徒们可以从小教堂的走廊俯瞰下面，领略其中的神秘所在。世界上其他任何地方都没有这样的教堂。

公元 270 年时，20 岁的海伦娜是个酒吧女招待，她在现在的土耳其伊兹米特遇见了她未来的丈夫君士坦提乌斯。当时，君士坦提乌斯是个年轻的罗马军官，他带着海伦娜回到家乡，即如今塞尔维亚的尼什（Nis），在那里她生下了他们唯一的孩子。但君士坦提乌斯太过野心勃勃，不甘心与平民女子白头到老，他很快便与海伦娜离了婚，有了一个更政治化的联姻。[2] 海伦娜被送到善妒的罗马皇帝戴克里先家中居住，并被允许在那里监护她儿子君士坦丁的抚养。在戴克里先家的那段日子里，海伦娜本可以借此改变她的身份，但是她并没有这么做，而是表现出了一个单身母亲的美德。她信奉基督教，这种信仰赋予独身者甚至妇女以处女般的尊崇地位。

当她的儿子君士坦丁最终当上了罗马皇帝，海伦娜得到了回报。她被尊为皇太后，因而在罗马郊外宫殿群中的塞索里姆（Sessorium）

---

[1] "那么，当她对救世主的脚所踏之地表示应有的尊敬时，正如先知所说：'让我们在他站立的地方敬拜吧。'她立即将她虔诚的果实遗赠给了子孙后代。"（Eusebius, Life of Constantine, XLII）。

[2] 他很快与海伦娜离婚，建立了一个更具政治色彩的联姻。君士坦丁早期功绩之一是重新征服英国，之前该国已经独立一个世代。君士坦丁与英国之间的联系引出一段传奇，即海伦娜是英国公主，是威尔士国王科尔·亨利的女儿。12 世纪的一个故事将科尔和科尔切斯特联系在一起，纯粹因为这两个词的发音相似。这一来又引出君士坦丁和海伦娜在埃塞克斯郡，而不是在马尔马拉海一家酒吧相识的故事。

拥有了自己的宫廷。她还被允许发行自己的硬币。硬币表面呈现出很多希腊风格，上面是一个表情严肃但不失亲切的女人，鼻子很长，几乎齐到额头，整个人好像正斜靠着一扇平的玻璃窗。海伦娜看上去饱经风霜，但依然坚毅而安详。这些硬币反映出她在如何塑造自己的公众形象。你不得不说海伦娜是个政治家，因为她认识到她真正的力量是说服力。她是第二个马利亚，一个生而为王的孩子的母亲。

这些硬币还含有另一层意义。一百年以来，通货膨胀已经摧毁了人们对罗马货币供应的信心，罗马帝国已经退步到易货经济。公元4世纪初，戴克里先发行了几个世纪以来的第一枚新金币。但是这一积极措施伴生了更多的误导性改革，比如贬值和价格操纵等，这种状况反而促使人们坚持以物易物，将新币囤积起来。当君士坦丁大帝铸造了·枚新金币   苏勒德斯（solidus），并在日常交易中大量使用时，经济才开始复苏。无论这是有心还是无意，君士坦丁大帝以一个堪比现代的解决方案启动了经济。第一步是铸造一种值得信赖的货币，第二步是找到一种方法来确保新的金币能注入罗马帝国，流通起来。而由他母亲带头进行的这项方案的主要工作，可谓妙举。

由于经济长期停滞，伯利恒的各个方面都受到明显的影响。犹太战争结束后，耶路撒冷不再是朝圣之地，因此，当财富向周围社区扩散时，耶路撒冷并没有产生连锁反应。香料贸易路线从内盖夫走，从而绕开了耶路撒冷，在内盖夫，罗马的诸多道路将货物快速运到加沙的港口。沙漠地区的劫掠者很快就会迫使罗马人将罗马第十军团调往亚喀巴，而伯利恒的农民也因此失去了一个宝贵的粮食市场。由《塔木德》可以看出，加利利的家庭农场正在消失，[1] 那里的土地被收购

---

① Sperber 1978.

并且合并为更大的庄园。伯利恒的情况也是如此。退役的罗马士兵都是些贫穷的农民，[1] 一旦军队离开，他们就失去了他们赖以生活的便利的军市。

由于经济紊乱破坏了罗马帝国在稳定和安全方面的声誉，君士坦丁大帝寄希望于通过基督教来灌输新的共同目标。他比任何活着的人都更了解他的帝国的广阔疆域。从英格兰北部到波斯平原，他都曾统治过、战斗过；如果他相信基督教能提供一个契机，把所有这些土地都拴在一起，那么没有谁能说自己有更好的办法。海伦娜是这个方案的核心，因为人们不信任君士坦丁。早在 25 年前，他的保护者戴克里先和他的父亲君士坦提乌斯清洗了罗马军队中的基督徒。阿拉伯军人圣徒如圣塞尔吉乌斯、圣巴楚斯、圣达米安和圣科斯马，都见证了这场大清洗，这些殉道者都死于他们效力的皇帝的迫害。当时，尤西比乌斯的前任凯撒利亚的主教被绑着锁链押到安提阿，然后被人用钳子拔掉了舌头。军队和日益壮大的基督徒团体都对君士坦丁的信仰和诚意心存怀疑，但他们绝不会质疑他虔诚的母亲。

海伦娜的使命就是完成一次朝圣之旅，而且是全世界最雄心勃勃、开销最大的一次。她率领的人马简直是一个移动的城市，不仅包括她的士兵、家仆和处理其事务的民政部门人员，还包括一批在她行程期间加入的神职人员、省长以及地方诸侯和主教。她此行穿过了巴尔干半岛和拜占庭的巨大建筑工地，不久之后，拜占庭成了帝国的新首都君士坦丁堡。海伦娜到达尼西亚的时间通常被认为是公元 326 年，也就是尼西亚公会议[2]召开的第二年，尽管她没有出席此次会议

---

[1] Beard, Mary. SPQR (2015)。Beard 指出，将农场土地作为军队的养老金来支付的做法，其结果往往产生磨盘效应，因为士兵们无法让土地产生价值。

[2] 基督教的世界性主教会议，这是第一届，对基督教具有重大历史意义。——译者

似乎有些奇怪。召集该会议的是君士坦丁大帝。海伦娜或许是有意回避，因为她明白会议结论肯定非她所愿。和许多罗马妇女一样，海伦娜也把基督跟他世俗的母亲而不是他圣父的关系看得更近。尼西亚公会议则颁布法令称，基督与圣父同体：也就是说，组成他们的实质和本质绝无分别。君士坦丁的妹妹弗拉维娅在会议上发言，倾向于支持耶稣是有血有肉之身，但没有任何效果。也许海伦娜避开这样的失败是明智的，但这对于在安提阿的她一点好处也没有，安提阿教区的主教尤斯塔修斯公开对她表示了敌意。尤斯塔修斯是新的《尼西亚信经》的狂热捍卫者，觉得自己身处威胁之中，因为安提阿被两个半独立的阿拉伯—基督教王国埃德萨和巴尔米拉包围，[①] 这两个王国也对新的《尼西亚信经》怀有敌意。

离开安提阿和令人讨厌的尤斯塔修斯主教后，海伦娜继续前往巴勒斯坦，在那里，她发现凯撒利亚的主教跟她志趣相投。于是尤西比乌斯主教成了海伦娜朝圣途中的官方编年史家。[②] 他所在的凯撒利亚是巴勒斯坦的行政首都，三百年来一直如此。它是巴勒斯坦最具多样性的城市，在这个美丽的地中海港口生活着基督徒、异教徒、撒玛利亚人和犹太人。据说凯撒利亚的公务员薪酬甚至比安提阿的还高，[③] 所以这座城市吸引了来自加沙和亚实基伦的异教徒修辞学校最聪明的毕业生，这两所学校相当于当时的精英大学。凯撒利亚是基督

---

① 自公元 3 世纪以来，这些王国一直是基督教王国。埃德萨的阿格巴八世于公元 200 年皈依基督教。巴尔米拉在公元 3 世纪末皈依基督教。他给了耶路撒冷第一位阿拉伯主教马扎巴内斯（公元 251—260 年），随后不久是扎巴达斯（公元 298—300 年），后者的就任大约在巴尔米拉正式信奉这一信仰时（Shahid 1988）。邻国亚美尼亚差不多同时改变了信仰。与这些地方相比，安提阿是相对较初级的基督教城市。

② 25 年前，在戴克里先统治时期，凯撒利亚主教被拔掉舌头，戴着镣铐被带到安提阿。海伦娜与尤西比乌斯主教快速结交使基督教团体感到放心。参见 Birley 1990。

③ 参见 Stemberger（2000）中引用的 Libanius，关于加沙学院和亚实基伦学院这些当时的精英大学。

教学术世界的中心，多亏了杰出的埃及学者俄利根在那儿建了一个图书馆。这一学术名声也吸引了犹太人，在下个世纪将看到那些希望彻底改变犹太信仰的学者们撰写的犹太法典《塔木德》。

海伦娜很可能有最好的基督徒和犹太学者随行，以帮助她解读这片土地。她被带去看基督诞生的神龛，那里有一个雕刻的壁龛，里面有一个陶土和灰泥做的"马槽"，[1] 这样的描述听上去更像是一个水槽。海伦娜的建筑师通过打开洞穴，将这个神龛打造成了一个教堂。朝拜者聚集在一个围绕内墙而建的走廊上，在那里可以俯瞰下面的洞穴。

这种新颖的设计成为巴勒斯坦许多教堂的榜样。罗马女继承人裴依莫尼亚 4 世纪末在橄榄山上建造了升天教堂（The Church of Ascension）。[2] 公元 5 世纪，一位名叫伊珂丽娅的寡妇在伯利恒的郊区建造了马利亚教堂（Seat of Mary），或称卡蒂斯玛（Kathisma）教堂，以纪念这个当时挺着大肚子的马利亚在去伯利恒的路上歇脚的地方。如今这些教堂都已不复存在，而伊珂丽娅的八角形教堂的轮廓离希伯伦路仅几码之遥。当你离开伯利恒时，你可以从大巴上看到八角教堂，就在以利亚修道院的后方。那儿没有售票亭，也没有任何路标，只有一块石头路面，周围有几棵橄榄树。该地区有一个大型建筑工程正在施工，包括建一个名为基法哈马托斯[3]的新定居点，因此我也不确定这块地方最终会以什么形式幸存下来。

这三座教堂之间的共同之处在于它们都是由妇女所建，每个教堂都有一个圆形大厅，上面有一个通向洞穴的开口，即卡蒂斯玛，可以看到马利亚之位的基岩的大致模样——那就是一个心形的臀部。对这种纪念一个女人的身体以及分娩的神秘莫测投去一瞥，会让人感觉有

---

① 见圣杰罗姆的报告。Homily 88 "On the Nativity of the Lord"。
② Kirk 2004。
③ 位于东耶路撒冷，该定居点被美方称为"敏感地带"。——译者

点露骨，但或许是有人故意要破坏禁忌。然而，这一设计最引人注目的版本非圆顶清真寺莫属，它建在岩石祭坛上，据说这个祭坛是亚伯拉罕献祭自己的儿子以撒时曾用过的。这次的故事是关于父子而不是母婴的。

主诞教堂的圆形大厅位于露天柱廊的尽头，保留了原始神殿的花园部分。海伦娜的马赛克路面小道幸存了下来，那是英国人在第一次世界大战后在后来的廊柱会堂的地板下发现的。路面的设计将有机形状与几何形状交织在一起，仿佛在尝试综合当时伟大的神学争论：基督的生物遗传与他的理想神性完美地结合在一起。马赛克的彩虹色在1800年前就已暗淡了下来，但是在一天中的某个时间，当阳光穿过教堂屋顶上的窄窄灯光时，可以看到瓷砖被排列成一个光谱。当它们被耀眼的阳光照亮时，它们也一定发着光，就像在反射着神圣的光芒。

海伦娜访问伯利恒时，她是整个帝国最有名的女人。但在此次访问40年后，世界上最有名的女人成了一个游牧部落的劫掠者——马维娅女王（Queen Māwiyya），一个被称为台努赫（Tanukhids）的基督教—阿拉伯联盟的领袖。正是马维娅女王对香料和焚香运输路线的突袭，迫使罗马将其军队从伯利恒调往亚喀巴。她于公元378年发动了一场叛乱，最终使台努赫人和罗马人同意正式结盟。君士坦丁堡的教会承认台努赫人的主教摩西是所有阿拉伯人的主教。虽然与台努赫人的结盟是暂时的，但这为罗马开创了一个新的格局，从那以后，阿拉伯部落成为巴勒斯坦的官方边境部队。这些部队就被称为 foederati（盟友），命名为撒拉逊，以便与罗马—阿拉伯人区别开来，基督教作家们则将其称为以实玛利人。

公元 383 年 1 月，在马维娅女王与罗马缔结条约后不久，一位名叫埃格里娅的罗马—西班牙籍妇女来到伯利恒参加主显节的庆祝仪式，这个八日节期是为了纪念向犹太人宣告基督的诞生。东方三贤的宣告更像是一个口误，而不是正式声明：大希律王以"无辜者的屠杀"（Massacre of the Innocents）作为回应。主显节是一个有着被动侵略性的节日，因为整件事的关键是犹太人不欢迎对基督诞生的宣告。埃格里娅对主显节庆典的描述，表明伯利恒只有一小部分人为基督徒，其余的都是异教徒和奴隶。一项可以追溯到第一次犹太战争时期的法律，禁止犹太人进入巴勒斯坦的三个中央军事区：（伯利恒的）希律、（拉马拉的）戈夫尼和（耶路撒冷的）欧里内。然而，禁令中并没有涵盖短暂停留：海伦娜曾命犹太人为向导，杰罗姆后来在担任伯利恒修道院院长时雇用了犹太人做翻译，当然，那时也不再有强大的军事力量来执行禁令。埃格里娅还描述了耶路撒冷的主教在地下神殿里带领牧师们吟诵赞美诗，会众在上方的圆形大厅里观看。黄昏时分，大多数参加庆典的人跟随主教一同前往耶路撒冷，"主教这几天必须一直待在耶路撒冷"。[①] 当地的牧师和来访的隐士要在洞穴里守夜，歌唱、吟诵直至破晓。

埃格里娅的这些话，是在教会制定管理僧侣生活的正式规定之前写的。阿拉伯主教摩西曾是个孤独的隐士，被称为 boskoi。在尼罗河三角洲与沙漠相接的埃及，一位名叫帕科米乌斯的僧侣召集这些隐士组成一个群体。但形成一个正式的修道院秩序的想法还为时尚早。埃格里娅笔下的隐士们在伯利恒的山洞中吟唱，都不愿领受圣秩。即使在公元 5 世纪，伯利恒最伟大的僧侣圣萨巴斯，也是出于政治原因必

---

① Egeria XXV - 12。

须如此，才在其漫长的生涯后期才领受圣秩的。"隐士"一词来源于希腊语中的 eremos，意思是沙漠。隐士是靠到处寻找食物为生的托钵僧。boskoi 一直被误认为是被追逐猎杀的"野生动物"，这似乎让他们引以为傲。帕科米乌斯和埃及的僧侣们都效仿一位名叫圣安东尼的隐士，他卖掉了父母的农场，远离社会，独自在沙漠中生活。在埃格里娅那个时代，安东尼的传记在罗马是畅销书，这无意中给埃及三角洲创造出了旅游业。

人们对僧侣越来越感兴趣，这就是为什么像埃格里娅这样的基督徒会造访巴勒斯坦，为什么像葆拉、裴依莫尼亚和伊珂丽娅这样富有的妇女会修建教堂和宾馆。他们对这个国家的传统和历史的兴趣超过对荒野的兴趣。巴勒斯坦位于世界的边缘，帝国在沙漠中逐渐消失。罗马朝圣者通常会乘船到亚历山大港，在那里他们会穿过三角洲去拜访尼提亚（Nitria）或佘特伦河谷的僧侣。裴依莫尼亚所走的就是这条路线，她带着一支小型船队和随行人员驶入亚历山大港，随行者包括几位主教、裴依莫尼亚的家人和奴隶。在亚历山大港，她租用了一支由内河船只组成的船队进入沙漠三角洲，寻找一位名叫埃及的约翰的隐士，希望他能帮她解决身上的不明病患。

从尼提亚出发，这些妇女将走上穿越西奈的道路，在那里，她们可以在海伦娜命名的西奈山——一个难以到达的地方，体验沙漠生活的艰辛。一到巴勒斯坦，就受到了梅拉尼娅在橄榄山上建的一家旅店的热情接待，梅拉尼娅是另一位出生于西班牙的罗马贵族妇女，也是修道院历史上的核心人物。她将罗马女性的精神禁欲主义与隐士的肉体禁欲主义联系起来。跟裴依莫尼亚一样，她也去过尼提亚，但不是以游客的身份去的，而是身体力行地拥抱这种生活方式。在搬到耶路撒冷之前，她在埃及不少沙漠社区居住过，在那里她与她的私人听告解神父、杰罗姆的密友鲁菲努斯经营了一家旅馆，或者说是修道院的原型。后来，鲁菲努斯和杰罗姆闹翻了，杰罗姆认为，鲁菲努斯是梅拉尼娅的高参，是他们合作关系中真正动脑子的那个人。梅拉尼娅的建筑物可以说是第一个正式的修道院。

基督教的兴起与长达几个世纪的罗马经济危机交织在一起，应该把这两者并列看待。早期的僧侣向人们展示了一个追求精神的人是如何去拥抱贫困的。按理说，这些僧侣应该是超级富有的罗马妇女不合时宜的合作伙伴，然而事实证明，他们之间形成了一种富有成效的共生关系，因此塑造了正在发展中的基督教信仰。

从最正式的意义上讲，这些罗马遗孀发明了修道院制度，尽管人们往往把这一功劳归于他们赞助的听告解神父，如杰罗姆和鲁菲努斯。讽刺的是，这些人并不是天生的隐士。杰罗姆和鲁菲努斯与阿拉伯或埃及沙漠中的那些文盲隐士毫无共同之处。他们成为僧侣，是因为供养他们的那些妇女把他们拖进了沙漠。杰罗姆和鲁菲努斯毕业于一种效仿希腊式哲学学校的教育体系。这类学校不招收女性，这进一步激发了那些富有的聪明的女性去创建几乎是平等地接纳男性和女性的学习机构。

曾经罗马女继承人所担任的角色，现在由西方基督教慈善机构来代替。天主教明爱发展基金会开办了一家婴幼儿医院，现在由伯利恒当地的慈善机构经营。马耳他骑士团是中世纪由军人僧侣组建的医院骑士团的继承者，1985年，他们在巴布兹卡克妇产科医院被迫关闭的关头，接管了医院。路德会救赎主教堂1898年由威廉二世揭幕，那里在1990年代末建了一个达尔-纳德瓦（Dar al-Nadwa）戏剧与艺术综合大楼。在巴勒斯坦民族权力机构（PA）以俄罗斯总统弗拉基米尔·普京的名字命名了一条路之后，2013年，普京在伯利恒修建了一座融艺术、体育和社交功能与一体的综合中心。从个体层面上说，人们已经开始从巴勒斯坦出口传统产品，如橄榄和综合香料扎塔（za'atar），后者是一种香料和药草的混合物，巴勒斯坦人早餐时会跟油浸的面包同吃。另一些人从克雷米亚修道院进口当地的葡萄酒，比如，作为欧洲教堂的圣餐酒。美国和欧洲的一些民权组织与那些提供语言学校、教育旅游甚至提供机会参加抗议游行的团体开展合作。对于一些人来说，这样做就是支持巴勒斯坦人的宣传，或者是在支持巴勒斯坦的基督徒，而另一些人则更关注国际法和人权这样抽象且有待落实的东西。伯利恒是世界上最著名的小镇，它自带聚光灯和扩音器，而不像巴勒斯坦其他城市，如盖勒吉利耶、杰宁甚至纳布卢斯那样，活在被世人遗忘的孤立中。但是，当中东传来的好消息是如此之少时，这座城市向大家表明，多信仰社区可以迅速恢复活力，继续在艰苦时期和被占情况下发挥自己的作用。夏天，俱乐部和夜店总是挤满了年轻的志愿者、实习生、学生及朝圣者，他们一起跳舞，与当地的家庭以及许多在国外工作或学习但回来度假的伯利恒人打成一片。拜特萨胡老城的街道林立，空气中回荡着阿拉伯的泰克诺音乐①，夹杂着泰伯啤酒瓶碰撞发出的当当声，金属味的浓浓烟雾从水烟管冒出，所有一切交相呼应。

罗马寡妇葆拉彻底重建了伯利恒，在此过程中她破产了。公元385 年，她跟女儿尤斯托希姆和她的听告解神父杰罗姆一起去了巴勒斯坦。在她早年的罗马生活中，她曾经是某个圈子的一员，那个圈子里有位才华横溢的寡妇马塞拉，后者与教皇达马苏斯一世关系密切。

① 一种利用电子技术演奏的节奏鲜明的舞曲。——译者

正是达马苏斯一世赞助了杰罗姆这位雄心勃勃、反复无常的修辞家，此人来自今天的波斯尼亚，善于出言谩骂，极具发起人身攻击的天赋。当葆拉和杰罗姆在公元 382 年相遇时，两人都是 30 多岁，尤斯托希姆还没长成少年。两年后，即公元 384 年，达马苏斯一世去世，杰罗姆突然失去了赞助者，发现自己被一个教会法庭传讯，随后被逐出了罗马。对杰罗姆的指控是秘密进行的，[1] 尽管杰罗姆在给鲁菲努斯的信中轻描淡写了此事的严重性，但他承认自己得到的判决是驱逐。然而，马塞拉圈子的人依然忠于友情，杰罗姆也继续跟马塞拉通信，直到马塞拉在公元 410 年即她 85 岁时离开人世。

杰罗姆离开罗马前往叙利亚，葆拉、尤斯托希姆带着全部是女眷的大家庭随他而去。新的流亡生活开始了，此后是长达一年的漫漫旅途。他们造访了埃及，葆拉将尼提亚的沙漠社区作为他们的第一站。几年前，鲁菲努斯曾去过三角洲，在报告中他估计大约有 3000 多名僧侣散居在劳拉型修道院[2]中。在葆拉和杰罗姆来访 80 年后，一位名叫帕拉迪乌斯的僧侣在记述中把这个数字扩大到近 5000 人，分住在 50 多个社区里。这一数据可能是准确的：因为帕拉迪乌斯在尼提亚待了一年。所以，杰罗姆声称他数了一下有 5 万名僧侣简直是夸张到无度了；[3] 他还忍不住补充道，如果葆拉或她那一行人有任何鼓励的表示，他们当中没有一人会继续遵守他们的独身誓言。杰罗姆所有的多重性格缺陷可以用几句话来表达：他完全不可靠；他被嫉妒所吞噬；他总是站在自己的角度看待一切问题。我们也可以再补充一点，他其实不太喜欢僧侣。

---

① Kelly 1998.
② Lauras，亦称复合型修道院（double monasteries），在同一地点，但有不同院落，男女各有单独的一所修道院，但共用一个教堂。——译者
③ Jerome：Req Pach.

杰罗姆是个浮而不实、敏感易怒的人，远没有他自己所想象的那般聪明。他有一个雄心勃勃的作家的所有缺点，包括掩饰不住自己的缺点。说他是作家的守护神，这倒是合适的。葆拉的声誉不可避免地因为她对杰罗姆的忠诚而受损。她是一个为了依恋一个富有魅力而任性的男人，甘愿抛弃一切——金钱、健康和女儿的未来——的女人。然而，葆拉和杰罗姆是一对非常有力的搭档。我们应该花点功夫去弄清楚，葆拉是怎样成为两人中往往起主导作用的那个人的，以及她是怎样独自取得那些成就的。

他们在巴勒斯坦的生活始于耶路撒冷的梅拉尼娅修道院。葆拉很快决定在伯利恒建一座类似的机构。她计划修建两个城镇修道院和一个"马利亚旅店"。她可能还建了一栋别墅作为她的私人住宅。然而，在那儿的头两年，她的家人不得不在现有的旅馆里将就住下。这个旅馆颇有些简陋，是为了服务于来访的朝圣者和隐士，就像埃格里娅在主显节上遇到的那些人。约翰·卡西安住在这家旅馆里的时候是个年轻人，几年后他在马赛建起了著名的朝圣者修道院。

葆拉的建筑工程选址在城镇的边缘，甚至是斜坡上，这表明她在利用现有城市核心区边缘的土地。她那座新的更大的旅馆坐落在镇的西边，即现在的乳洞街。在镇的另一边，她建起了修道院建筑群，与海伦娜教堂毗邻，圣凯瑟琳天主教堂如今就坐落在那里。这座山太陡了，简直是要垂直而下（从圣凯瑟琳教堂旁边的台阶可以看出它的坡度）。葆拉将女修道院的屋子分成上中下三种，她的女眷可以根据自己的社会阶层分得住所。每间都有自己的负责人，葆拉则是女修道院院长或是总负责人。尽管有这些等级制度存在，但所有女性基本上是平等的，穿着也一样，一起参加礼拜。至于男修道院位于何处目前尚不得而知，也不清楚它是不是在这座修道院建筑群之中。

大批朝圣者涌入伯利恒，支撑了旅游业的发展，各种纪念品也随处可见。根据杰罗姆的记录，有在此短暂停留的罗马游客，[①] 也有来自东方，比如罗马边界之外的印度、埃塞俄比亚和波斯的朝圣者。大多数人是跟随旅行团去那儿的，这些旅行团包括亚美尼亚安纳托利亚的、埃及的，也有叙利亚和小亚细亚的。他们离开时，会带走当地制造的名为"祝福"（eulogiae）的细颈烧瓶，里面装有基督走过的道路上的一小撮泥土或者橄榄油，好让人们记住上帝是"受膏者"，也就是弥赛亚的意思。这些烧瓶是金属或陶瓷制成的，扁平状，表面有浮雕图案，要么是《圣经》中的场景，要么是著名的圣徒和朝圣者的小像。制造细颈烧瓶和为朝圣者提供食宿，为伯利恒城区的新阶层创造了就业条件。

修道院的生活主要以祈祷和抄写杰罗姆的文学作品为中心。杰罗姆文章、传记和翻译的出版需要编辑、秘书和抄写员。从事这些工作的往往是女性，在亚历山大港的俄利根学院也是这样。当时手工抄写是出版书籍的唯一方法。一经抄完，这些书稿便会发到全国各地的图书馆和订阅者手中。杰罗姆的作品甚至在他的有生之年就广为人知，所以修道院的抄写员必须必定保持了较高的生产水平。在不替他抄写的时候，女人们会做些针线活，而男僧侣可能会去干些不太重要的园艺活。然而，与埃及修道院不同，葆拉修道院从来就没打算自给自足，[②] 而且杰罗姆对农业劳动也多有尖刻之词。

葆拉很可能是个地主兼奴隶主，她负责照顾许多修女和僧侣，这些人需要衣食供养。在写给比她年长的住在罗马的导师马塞拉的一封信中，葆拉提到了一些她在伯利恒的个人生活感触。对于自己在田野

①　Jerome：107.
②　Jerome：Preface to Job. 亦可见于 Jerome：125，11。

间听到奴隶们唱歌时的喜悦之情，她是这样描述的："周围一片寂静，唯有《圣经》赞美诗的吟诵声，无论你在哪里转过身，都会听见农夫一边拉犁一边唱着'哈利路亚'……还有人在葡萄园里唱大卫之歌。所吟所唱都是这个国家的民谣，是他们所谓的情歌。"葆拉并不是一个喜欢闲逛的人，当她听见农民们的歌声时，可能正在自己家的农场里巡视。维多利亚时代的朝圣者，比如威斯敏斯特学院的院长阿瑟·斯坦利，看了葆拉的这段描述后，根据字面意思猜测说，她当时听到的是《希伯来圣经》中的经文诗篇。[①] 此时葆拉正在寻找投资，因此，在她的信中，她急于向对方展示一个田园牧歌般的伯利恒生活感受。"大卫之歌"这个词是刻意挑选的，所要表达的意思比听起来更含糊：这是将一首献给上帝的欢快的歌以诗意的方式吟唱出来。此外，为了澄清自己，葆拉补充道，歌者相信他们所唱的是有故事的民谣和情歌。自从哈德良禁止犹太人居住在伯利恒以来的 200 年里，当地的奴隶与任何有组织的犹太信仰之间的联系都被切断了。他们可能保留了对诸如丰收节这样的节日歌曲的民间记忆，但是葆拉只是说，这些歌唱让她想起了赞美诗。她相信她听到这些歌，就如同看见了被流放的以色列人在巴比伦的田间劳作的场景。当然，如果她将自己的奴隶想象成被俘的以色列人，那么她就是在说她自己是另一个尼布甲尼撒二世[②]。

葆拉描写伯利恒的乡下生活，是想吸引马塞拉去乡下看看。随着葆拉的钱袋日益见底，她和杰罗姆不得不费尽心思为他们的修道院寻找新的赞助人。她差一点就要俘获富有的罗马女继承人法比奥拉了，后者曾在公元 395 年的上半年与葆拉一起生活过。然而，就在那年夏

---

① Prothero，1904.
② 古巴比伦王。——译者

天，有消息说匈奴人已经席卷了叙利亚，他们所到之处的每一座城市统统被摧毁。而罗马军团当时远在亚喀巴，巴勒斯坦无人保护。伯利恒的葆拉和耶路撒冷的梅拉尼娅都召集修道院的人、打包好物品，逃到凯撒利亚去了。租用的船只全面向罗马疏散。危险过去后，法比奥拉重新考虑了在帝国沙漠边缘生活的事。她回到罗马，在河畔码头建起了一个供朝圣者居住的旅馆，以此继续葆拉的工作。

葆拉是个严厉的女修道院院长。她监督这些妇女，惩罚一切争吵行为、不谦虚或是不当的清洁行为，惩罚手段几乎都包括禁食一项。然而，葆拉被一位年轻的初学修女跟一位年长的执事之间的恋情所震撼了，而这位年长的执事之前因与一位外交官的妻子发生婚外情匆匆离开了罗马。他是带着介绍信来的，所以杰罗姆当时肯定知道他履历上的这一污点。或许杰罗姆认为这个人已经改过自新，或许是希望讨好他的赞助人。当有人在耶稣诞生的洞穴中的两块石头中间，确切地说是在耶稣诞生的神龛里发现一封情书时，这个年长的执事试图勾引初学修女的企图暴露了。执事在情书中写道，他买了一个梯子，这样就可以够到女孩房间的窗户了。

杰罗姆很难堪，但他还是把执事留在了修道院里，是执事自己选择了离开。更令人伤脑筋的是，他只不过去了耶路撒冷。杰罗姆对这个执事的最后描述是一个在城里大摇大摆地走来走去的老色狼，稀疏的毛发贴在粉红色头皮上。这是惟妙惟肖的讽刺画，尽管杰罗姆无法掩饰住自己被人弄得像个傻瓜的愤怒。

葆拉最喜欢的经文部分是抒情诗，喜欢《诗篇》和《所罗门之歌》中的浪漫和感性的元素。当她经过自己的土地时，她听到诗歌的吟唱回响，晚上她和杰罗姆一起研读和讨论这些文本。杰罗姆从没有低估或否认过《雅歌》中有影响力的、带有情色的内容。正如沙漠中的隐士一样，他把禁欲主义看作一场斗争，并且主动把这些情歌推荐给葆拉和她的女儿尤斯托希姆。他总是希望能让她们承认他们所选择的无性道路是多么艰辛，[①] 而这反过来又反映出葆拉的选择，并让她更加坚定。

葆拉和杰罗姆之间长期而亲密的关系，也暗示了这是一段浪漫的交往。比如，英国作家乔叟的《巴斯之妻》（*The Wife of Bath*）的故事创作灵感就来源于此。值得一提的是，尽管梅拉尼娅和鲁菲努斯之间的关系表面上看与葆拉和杰罗姆的关系类似，但他们从未引起过流言蜚语和猜测。不知怎的，他们似乎更加稳重，彼此独立。但葆拉和杰罗姆不一样，两人都紧张而富有激情，很明显需要彼此依赖。就个人而言，杰罗姆是个祸害；而葆拉也有她的问题。她习惯于忽而亢奋忽而低落，在祈祷与神学推测等更高层次的生活上投入太多精力，以至于如果仅靠洗涤就可生存，她就不会再做其他的事。一旦她决定做一个女施主或修道院的建造者，便热情满满地投身其中，结果不到十年就身无分文。重建伯利恒花光了她全部的家底。

在葆拉跟杰罗姆关系的初期，葆拉的大女儿布莱西拉在接受了母亲的禁欲主义生活方式之后离开了人世。人们认为是杰罗姆给这个家庭带来了不幸，但是葆拉对杰罗姆的支持从未动摇过。当杰罗姆以写作来支持禁欲主义时，这为葆拉已经做出的选择提供了一个知性的理由。杰罗姆并不是给葆拉洗脑，而是在支持葆拉，或者让葆拉自己决定：你怎么选都行。杰罗姆对葆拉和尤斯托希姆母女的描写极尽温柔之能事，[②] 他写她们是如何身穿破旧衣服在修道院忙来忙去，打扫卫生、摆桌子、去厨房煮卷心菜等。这是在她们的智识和文学工作之上

---

① Jerome，22.
② Jerome，66.

的，对此，杰罗姆向来不会忘了提及或赞扬。他还对尤斯托希姆赞不绝口，在她作为他作品的编辑时，她的智识和语言能力都是他所仰仗的。她在杰罗姆最伟大的成就拉丁文版《圣经》的完成过程中扮演了关键角色，这个版本瞬间引起的轰动将成为后来所有西方《圣经》的基础。

在葆拉和杰罗姆的时代，正如在我们自己这个时代，伯利恒也陷入了当时的巨大冲突和矛盾之中。公元 410 年，根据杰罗姆的记录，以实玛利人的掠袭者已经占领了伯利恒。在写给马塞拉的一封信中，他引用了《圣经》中的话，说他们席卷了整个地区，"就像一股洪流，把一切都卷去了"。[①] 就在同一年，西哥特人洗劫了罗马，这就好比是去告诉一个上了年纪的寡妇她遭遇了某种更糟的事，得以一种特殊的字眼儿来表述才行。这时，没有其他作家提到一场大规模的入侵，尽管不太可能是杰罗姆在撒谎。在台努赫人作为罗马盟友的角色结束与他们的后继者萨利希德人崛起之间，罗马的边境防卫是中断的。拉赫姆王国乘机大肆掠袭，拉赫姆王国是一个基督教阿拉伯部落，是为罗马的敌人——波斯的萨珊王朝效力的。[②] 如果说拉赫姆王国在公元 410 年之前曾短期占领过伯利恒，那么这是在提醒人们，沙漠不仅仅是一个艰苦的、考验人的环境，还是一个危险的地方。

到公元 4 世纪末，葆拉和杰罗姆同耶路撒冷的基督徒精英之间的关系已经破裂到无法修复的地步。尽管这些问题一如既往地通过教义间的争论表现出来，但实则是政治性的。作为年轻人，鲁菲努斯和杰罗姆都很崇敬俄利根，不仅是他在阐释和翻译方面的卓越才能，还有他的哲学成就，二人因此成为朋友。是俄利根导致了一种柏拉图主义

---

① Jerome：126.
② Irfan V.，pp. 22 - 25.

的新形式的出现，它认为上帝的爱是一种物质力量，促使人类渴望真理和美。这种力量可以在诸如阳光这样的物理力量中感受到；但它只会在上帝面前以最纯粹、最强烈的形式被感知到，因为上帝就是爱。俄利根同意基督与主是同一实质的说法，但是他把基督放在能量等级的较低位置，就像一个发光强度较低的灯泡。

俄利根的阐释似乎贬低了基督，因此在 4 世纪末被斥为异端邪说。鲁菲努斯和杰罗姆都拒不接受俄利根的这一学说，尽管鲁菲努斯继续为俄利根所有的作品中争议较小的部分辩护，即他的翻译和阐释作品。而杰罗姆没有。杰罗姆承认俄利根作品的某些价值，[①] 但觉得其成就被他对关键异端的强烈谴责淹没了。然而与此同时，杰罗姆非常乐意将俄利根的见解当成自己的东西。俄利根的一大思想是将《旧约全书》解读为关于基督降临的长篇寓言。杰罗姆吸取了这一见解，并把俄利根的许多观点收为己有。例如，在给罗马的一封信中，他指出有三本书可以归为所罗门所作，[②] 即写给儿童的《箴言》，写给成人的《传道书》，写给老人的《雅歌》；而在写给罗马孀居贵妇普林西庇雅的信中，他剖析了《诗篇》第 45 篇的内容，[③] 说在那个男子的婚礼当天对其的致辞，实则寓意了基督与教会之间的爱。这令鲁菲努斯很是恼火，因为他深知杰罗姆的思想中没有什么是其原创的，而有意思的东西无一来自俄利根。

杰罗姆不知疲倦的雄心抱负都是指向罗马的。与他书信往来的那些实际上并不生活在古老皇城里的人中，很少是说拉丁语的人物，比如希波的奥古斯丁。同样，葆拉的地位和影响力，也是因为她是一个

---

① Jerome：62.
② Jerome：Preface to Ecclesiastes.
③ Jerome：65.

有权势的罗马参议员家族中的一员，而当她四处寻找赞助人时，目标自然是她自己的贵族圈子。杰罗姆和葆拉带给伯利恒的拉丁气息，它从未失去过，先是在阿玛尔菲商人在十字军东征之前组织的去耶路撒冷和伯利恒的朝圣之旅中得到了延续，然后又在与奥斯曼时代的伯利恒纪念品贸易商合作的方济各会神父和威尼斯商人身上继续延伸。伯利恒拥有浓厚的拉丁传统；比如，桑索尔家族的人都是天主教徒。这种拉丁元素与巴勒斯坦基督教的主旋律——东方和阿拉伯——背道而驰。杰罗姆是西方教会的代表，这最终使他卷入了与耶路撒冷主教约翰二世所代表的当地教会的冲突之中。他们的激烈分歧是对分裂的一个早期预警，这种分裂将把基督教世界一分为二：西方教会和东方教会。

　　葆拉还在世时，她与约翰主教之间的争论被控制住了，或者至少在一个可控的水平上继续发酵。葆拉去世后，巴勒斯坦各地的基督徒都前来参加她的葬礼，包括约翰主教和其他所有的巴勒斯坦主教。她被安葬在她的修道院下方的洞窟里，尤斯托希姆就葬在她旁边。即便墓穴上方的建筑已经重建过多次，但小礼拜堂的陵墓必须很大程度上保持罗马巴勒斯坦的名人聚集到这里为她的遗体祈祷时的样子。这个地下小教堂，可以从上方的圣凯瑟琳拉丁教堂进入。有一段楼梯可以从 19 世纪的大理石和镀金的小教堂，通向一个白垩石灰岩洞穴。在乳白色的阴暗处，墙上有一个壁龛，那标示着葆拉就安息在此，她的女儿就在对面。在最寂静的时候，也就是旅客大巴没有成群结队地开来之前，它是伯利恒最安宁祥和的小礼拜堂之一，除了耶稣诞生的石窟之外，它可能也是最古老的地方。杰罗姆也被葬在这里，尽管后来他的遗体被带到罗马，如今躺在梵蒂冈。墓葬小教堂由方济各会管辖，直接跟耶稣诞生的洞窟相通，但连接处的门常年上锁。如果你把眼睛贴在钥匙孔上，可以窥探到跪在基督诞生地点的希腊神父和朝圣者。

从葆拉的小礼拜堂的一条过道通往一个更大的方形地下小礼拜堂，那里应该是杰罗姆的书房，也是他创作拉丁文版《圣经》的地方。坐在这房间内，不妨想象一下杰罗姆在伏案工作，头顶上是整个修道院沉重的建筑，正如丢勒的画中所呈现的那样。事实上，我也经常这样想象。然而，当我得知他的书房实际上是楼上的一个明亮的房间，可以眺望沙漠，还真是令人有些失望。当然，窗外的场景也是血腥的。

葆拉去世后，约翰有段时间禁止杰罗姆参加主诞教堂的礼拜。杰罗姆描述了俯瞰海伦娜的小礼拜堂的所见，并表示自己远眺希律堡和土夸，才使心中的痛苦和悲伤得到慰藉。他最终成为伯利恒的男修道院院长，也因此成为镇上有影响力的神职人员。六个世纪后，当十字军到达伯利恒时，他们惊讶地发现伯利恒既没有自己的主教，也不直接听命于耶路撒冷的主教。相反，它在更遥远的城市亚实基伦的主教辖区内拥有半自治的地位。这可能是为解决约翰和杰罗姆之间具有破坏性的关系而达成的妥协。

公元 415 年，随着贝拉基的到来，杰罗姆与约翰的冲突达到了顶峰。贝拉基是一个来自不列颠群岛的凯尔特僧侣，他发展出了一个强大的自由意志理论。奥古斯丁曾在迦太基谴责贝拉基，但对他的制裁只适用于北非地区。贝拉基逃往巴勒斯坦，在那里得到了约翰主教的支持。杰罗姆站在了奥古斯丁一边，并以其独特的风格对贝拉基进行攻击，称苦行者贝拉基脑满肠肥，"灌了一肚子爱尔兰粥"。在争执过程中，一个来自耶路撒冷的武装团伙袭击了伯利恒。尤斯托希姆在葆拉去世后成了女修道院院长，手下估计有 50 名修女。至于杰罗姆手下有多少僧侣则不得而知；一位游客说杰罗姆当时领导"很多"僧侣，但这对我们弄清人数没有半点帮助。不过，既然杰罗姆管着 5 位牧师，那他的修道院里大概已经有 50 名僧侣了。来自耶路撒冷的那个团伙纵火焚毁了葆拉的修道院，并杀害了一名执事。杰罗姆和尤斯托希姆不得不将修道院里的所有人带到当地一处要塞的安全地带，可能就是希律堡。当修道院重建叫，他们在那里待了几个月。这些事对尤斯托希姆造成了创伤，此后她一蹶不振，郁郁而终。

随着基督教在帝国境内逐渐被接受，巴勒斯坦犹太人的地位变得越来越不稳固。巴勒斯坦的犹太族长被帝国当局承认为世袭王子，在加利利有自己的宫廷和一座宫殿。[①] 这使他成为杰罗姆时代的巴勒斯坦的高层人物，有权解雇罗马高级行政长官。然而，随着新的歧视性法律的通过，尤其是禁止犹太人让其奴隶皈依犹太教，他的地位受到了威胁。当时的基督教大牧首，亚历山大港的西里尔和安提阿的约翰·克里索斯托都把犹太人看作对基督的讯息充耳不闻的罪人；有时，两人都煽动人们烧毁当地的犹太教堂。然而，对那位族长的最大威胁来自犹太社群内部，不仅来自独立的撒玛利亚人，还来自卡拉派信徒（Karaites）和塔木德犹太教信徒，他们都以自己的方式拒绝承认族长的权威，并支持回归犹太文本。

杰罗姆也参与了这场文学革命。基督徒和犹太教学者认为，基于他们自己的文本分析，质疑国王和王子的权威是有道理的。杰罗姆因自己的教令激怒了当地的基督徒，而他与当代的塔木德经学者一样，相信他的学术成就给了他超过任何一位族长的权威。杰罗姆声称，他

[①] Stemberger 2000。几乎所有在加利利发现的罗马时代的犹太教堂都是为了供奉在《塔木德》之前的一个世界里早已被遗忘的拉比。

的《圣经》版本代表的是对古老犹太智慧的回归，而这种智慧曾被蹩脚的希腊语翻译弄得晦涩难懂。他的口号是"回归希伯来语"。然而，他忽略了或者可能根本就不知道希腊文译本《七十士译本》是一部名副其实的犹太人作品。此外，基督教的福音书最初是用希腊文写成的，再没有比这更正宗的老版本了。

杰罗姆声称要让希伯来语回归教堂，这只是一种幻想。即使有可能，做这件事的人也不会是杰罗姆。他不是一位才华横溢的语言学家。在他职业生涯的早期，他甚至分不清阿拉姆语和希伯来语。当他声称在叙利亚哈尔斯基的一个修道院图书馆里发现了一本丢失的基督教福音书时，他文学方面的名声由此而起。据他所说，这是《马太福音》的原始版本。俄利根之前提到过这样一部作品，如果它确实存在的话，那将会是本世纪的一人发现；但杰罗姆是在撒谎，而且并不十分令人信服。他声称该文本是用希伯来文写的，但在他那个时代，希腊语的 Hebraois 和 Hebraisti 指代的是所有的犹太文本，无论它们是用希腊语、阿拉姆语还是迦南语写的。[①] 杰罗姆无法指出具体用的是哪种语言，这表明他从未看过该文本。今天，我们知道《马太福音》是各种资料汇编而成，并不存在什么"原始"文本。杰罗姆捏造这本书的存在，是为了出名。可见他当时是个急于求成的年轻人。

人们已经多次揭穿了杰罗姆对古迦南语或古希伯来语的认识。[②] 这并不是要贬低他身为作家的才能。到了 13 世纪，杰罗姆的《圣经》版本是天主教教会通行的版本，是罗马天主教指定的官方译

---

① Saenz-Badillos, *A History of the Hebrew Language*（1993）.
② Graves 2007. 后来，当杰罗姆成为一个更自信的语言学家时，他会用拉丁语的单词 Ibrit（希伯来语）来表示 "Yehudit"，这个词是犹太学者在犹太语境中用来表示迦南语/腓尼基语的。事实上，杰罗姆很可能杜撰了"希伯来语"（Ibrit）这个词来专门指代一种语言。

本，或者叫通俗版。这是一部非常美的作品，但它的来历并非说不清道不明。它的内容全部由被称为《六经合璧》（*Hexapla*）的作品组成，后者是俄利根汇集的所有已知版本的《圣经》文本，着实令人惊讶。杰罗姆在凯撒利亚的图书馆里找到了俄利根的《六经合璧》：这就是杰罗姆要搬到巴勒斯坦的充分理由。杰罗姆将俄利根的作品合成了一个单一的拉丁文版本，使西方教会有了自己的创始文本，并最终有了詹姆斯王版《圣经》。但是，要说这个版本比其他版本更可靠简直是痴人说梦，杰罗姆枉顾事实才能得出这样的话。

杰罗姆还写了早期沙漠神父的传记。其中有一篇是一位名叫马丘（Malchus）的僧侣的传记。事实上，这是一个爱情故事，关于一对虔诚男女的生活的虚构作品。他们彼此尊重，相互陪伴，却选择了独身和独处，而不是结婚。这没有任何可能被解读为以葆拉这个支持他、爱他的女人为原型的爱情故事。

从前，我对杰罗姆的所有了解只限于他是作家和忧郁者的守护神。我是在德国犹太作家、马克思主义者瓦尔特·本雅明的早期著作中了解到这一点的，[1] 他无论如何都很欣赏这个能将文学天赋和急性抑郁联系在一起的人物。事实上，杰罗姆有好的一面。他在一个有像葆拉、尤斯托希姆、马塞拉、梅拉尼娅、埃格里娅和裴依莫尼亚那样的女性掌管修道院的时代和地点从事写作。尽管杰罗姆野心勃勃，但他从来没有试图把葆拉或尤斯托希姆排挤到一边，让她们发不出声。他们在伯利恒一起生活的那段特殊日子里，彼此平等，相亲相爱。

---

[1] *The Origin of German Tragic Drama*（1977）.

第五章　皇帝的新教堂

拜占庭

　　站在伯利恒的任意一处几乎都能看到希律堡。每日跑步时，我总会气喘吁吁地跑到拜特贾拉的最高点瞧上一眼这座沙漠边缘的平顶小山。它看上去就像孩童掀翻的满满一桶沙子。我曾在1995年去过一

次希律堡要塞，而 20 年后的这个地方绝对值得我再次参观。于是，在 2016 年 10 月底异常炎热的一天，我请了当地一位名叫布洛斯·阿奎勒的导游开车送我去故地重游。

阿拉伯语称此处为"Jabal al-Fureidis"，意为天堂山，源自波斯语 pardes，明确地用来描述沙漠和农田之间的地方，还有天地之间的区域。在某种光影条件下，山丘与沙漠一起伪装起来，便得要塞看起来犹如一个悬于苍穹之下的圆盘。这座堡垒历史悠久，至少到 5 世纪时仍被使用，当尤多西亚皇后（Eudocia）与狄奥多西二世的婚姻破裂后，于公元 444 年到达伯利恒时，它就是尤多西亚皇后的宫殿建筑群的一部分。

我仍在用我 1907 年版的《贝德克尔旅游指南》或者至少是之前那些我拍摄并存储在手机里的页面作为出行指南。当我和布洛斯驱车前往希律堡的时候，我打算沿着从所罗门的水池出发的渡槽路线到达希律王的要塞，但是环绕伯利恒的定居者环城公路切断了去路。如今的希律堡与我记忆中的样子已经大相径庭。停车场有一座玻璃幕墙的游客中心，而 20 年前这里是一座低矮的砖头小亭，安东·桑索尔告诉我，小亭因军队未授权任何人管理已经关闭多年了。四周空无一人，自然也没有人卖票给我们，于是我们就把车一停，开始沿着盘山小径步行起来，而环绕着山的小径就像螺旋滑梯一样。

停车场旁的旗杆上悬挂着以色列国旗和以色列公园管理局的旗帜。2000 年以来，在以色列考古学家埃胡德·内泽的带领下对希律堡进行了大规模的考古发掘，而他本人因栏杆坍塌而摔进竖井，死于考古现场，享年 76 岁。我并不了解他的挖掘工程和竖井会在多大程度上改变这座要塞——他们重新布置了这个地方，以讲述一个与历史不相干的截然不同的故事。烈日当头，我开始在幻视幻听的边缘徘徊。我本该戴顶帽子的。比起 1995 年初游此地时，我的头发少了许多，这一晒立即中暑。当和布洛斯走上盘山公路时，我想起了上次与安东和蕾莎初游此处时的场景，现在想来还感到愧疚。我暗自将那次旅行视为一个滑稽的派对，因为当时蕾莎·桑索尔穿了一双不适合走松散的碎石路的高跟鞋，而安东几乎立刻上气不接下气。尽管如此，我们还是相互搀扶到达了顶峰。

但这一次，布洛斯把我抛弃了，好在原因并不尴尬——他的妻子打电话说女儿摔伤了手臂，需要去医院。我祝愿布洛斯一切顺利，随后就不知道自己接下来应该如何是好了：我被抛弃在沙漠中，不知道如何逃离此地，手机没有信号，脑袋也变得越来越热。

内泽认为，希律堡是公元 2 世纪巴尔-科赫巴起义中叛军的据点。[①] 他发掘了要塞下面的蓄水池，声称找到了秘密的逃生隧道。它极端脆弱；而内泽忽略了 2 世纪之后任何建筑物的特征，同时还"重构"了一些仅存在于他想象中的特征。他还声称，从山的一侧突起的一个大型石砌体是希律王的陵墓。游客中心放映的影片矫揉造作，极其夸张地重现了希律土被安葬于这座陵墓内的时刻。事实上，很少有人同意这是一座坟墓：我 1907 年版的《贝德克尔旅游指南》认为那是一座教堂。当我在内泽的考古发掘地走来走去时，火气不禁越来越大。此处的挖掘似乎是对以色列的一个隐喻：对犹太历史的生硬解读，使其他所有的故事都被模糊了或者——更糟的是——完全抹去了。内泽简直将希律堡建在了天堂之上。这并不是指处于中暑边缘的我跟跟跄跄行走在盘山路上时，感觉脚下仿佛通往天堂的道路。周围

[①] 巴尔-科赫巴起义是该地区的主题。确实，从游客的角度来看，那是最大的吸引力。然而，在内泽死后的学术文献中，却忽略了他有关希律堡在起义中的作用的论述。参见 Roi Poratet al. 2015。

定居点的景色并没有让我变得开心起来。提哥亚（Tekoa）坐落在克里图恩河谷深处的对面，面积是 1995 年时的 4 倍。若按逆时针方向看，提哥亚在诺克蒂姆后面 6 点钟的方向，然后是法伊利达（Kfar Eldad）和西德巴尔（Sde Bar），新建房屋的红色屋顶在沙漠中闪闪发光，最后是 11 点钟方向的哈尔霍马（Har Homa），它坐落于伯利恒和遥远的耶路撒冷之间。

我步入尤多西亚皇后的修道院，那里不像希律堡，没有售票处，也不放电影。6 年前，在梅拉尼娅的修道院的短暂停留使尤多西亚爱上了巴勒斯坦。现在，离了婚的尤多西亚流亡回国，在伯利恒的希律堡建造了自己的宫殿和修道院。我在一个罗马浴室的荫凉处翻阅 1907 年版的贝德克尔手册，以此方式游览了这个地方。那成排的柱子曾是修道院的廊柱，为其带去阴凉。尤多西亚还建了麻风病人集居地，这是第一家此类医院。在巴勒斯坦期间，她还指挥一支军队驻守要塞，并时刻警惕萨拉森人的袭击。

尤多西亚出身于雅典的一个异教徒家庭，父亲是雅典学院的一位著名教师。她是在结婚时才皈依了基督教。不同于梅拉尼娅和葆拉修建的那一类城市修道院，她在巴勒斯坦建造了阿拉伯风格的修道院，作为偏远沙漠的前哨。她接受了阿拉伯基督教，[①] 即基督一性论派，这一派认为世界是破碎的，人类的生命是一个努力达到神圣的过程。尤多西亚还开始写诗，用希腊诗改写福音书。她似乎也是在以这种方式追随阿拉伯模式。继承了马维娅女王的部落成为罗马人的盟友的是萨利希德人，他们是一位名叫大卫/达伍德的僧侣国王门下的来自叙利亚代尔达伍德（Dayr Dawud）修道院的基督徒。[②] 大卫的抄书吏发

---

① Tsatsos 1977 and Shahid IV.

② ShahidIV.

明了流畅的阿拉伯语书写系统，① 他的修道院不仅造出了阿拉伯语版的福音书，而且还由他的两位宫廷诗人之手创作出了许多基督教诗歌，其中一位便是他的女儿。

在公元 4 世纪和 5 世纪时，罗马人通过设立新的省份，将巴勒斯坦的面积扩大了一倍多。第一巴勒斯坦省（Palaestina Prima）仍包括如今以色列的大部分地区和整个巴勒斯坦西岸。约旦河沿岸肥沃的土地以及戈兰高地变成了第二巴勒斯坦省（Palaestina Secunda）。死海两边的沙漠变成了第三巴勒斯坦省（Palaestina Salutaris），包括约旦和以色列的南部以及加沙。在第一巴勒斯坦省，盟友的联合指挥官是阿斯伯比托斯（Aspebetos）和马里斯（Maris）表兄弟，他们是大卫的萨利希德人的盟友。公元 427 年，这对兄弟建立了一个名为"军营"（parembole）的半永久性城市，就在耶路撒冷—杰利科的道路旁、巴勒斯坦的埃拉扎里亚城（Elazaria）和犹太人定居点马阿莱阿杜米姆（Ma'ale Adumim）之间。马里斯修道院的遗迹是当时为"军营"而建的，如今可以在定居点里找到。

罗马人授予阿斯伯比托斯的头衔是"防卫"（phylarch），军中职级相当于元帅。② 耶路撒冷的主教尤文纳尔（Juvenal）又为其增加了一个头衔，任命他为主教。公元 431 年，阿斯伯比托斯出席了以弗所的教会理事会，③ 到场的还有多位巴勒斯坦阿拉伯主教如伊卢萨（Elusa）的阿卜德洛斯主教、菲诺的赛伊达主教、加沙的纳提拉斯主教。尤文纳尔几乎肯定算是越权任命了新的阿拉伯主教，他的意图是在教会委员会里填满他的支持者。他希望把耶路撒冷提升为一个牧首

① ShahidⅣ.
② 等同于安提阿文职总督（"东方伯爵"或东方公民会议议员）。参见 ShahidⅣ。
③ ShahidⅣ.

区，并担任其第一任牧首。尤文纳尔厌倦了位居凯撒利亚的主教之下。

尤多西亚到达伯利恒后，与尤文纳尔结盟。主教与皇后建造了新的教堂以提升耶路撒冷的权力和威望，并修建了留存至今的城墙。公元 449 年，尤多西亚的前夫在以弗所召开了第二次理事会，尤文纳尔成了此事的赢家。这位雄心勃勃的主教主导了所有的辩论，不仅巩固了他自己在教会中的势力，而且还确保阿拉伯的基督一性论的地位，使之被认可为教会教义。然而，就在这场胜利的高潮之际，狄奥多西二世突然坠马身亡了。

狄奥多西二世放任前妻尤多西亚的势力不断壮大，与她所拥抱的阿拉伯与叙利亚世界并驾齐驱。在他去世后，他的姐姐普尔喀丽亚接管了帝国。和许多有权势的罗马妇女一样，她发愿独身。成为女皇后的普尔喀丽亚依旧保持独身，尽管她和马尔西安将军举行了正式的婚礼并为他膏油，封他为皇帝。普尔喀丽亚女皇想要遏制尤多西亚的权力，还成功地让巴勒斯坦陷入了内战。

在以弗所的第二届理事会召开两年后，也就是公元 451 年，普尔喀丽亚和马尔西安在尼西亚呼吁召开一次新的理事会，以重申《尼西亚信经》。尤文纳尔相信，基督一性论与《尼西亚信经》是相容的，而这正是他在以弗所理事会上所操控的立场。这些关于基督本性的无休止的争论似乎离我们很遥远，但归根结底，它们是关于自由与权威的。[①] 在讲阿拉伯语和叙利亚语的世界里，基督徒相信自身的信仰要求他们通过效法基督的斗争来超越这种艰难而贫瘠的生活。这一学说

---

① William Dalrymple 在其揭示东方基督教的著作 *From the Holy Mountain*（1997）一书中指出，基督的物质性问题是将帝国的希腊语中心与非希腊语地区分隔开来的大问题。

呼吁浪漫主义和英雄主义的阿拉伯荒野观，但在希腊语的环境中似乎没有什么吸引力。从新女皇普尔喀丽亚身边传出的声音认为，阿拉伯人是在以牺牲教会权威为代价来强调自由意志。人类不可能进入神性的思想，因此基督徒永远不可能真正地模仿耶稣。信徒需要表现出谦卑，而不是英雄气概。唯一能接近耶稣的方法就是顺服教会的权威。这就是基督的二性二位说（Dyophysitism）①，此说强调基督是连接天地之间、今生和未来之间"道路"的教义，但它是如此神秘，若没有教会及其神职人员的指导，人们是不可能理解的。

尤文纳尔信心满满地前往尼西亚，但政治气候已经发生了变化，阿拉伯教义不再有任何强有力的拥护者。盟友陷入混乱的局面。萨利希德人的国王大卫和他的盟友马里斯、阿斯伯比托斯在北非与汪达尔人（Vandals）的战斗中实力受损，② 在随后的部落内部冲突中败下阵来。此时已没有任何人来维护基督一性论了，而讲希腊语的君士坦丁堡看到了夺回权威的机会。在最后一刻，理事会的会议地点改到了卡尔西顿（Calchedon）③。还有更让人措手不及的，以弗所的第二次理事会上所作的决定被搁置一边，而这届理事会被追称为"强盗宗教会议"（Latrocinium），这个叫法暗指与会代表们已经受到了萨拉森主教们的胁迫。尤文纳尔带着一群随从的巴勒斯坦僧侣来到卡尔西顿，他们都是坚定的基督一性论者。而令他们大跌眼镜的是，当尤文纳尔听到风声，竟立刻放弃了自己原先的立场。尤文纳尔就是巴勒斯坦的本尼迪克特·阿诺德：一夜之间，变成了一个狂热的基督二性二位论者，而作为回报，他实现了一个有关耶路撒冷的多年夙愿。这个城市

---

① 认为基督既是完全的神，也是完全的人。——译者
② Shahid V.
③ 此次会议也称为迦克墩公会议。——译者

将成为一个牧首区，而尤文纳尔将担任此地的第一任牧首。但为了获得这个位子，他不得不加入到普尔喀丽亚女皇对抗尤多西亚皇后的战争中——两位女君主在为帝国的灵魂而战。

一位名叫狄奥多西的僧人逃离卡尔西顿，一路艰难地骑马来到巴勒斯坦，向尤多西亚皇后报信。当巴勒斯坦的僧侣得知他们被自己的主教背叛后，尤多西亚皇后派自己的军队支持他们，并任命通风报信的狄奥多西取代尤文纳尔当耶路撒冷的新主教。她坚持了两年，直到她的前嫂子向巴勒斯坦派出了一支由尤文纳尔率领并在其中充实了撒玛利亚部队的帝国军队。尤多西亚皇后战败后被迫退居伯利恒，在那里写诗并照顾修道院的麻风病人。尽管她一生都是个异教徒，但当她公元460年去世时，教会还是承认她为东正教的圣徒。

布洛斯和他的妻子耶娃找到我时，我正坐在尤多西亚的修道院的阴凉处。他们3岁的女儿特莱维娜伤了的手臂上已经打了石膏，这一点她睁大眼睛一脸严肃地向我说明了。她正在恢复的过程中，我也是如此。我在我的背包里找到头痛药，脾气也没有之前那么暴躁了。我的情绪变化也可能与尤多西亚的修道院有关。希律堡已被挖掘出来了，上面布满了可疑的历史，尤多西亚的修道院也因为被忘在一边而显得更为特殊。

几个世纪以来，伯利恒最著名的修道院都是由妇女建造和管理的。这种情况，在公元494年至516年厄里亚斯（Elias）主教担任耶路撒冷的牧首期间改变了。厄里亚斯是罗马阿拉伯人，而不是萨拉森人。他的名字取自尤文纳尔的密友、一位著名的巴勒斯坦神职人员，这意味着他家是耶路撒冷裔。他在"军营"的马里斯修道院开始了自己的宗教生活，在那里他与一位名叫萨巴斯的卡帕多西亚僧侣结下了终生的友谊。当厄里亚斯成为牧首后，他建了一座修道院，它在萨巴斯担任第一任院长后以"马萨巴修道院"闻名于世。该修道院坐落于距伯利恒城几英里外的沙漠中，那是汲沦谷与克里图恩河的相会之处，但沿着从拜特萨霍蜿蜒而出的柏油路去更方便一些。

尽管厄里亚斯早年生活在信奉基督一性论的修道院里，但他后来成为君士坦丁堡的观点的坚定捍卫者。在他那个时代，许多巴勒斯坦人都坚持旧的正统观念，然而厄里亚斯成功地使这个国家扭转了观点。他的策略包括建造新的修道院及重新命名旧的修道院。通过这种方式，他不仅抹去了巴勒斯坦过去的基督一性论的残余，还强调这里是一块孕育苦行圣徒的土地。这些修道院也有助于保卫巴勒斯坦，因为它们是建在沙漠通道上的防御工事。当盟友不再保护巴勒斯坦时，安全就是一个需要考虑的重要因素。厄里亚斯经常需要军事方面的帮助，有一次他还为了防止萨拉森袭击伯利恒而派遣萨巴斯作为他的使者前往君士坦丁堡游说。

厄里亚斯建在马萨巴修道院内的教堂非常美，有一个高高的圆顶，这种风格会让人想到后来的拜占庭/罗马建筑的风格。金色圆顶的内部曾经在表面贴有马赛克。修道院神奇地坐落在沙漠峡谷上，一半融于岩石之中，另一半与岩石表面浑然天成。它距离伯利恒不远，在汽车没有安装空调之前，这一距离最好还是在夜间行走，因为尽管穿过陡峭干涸的河谷的树荫的小路能带走一些炎热，但沙漠还是太过炎热。

2016年10月，我第一次也是迄今唯一一次造访马萨巴修道院。一个瘦削的年轻俄罗斯僧侣担任了我的向导。尽管这座修道院自公元6世纪初起经历过一次又一次地重建，但我的向导向我保证，教堂的基本结构一直没变。他那细细的束状胡须、淡蓝色的眼睛给了他一种脆弱感，他呼吸间弥漫的一股浓醇的葡萄酒的芳香也是。当时是上午11点。我问他是如何成为僧侣的，他告诉我，他是在度假期间来这里参观，然后很快就返回这里请求接受他成为僧侣。这座在萨巴斯时代居住着150名僧侣的建筑里，现在住着12名僧侣。伯利恒有一个流传至今的谣言说，雅典的教会当局非常渴望僧侣的数量增加，以至于允许判处终身监禁的囚犯在马萨巴修道院完成其刑期。不过我并没有问他这是不是真的。

一个华丽的玻璃柜引起了我注意，里面似乎装有一件长袍和一顶主教法冠。仔细观察一番后，我发现这是圣萨巴斯本人或者说至少是他一千六百年前的木乃伊尸体，干枯得如灰尘一样，手指细长，还有一个半透明的捏出来的鼻子。我的僧侣向导指出，尽管尸体变干后会萎缩，但仍可以看出萨巴斯生前显然是个高个子。这符合当时的人对萨巴斯的描述，说他身强力壮。在十字军东征期间，这位圣徒的遗体曾被文物猎人盗走，1965年才由教皇保罗六世归还。我告诉向导，我正好就出生在那一年。他回答我说，"找回它意义非凡"，但他的语气表明他觉得这根本没有任何意义。确实，当你日日走过自己的守护神和修道院创始人的木乃伊尸体时，或许很多东西就变得没那么有趣了。

在6世纪初，厄里亚斯为一个讲阿拉伯语的教会奠定了基础，尽管它仍然忠实于讲希腊语的东正教世界。该教会后来被称为默基特教会，可译为"王的教会"，意指它忠于皇帝。默基特教会在许多方面充当了巴勒斯坦的国家教会的角色，至少从默基特教会的成员大多为巴勒斯坦人这个意义上是如此，还有一些成员来自黎巴嫩的一些社区。并非所有接受厄里亚斯立场的人都是以阿拉伯语为母语的——当时的巴勒斯坦人也会讲希腊语和阿拉姆语/叙利亚语。但从公元7世纪伊斯兰教征服开始，默基特教会采用了完全的阿拉伯式礼拜仪式。

在汲沦河遥远的另一边，马萨巴修道院对面的山谷墙上布满了洞穴，形成了修道院建筑群中原始的劳拉型修道院。当一队僧侣试图在修道院的土地上修建新的劳拉型修道院时，厄里亚斯派自己的人封闭了他们的洞穴，并将敌对的僧侣转移到了别处。不久，又有 60 名僧侣反叛，于是萨巴斯逃去了沙漠。厄里亚斯再次恢复了秩序，将叛乱分子赶到了希律堡下面的尤多西亚的修道院。厄里亚斯再次展现出他强大的政治实力，不仅把反叛者重新招回来，而且成功地给萨巴斯安了个头衔，做他们的大院牧（archabbot）。

厄里亚斯见证了伯利恒的农田变为教堂的过程。马萨巴修道院在伯利恒的拜特萨霍得到的就是农业用地,[①] 而圣乔治修道院获得的土地就是当时被称为拜特贾拉的地方（即现在的卡德尔；如今的拜特贾拉镇在更北边一点的地方）。负责伯利恒城外八角形的卡蒂斯玛教堂的罗马女贵族伊珂丽娅，是厄里亚斯最重要的盟友。她至少建造了两座修道院：以厄里亚斯主教的名字命名的马尔-厄里亚斯修道院，以及位于拜特萨霍和马萨巴之间公路上的马尔-狄奥多西修道院。厄里亚斯有一个改奉修道院的政策，他会换掉它们的名字，以抹去它们相信基督一性论这一异端学说的历史。在尤文纳尔的继任主教上台后，马里斯的修道院改称圣马提里乌斯修道院，而尤多西亚的医院则成为马萨巴修道院的附属医院。[②] 伊珂丽娅的修道院在厄里亚斯掌控之前很可能存在于基督一性论的另一个化身中。

那是我第一次去马萨巴修道院，而我去是有原因的。修道院禁止

---

① Pringle，Denys. *The Churches of the Crusader Kingdom of Jerusalem*：*A Corpus*，Vol. 1 - 4 1993.

② 有可能在马萨巴的劳拉型修道院要早于圣萨巴斯的。

妇女进入，而如果在我独自参观时莱拉或蕾莎不得不坐在外面，那么我看不出参观此处的意义何在。当我从修道院的小木门走出来，沙漠的艳阳下，一群妇女正坐在橄榄树下一个漂亮的露台上。这是一个折中的做法；女人们可以坐在修道院门口，等僧侣走过来。一位精瘦的留着马尾的僧侣出现在一辆大型 SUV 车旁，为一位老妇人祈福。他跳到露台上的妇女中间，坐在白色矮墙上，看起来那么神采奕奕。随后他讲述了教会的历史，并以施与祝福结束了他的宣讲。

在返回伯利恒的途中，我们路过了马尔-狄奥多西修道院。希腊国旗在修道院围墙上方飘扬。在一长串被吸引到伯利恒修建教堂的女性中，伊珂丽娅算是最晚的一位，当她到伯利恒时，教堂正被分为阿拉伯语和希腊语两派。她不曾想到，其结果是女性被她们所建造的教堂排挤，被拒之门外。很难说教堂如何走上这条错路的。一个曾经为女性提供如此多机会的机构最终却将她们拒之门外。人们不禁要问，如果狄奥多西二世没有坠马身亡，我们如今的教堂又会是怎样的。

在尤文纳尔的背叛造成的内战过去一代人的时间之后，厄里亚斯重新在巴勒斯坦团结了人心。然而在其他方面，这个国家并不像一个世纪以来那样稳定。在亚喀巴的罗马军团无法保护像一个巴勒斯坦这样以沙漠为边界，幅员辽阔且居民分散的国家。在最初的第一巴勒斯坦省，由凯撒利亚总督率领的宪兵队无法应对 5 世纪末、6 世纪初爆发的叛乱。查士丁皇帝军人出身，他家是巴尔干半岛的一个养猪户。他从来没有学会阅读，因而外交政策是由他的侄子查士丁尼制定的，查士丁尼则既是个花花公子也是个政治家。在意识到是时候雇用一个新盟友之后，公元 516 年，查士丁尼向加萨尼德的部落联盟求助，该联盟由阿尔-哈利斯·伊本·贾巴拉（Al-Hārith ibn Jabala）和阿布·卡里布（Abu Karib）兄弟俩领导。加萨尼德人是基督一性论者，因此这就需要他对这些异教徒采取一种更为调和的态度。查士丁尼很乐意为此做出妥协，而厄里亚斯却从中阻挠。在这场政治斗争中，厄里亚斯以失败告终。查士丁尼解除了厄里亚斯的牧首职务，将他流放到亚喀巴的驻军镇。

查士丁尼不仅想加强巴勒斯坦的力量。他的长期战略目标是把红海变成基督教海。埃塞俄比亚和埃及的基督教盟友控制了非洲的西海岸，但一个被称为希米亚里特人的犹太阿拉伯部落威胁着东部海岸。不久，阿布·卡里布击败了希米亚里特人，为查士丁尼赢得了胜利。

公元527年，在查士丁尼继承了叔叔的帝位，之后一系列叛乱接踵而来，而且每一次似乎都是前一次挑起的。在巴勒斯坦，撒玛利亚人的数量在50万到120万之间，但他们在一个偏爱基督徒的省份里被视为二等公民。一系列的不满导致撒玛利亚人进行了一百年的反抗，自公元484年起，每次叛乱后他们都会受到愈加严厉的惩罚。撒玛利亚人是以封建制度组织起来的，地主充当了大批农业工人的宗主。地主们在每一次连续的叛乱中都能派去部队，但提供的武器不太可能好过镰刀和竹竿。尽管如此，公元529年，一个名叫朱利安的撒玛利亚人征服了巴勒斯坦的大部分地区。

朱利安通过在纳布卢斯举办义军运动会开始了他的活动，他这样做无异于宣布他自己的撒玛利亚帝国将与罗马帝国相抗衡。[①] 当发现战车比赛的获胜者是一名基督徒时，朱利安将其当场斩首。这大概使基督徒惊恐万分，而当撒玛利亚人在伯利恒游行时，他们最害怕的事

---

① Pummer 1987.

情发生了。圣海伦娜的小礼拜堂被付之一炬。她标新立异的圆形大厅荡然无存，其余建筑群中幸存下来的只是通往小礼拜堂的柱廊的一部分马赛克地板，以及保存着保罗和尤斯托希姆（以及杰罗姆的墓，但这个被迁走了）的石窟和墓室的地下洞穴群。除此之外的都化为了灰烬。

作为回应，查士丁尼撤销了把撒拉逊人排除在第一巴勒斯坦的事务之外的政策，并命令加萨尼德人镇压撒玛利亚人的叛乱。和前任马里斯和阿斯伯比托斯一样，阿尔-哈利斯和阿布·卡里布两人共同摄政，这一政策似乎已经深深扎根于盟友之中。值得注意的是，盟友的守护神也是成双成对地出现：达米安和科斯马斯，普罗多和雅钦多，塞尔久和伯古斯，他们都是 4 世纪的罗马—阿拉伯士兵。阿尔-哈利斯（又名阿里萨斯）是哥哥，但查士丁尼还是再次求助于阿布·卡里布。撒玛利亚人虽然在凯撒利亚击败了总督的治安部队，但他们可不是阿布·卡里布的重骑兵的对手。加萨尼德人是训练有素的骑兵，他们沉迷于操练，以此来完善自己的技能。[1] 一个全副武装的骑士必须能够从任何角度一跃骑上马背。从 6 世纪初到 7 世纪初，大约 100 年间他们所向披靡，战无不胜。他们充当罗马的突击部队，能够冲破敌人防线。据说，阿布·卡里布曾将 2 万名撒玛利亚妇女和儿童作为奴隶卖到南方给波斯人，这对撒玛利亚人造成了毁灭性的打击，同时因为撒玛利亚人的农田供养着整个国家，这也成为了巴勒斯坦的一个重大问题。阿布·卡里布的胜利使得杰宁的麦田荒废了一代人的时间，粮价因此飞涨，导致大面积贫困。

关于阿布·卡里布的活动有两种说法。一个来自对查士丁尼极其

---

[1] Shahid VI.

忠诚的安提阿作家约翰·马拉拉斯，[①] 另一个来自凯撒利亚当地的普罗柯比[②]，他是如此不友善以至于被认为是撒玛利亚人。[③] 不过，他更有可能是从撒玛利亚人那里买小麦的基督徒地主。普罗柯比看到雇佣兵被用来对付罗马公民时，可能会怒火中烧，并对跟着加萨尼德军队一起返回巴勒斯坦的基督教异端版本大为震惊。但他的头等问题似乎是生活成本的上升。

伯利恒的家庭分为几个家族，其中有两个家族的祖先可追溯到阿布·卡里布和加萨尼德人。[④] 据说纳贾吉拉赫（al-Najajreh）家族的 35 个家庭都是阿布·卡里布的军队的，他们来监督教堂的重建工作。桑索尔一家也与这个家族有关，但有可能是后来通过联姻加入的。另一个是法拉希耶赫（al-Farahiyeh）家族，它的 62 个家庭声称他们是法拉赫的后裔，后者是加萨尼德时代的一位生活在公元 490—570 年的牧师。如果这些家庭在初到此地时都是基督一性论者，那么他们后来就不再是了；相反，他们接纳了巴勒斯坦盛行的正统观点。这表明伯利恒有一个能够影响新移民的蓬勃发展的基督教社区。

加萨尼德人对叙利亚教会的影响要大得多。巴勒斯坦的默基特人和叙利亚的基督一性论者之间的分裂成为巴勒斯坦和叙利亚之间重要的文化标志之一，为这两个国家截然不同的身份奠定了基础。实际上，一个基督一性论团体是在 20 世纪才作为逃离土耳其迫害的安纳托利亚难民来到伯利恒的。当时正值亚美尼亚大屠杀，阿拉伯基督徒

---

① Pummer 2002.
② 拜占庭历史学家。——译者
③ Pummer 2002.
④ 信息来自巴勒斯坦家庭网站：palestine-family. net。另请参见 Fayez（Frank）Nasser 的文章 The Nasser-Jaar Genealogic Family Tree with Historical Timelines（2007），以及 Dabdoub, Andre 在 Dabdoub. ps 上公布的研究成果。

也成为目标，并被赶出了他们传统的家园。100个家庭逃离大屠杀后在伯利恒的旧城集市定居。这些难民组成了自己的家族，并建了一个新的教会，称为叙利亚语教会。这里的"叙利亚语"指的是礼拜仪式的语言，一种阿拉姆语方言。而教堂仍用基督教的日常语言祷告。

2017年2月，当23岁的Yaqub Shaheen在阿拉伯世界最受欢迎的电视节目《阿拉伯偶像》中夺魁，伯利恒的叙利亚语因此出名。Yaqub Shaheen是个木匠的儿子，在教堂唱诗班开始了自己的歌唱生涯。在他获胜之前，伯利恒最著名的叙利亚人是与他同名的亚库布神父。2012年，莱拉·桑索尔拍下了一段对这位令人敬畏的亚库布神父的采访。当时，他已年近八十，身体状况不佳，但依旧散发着活力。他在影片中开玩笑称自己有核动力，会永远活下去，这句自夸的话是莱拉的摄影师捕捉到的。遗憾的是，这有点太过乐观了。不久之后亚库布神父便去世了。他唱得东一句西一句却温暖人心的赞美诗，给我留下了极其深刻的印象。我听得入迷，脑子却慢慢地乱了起来，因为这首歌的旋律非常像歌曲《这就是你，我的祖国》(*My Country, 'Tis of Thee*)，更类似于英国人熟悉的《天佑女王》(*God Save the Queen*)。复杂的四分音符赋予了叙利亚教会音乐诱人的旋律，增添了一种迷幻的效果，但我确定这是同一个曲调。此时，亚库布神父忍不住哈哈大笑。这是他经常和英国游客玩的把戏。这首曲子是从一首叙利亚的赞美诗中借鉴而来的，但从未说明过出处，反正他是这么说的。① 我虽然无从证实，但我猜他是对的。这首曲调肯定很古老，可以追溯到欧洲文艺复兴之前，因此十字军战士或与安提阿进行贸易的

---

① 《天佑女王》是一种伊丽莎白时代英格兰流行的体育运动双人舞曲。欧洲所有双人舞都来源于阿拉伯和普罗旺斯宫廷的爱情诗歌及其表演的伴奏音乐。该家谱将这首曲子追溯到叙利亚人/加萨尼德人似乎是合理的。

商人可能已经学会了这首曲子。

　　查士丁尼在早年经历的多次叛乱中幸存了下来，并成为在位时间最长的皇帝之一。他对宏大的战略计划充满热情，这反映在他控制红海的决心上，以及他所创造的"圣地"一词上。建于公元565年的伯利恒主诞大教堂，是他在巴勒斯坦的永久纪念碑。和查士丁尼在君士坦丁堡标新立异的圆顶大教堂——圣索菲亚大教堂——不同，伯利恒的主诞大教堂采用的是一种古老的设计风格。它是一座罗马神庙，尽管要在现在的外墙上看到它过去的形状可能需要一段时间，不过在十字军东征对其重建后，它变成了一座堡垒。屋顶看起来像是一个半成品的花园墙，顶部有一个临时焊接的十字架。然而，原先山墙的三角形还是可以辨认出来的，并且如若盯着看，老房子的正面线条也会变得清晰可见的。山墙的尖端位于教堂的正门上方，大门已经用砖砌好，在它的右下角只留有一个很小的入口，被称为谦卑之门，因为游客须弯腰才能进入。原来的门上方的过梁仍然可见，还有两个略小的侧面入口的痕迹，不过为支撑整个立面而建造的大石头扶壁挡住了左侧的门。十字军时代的扩建部分正好进入马槽广场，这使得右边的门有些不可分辨。

　　一旦这些元素自行显现出来，查士丁尼的大教堂的正面就变得清晰了。它的立面看起来如凯旋门，有一个大的中央入口，两个较小的门位于两侧，顶部是一个高的三角形山墙。而最锦上添花的地方当属一个覆盖了整个建筑的宽度的马赛克饰带。马赛克上描绘的是耶稣诞生的故事，它在人们眼中是如此精美，以至于引发了一个传说，使得这间教堂在灾难中幸存了下来。公元610年，波斯军队入侵巴勒斯坦。据说，波斯人看到了墙上的东方三贤的画像，觉得他们酷似帕提亚的神父，认定自己无法摧毁一个尊崇自己的人民的教堂。意大利拉文纳的大教堂里还保存着同一时期的耶稣诞生的艺术作品，其中的东方三贤头戴波斯祭司特有的红色头饰，因此，这一传说或许确有其事。

在与波斯人的战争中，加萨尼德人战无不胜的声誉受到了影响，虽然他们最终在公元 627 年击退了入侵者，但 10 年后，即公元 636 年，他们在雅穆克战役（Battle of Yarmuk）中被穆斯林军队击败。这场战争使巴勒斯坦被置于穆斯林的控制之下，大批基督教神父逃往意大利和君士坦丁堡。公元 642 年，即穆斯林征服 6 年后，那批神父中的一位成为罗马第一位也是唯一一位出生在伯利恒的教皇——西奥多一世。

在接下来的几百年里，教皇通常由在穆斯林征服后逃离罗马东方的阿拉伯神职人员担任。就像迈阿密的古巴人不遗余力地反对岛上的共产主义者一样，阿拉伯流亡者也影响了教会对伊斯兰教的态度。他们铁石心肠，坚信只有他们拥有对付敌人的有利地位；他们知道妥协是不可能的。最终，这个阿拉伯基督徒侨民点燃了十字军东征的导火索，尽管十字军东征的胜利还需依靠一群头脑冷静的诺曼维京人。

第六章　商人到十字军

从伊斯兰的征服到十字军的城

　　我预约了图书馆里最大的一本有关伯利恒教堂的书，翻至主诞教堂那部分看，①确信其中的内容已经没有我不知道的了。你可以猜到后来发生了什么。诺曼十字军在查士丁尼的大教堂的两排廊柱上留下了一系列肖像。我自以为我对这些廊柱了如指掌，怎么会没注意到这一系列画像？这是诺曼人的画作吗？但凡英国人都以为他们知道诺曼人：1066 年是每个英国孩子都会牢记的一个历史日期，这是诺曼征服的日子。现在的英国王室正是诺曼人。

下一次去主诞教堂，我要先研究一下这些肖像画。然而，计划赶不上变化。2014 年，主诞教堂一直在进行大规模的整修，在我 2016 年 10 月和 11 月去参观时，那些廊柱已经被包裹在塑料、聚苯乙烯材料以及木头压条之中了，一张也看不见。我距离那些画像最近的一次是在伦敦，当时我去查阅附有注释插图的这些画像，它们是在 1940 年代为巴勒斯坦探险基金会进行的一次调查中绘制的。

这些画像里既有挪威圣徒，也有巴勒斯坦圣徒，还有为数不多的几个《圣经》人物。在他们当中，圣柯海尔[②]（St. Cathal）看起来有些奇怪。他是一位从利斯莫尔来的公元 7 世纪的爱尔兰圣徒，在伊斯兰征服 30 年后，踏上了伯利恒的朝圣之途。但他并未在伯利恒留下什么明显的印记，那么究竟是什么让他如此特别呢？假如他在返航途中不曾遇到那场地中海风暴，可能就会完全从历史上消失了。他在意大利塔兰托镇附近遭遇了海难，恰巧当地人觉得让一个爱尔兰僧侣当主教再合适不过了。直到公元 685 年柯海尔去世，他从没离开过塔兰托。在意大利南部与西西里岛，人们为纪念他在这里所行的诸多奇迹而将小镇、修道院和教堂命名为圣卡塔尔多（San Cataldo）。将柯海尔与诺曼人联系起来的是意大利人，而非爱尔兰人，是 10 世纪末的

---

① 这些肖像被列在 Denys Pringle 的 *The Churches of the Crusader Kingdom of Jerusalem：A Corpus*，Vol. 1 - 4（1993）之中。

② 作为男孩的名字发音为 KO-hal。Cathal 的意思是"战斗规则"，源自爱尔兰盖尔语元素 cath"战斗"和 val"规则"。这是一个 7 世纪的爱尔兰圣徒的名字。它有时也称为查尔斯。——译者

多次冒险之旅把诺曼人带到了意大利。柯海尔所处的是一个宗教、商业和军事利益交汇的空间，那里是十字军东征前的400年间将欧洲和中东联系在一起的各种力量的完美象征。

柯海尔的宗教生活是在利斯莫尔的一座修道院里开始的，[①] 后来他晋升为附近的尚拉汗的主教。根据他17世纪的圣徒传记作者巴塞洛缪·莫罗尼所述，柯海尔的朝圣之旅只有一人相伴，也就是与他情同手足的僧侣多纳图斯。他们俩的行程极有可能是从沃特福德开始的，尽管直到诺曼维京人把它命名为Vedrarfjordr时，这个港口才有了自己的名字。他是沿着古老的锡贸易路线去伯利恒的。柯海尔应该是乘船到了康沃尔的圣迈克尔山，然后横渡到波尔多的。他从那里开始，跟着驮马的足迹到达了罗纳河上的瓦伦港。谷歌地图显示，从波尔多到瓦伦的距离为340英里，步行要化111小时，但这也比驮马的速度快。在满载的情况下，一队驮马通常要花三个星期左右才能到达目的地。乘一艘三桅帆船顺流而下，湍急的水流会将柯海尔迅速带到阿尔勒，[②] 从这里沿海岸线走一小段，就能到达马赛港。在伯利恒逗留后，他将在约翰·卡西安在马赛建造的修道院住下来。

在一年中适当的时候，借着好风，从马赛航行到巴勒斯坦可能只需30天。从一个更南的港口出发也不见得更快，哪怕夏初从意大利港口横渡也要4到6个星期时间。阿尔克罗夫和柯海尔在同一时间前往伯利恒，至于他是如何到达那里的，有关他行程的二手资料里并未说明，但他返回时途经了亚历山大港和罗马（在后一地点，曾与葆拉、杰罗姆一起待在伯利恒的罗马女继承人法比奥拉建造了位于码头

---

① 这本传记的作者为巴托洛米欧·莫罗尼，而我所得知的事情来自塔兰托圣卡萨尔德斯酒店的霍根神父。

② *An Historical Geography of France* by X. Planhol and P. Clavel（1994）.

区的修道院客栈）。返航就慢得多了，因为受盛行的风和洋流的影响，水手们只能选择绕地中海走更长的逆时针路线。尽管如此，夏天从马赛到巴勒斯坦的一个来回，再加上在巴勒斯坦逗留几星期，总共也只需 90 天而已，而且逛逛所有的主要景点还绰绰有余。

据说，柯海尔一到巴勒斯坦，就祈祷自己能永远待在沙漠里：

怀着一个朝圣者满腔的爱与敬意，[1]［卡瑟尔］找寻着那些因天主显现而被尊崇的圣地；能寓居于这些人迹罕至之处，在完成救赎的那些场景中细思人的救赎仪式，卡瑟尔喜不自禁，所以诚挚祈祷，希望免除他主教的烦扰，让他在主斋戒的沙漠里，或在某个因耶稣而变为圣地的隐蔽之处生存和死去。

柯海尔透过当时的基督教视角看到了伯利恒的风景：巴勒斯坦之所以神圣，正是因为它靠近荒野的自然条件，而非那些由教堂、修道院及圣殿山构成的人造环境。沙漠是一个能让人从人类的需求和欲望中抽身的地方，在这里人褪去尘世的牵绊，靠近下一个世界。但是对沙漠的关注也可能反映出这样一个事实，即当时伯利恒还没有太多的人为环境。

在欧洲朝圣的大时代之初，一个来自比巴勒斯坦寒冷、没有那么多日照、更绿意盎然的国度的旅行者，可能会对伯利恒周边的乡村惊讶不已。加沙和以色列的地中海沿岸地带大抵都风和日丽、波光粼粼，不过伯利恒周围的山丘在冬日却是灰暗和荒凉的。《圣经》中和狮子有关的故事多得惊人，但它们赖以生存的灌木丛和林地早已不复存在。巴勒斯坦的森林被砍伐殆尽，皆因要符合宏伟的建筑工程所需，要满足为商船队和罗马海军工作的造船主的需求，以及要开垦梯

---

[1] J. F. Hogan.

田供生产橄榄油。这里曾是片不毛之地，加之在公元 658 年、公元 672 年、公元 8 世纪 40 年代以及公元 808 年发生的数次地震，都使得伯利恒遭到了破坏，以至于一片荒凉。

根据阿尔克罗夫的记载，当时伯利恒绵延的山脊几乎荒无人烟。[①] 城镇的中心在教堂周围，当地人还没有开始聚居在今天的旧城集市附近。70 年后，即公元 8 世纪 50 年代，一个名叫贾辛图斯的朝圣者来到这里，对伯利恒"惨遭摧毁"叹息不已。这种说法可能映射出一个一次性事件，比如一场突袭或公元 8 世纪 40 年代一系列地震的破坏（尽管这些地震的震中都在约旦河谷），但很可能贾辛图斯只是希望伯利恒能给人留下更深的印象罢了。从古至今，朝圣者重复得最多的一句话就是，伯利恒的荣耀在于它的过去。它被尊为大卫之城和基督的诞生地，因而人们笃信它曾经是一个帝国要塞，一个足以匹敌亚历山大港、凯撒利亚或耶路撒冷的地方。

卡瑟尔应该是沿着星街上与神圣家族和东方三贤有关的朝圣路线，绕过山脊到达教堂前的马鞍处。在他面前，会看到查士丁尼的大教堂，上面嵌有各种马赛克画，有《圣母子》《给牧羊人的天使报喜》《三贤朝圣》《逃往埃及》以及《无辜者的屠杀》等。公元 636 年到公元 640 年，穆斯林军队通过一连串的围攻，占领了巴勒斯坦，而伯利恒就是最早被攻陷的城市之一。穆斯林军队和所有入侵者一样，通过耶路撒冷最薄弱的地方——伯利恒来攻击耶路撒冷，切断了这座城市的水源。耶路撒冷在公元 636 年到 637 年间，经历了持续 6 个月的围困。伯利恒一位名叫索福洛尼斯（Sophronius）的僧侣两年前成了耶路撒冷的牧首，此时也就成了这座城市的统治者。除哈里发奥马尔

---

① Adomnan. *Concerning Sacred Places*，亦可参见 Bede, *The Holy Places*。

（Caliph Umar）本人外，他拒绝向任何人投降。索福洛尼斯是位天才，精通教规，据说在他和奥马尔的多次对话后，最终签下了名为《奥马尔的保证》的谅解文件，即在对待巴勒斯坦的基督徒时应遵守的章程。现存最古老的版本可追溯到9世纪初，因此这个章程可能是在一系列比该故事所暗示的更长的谅解过程后达成的结果。

穿过拱形的宏伟入口，柯海尔进入了教堂。接着站在了一个前厅或者门廊，然后是又一组通往大教堂的门前。海伦娜的教堂里有一个带廊柱的开放式庭院，通向小小的圆形小礼拜堂。如今，一幢雪松木屋顶的建筑将花园包围在其中。和罗马的万神殿一样，屋顶上镀着铜，它的重量需要大量的柱子来支撑，而这些柱子是用当地一种泛红的大理石制成，双排分列，中间是一条宽敞的过道。前护墙曾经铺满了马赛克，修复的工人在层层灰泥之下，发现了一些马赛克碎片。来自一家名为皮亚琴蒂（Piacenti）的公司的意大利团队从巴勒斯坦国文物部——一个尚不存在的国家的政府部门——手上赢得了合同。当教堂晚上不对朝圣者和游客开放时，这个团队就进去工作。我在马槽广场享用午夜的咖啡和点心之时，教堂却在卤素灯的照耀下灯火通明。从15世纪起，渗漏严重的屋顶就一直没得到修葺，此后，奥斯曼帝国的人剥去了它的铅层，英国人则粗手笨脚地把那些他们认为"不地道"的添加物清除，2002年时以色列士兵围攻教堂时留下了弹孔和开火造成的损坏，所有这些在岁月的磨洗之余，可谓雪上加霜。意大利施工队在教堂里竖起了纵横交错的脚手架。我想象着这些年轻的修复工人就像年轻的米开朗琪罗一样仰面躺着，轻轻涂擦着天花板上一块块斑驳之处。当我在网上观看这段视频时，我震惊地看到他们直接用撬棍将雪松木横梁掘开。正如制作香肠和制定法律一样，我想最好还是不要知道如何修复一座6世纪的教堂吧。在我的记忆中，

2015 年至 2016 年的那个冬天，屋顶有史以来第一次没再漏雨。

耶路撒冷的主教索福洛尼斯和新教皇西奥多都以自己的方式面对穆斯林征服者。有意思的是，这两人不只是同辈，还是伯利恒修道院的同窗。显然，伯利恒提供的是当时世界上最好的教育。担任教会律师的索福洛尼斯不仅与奥马尔就宗教自由问题进行了探讨，而且提出了一个方案，这在很大程度上解决了关于上帝本性的争论，即一种名为二性二位论的学说。西奥多的阿拉伯语和希腊语都很流利，可随时与异教徒展开辩论，难怪他能成为教皇。在穆斯林统治时期，伯利恒的修道院仍不断培养出杰出人物，其中首屈一指的当属大马士革的约翰，即 8 世纪时的马萨巴修道院院长，他反对破坏圣像的行为的一系列论点，帮助东正教教会得以在清教徒的破坏大潮中幸存——由此，我们才能见到今天的装饰繁复的东正教教堂。约翰只有批评东正教的自由，因为他身处伯利恒，一个穆斯林帝国，才免遭拜占庭皇帝对他的抨击言论的惩罚。

伊斯兰征服后逃离叙利亚前往西西里岛的阿拉伯传教士，丝毫没感受到穆斯林统治的好处。当西西里岛也落入穆斯林之手时，更坚定了他们的看法：对基督教世界而言，伊斯兰教是个严重的威胁。于是，他们向罗马进军，在那里很快获得了教皇的职位。从公元 685 年到公元 752 年，几乎连续出现了 9 位叙利亚教皇。[①] 事实上，当柯海

---

① 他们通常被称为拜占庭教皇，这个词表明他们来自首都君士坦丁堡，而不是叙利亚。那是一个特别不恰当的术语，因为这些教皇促使罗马从拜占庭分离：他们是反拜占庭和反希腊的。很难说这些叙利亚教皇以哪种语言为母语，是阿拉伯语、叙利亚语还是希腊语。无论如何，它们都是"东方人"，是当代用语中的中东人，当时的人也是那样认为的。参见 Andrew J. Ekonomou's *Byzantine Rome and the Greek Popes：Eastern Influences on Rome and the Papacy from Gregory the Great to Zacharias，A. D. 590 - 752*（2007）。

尔被葬于他所在的塔兰托的大教堂时，教皇便是一位叙利亚人，名叫塞尔吉乌斯一世（Sergius I），以加萨尼德人的守护神命名，因而具有象征意义。在罗马，叙利亚的传统建立了一种强烈的反穆斯林文化，这种文化不断受到新兴的意大利共和国及其对意大利与穆斯林的贸易关系之热情的考验。

阿拉伯的思想传播到意大利刚成立的海洋共和国，如阿玛尔菲、热那亚、比萨、加埃塔以及威尼斯等地。当我们思及欧洲的阿拉伯遗产时，往往会借用像咖啡和肉桂这样的舶来词，以及像碱、蒸馏器及运算法则这样的科学术语，但这只是继承了该文化的一部分。真正塑造了意大利共和国的文化和法律的是他们从阿拉伯人那里采用的创新金融工具。以金融投机来谋生的想法，一如我们用来描述这个想法的词 rizq 或 risk（风险），都源于阿拉伯人。其他从阿拉伯语中借用的意大利术语还包括 maone（ma'unah），指一个旨在共同承担风险的协会；sensali（阿拉伯语是 simsar），捐客；galega（halqah），公开拍卖。合同术语 mukhatarah 进入意大利时，是指一份规定未来付款的双汇付款合同。[1] 设计出这样一个变通的工具，是旨在绕过高利贷的禁令，设定一个与贷款人可能期望的利息相当的价格。教皇并未被蒙混过去，他谴责这种合同，然而于事无补，它仍旧传播开来。这也就是意大利语和西班牙语中的 mohatra，在葡萄牙语中变成mofatra。

阿玛尔菲商人最初和阿格拉布王朝有贸易往来，这是一个北非王朝，迁出非洲后在西西里岛及意大利南部沿海建立了卫星国。[2] 阿格拉布王朝允许阿玛尔菲人进入当地更大的港口，并以武力保障商人的

---

① Heck：Berlin 2006，p. 218.
② Citarella 1967.

安全。教皇试图付钱给阿玛尔菲人，让他们放弃和阿格拉布王朝的盟友关系。然而他们收下钱后，还是一如既往地同阿格拉布人继续密切合作。就连逐出教会的惩罚也没能阻止他们。

法蒂玛王朝在公元 9 世纪和 10 世纪崛起，这实际上把伊斯兰世界一分为二成两个帝国：一个是从他们的首都巴格达控制着古老的阿拉伯腹地的阿拔斯人；另一个是以埃及为基地的地中海沿海势力法蒂玛王朝，他们是阿格拉布西西里岛和意大利南部的新霸主。（更为古老的伊斯兰倭马亚王朝仍在西班牙保有其实力。）阿玛尔菲人与法蒂玛人继续齐头并进，在开罗的朗姆集市与意大利的其他贸易地一起建了一个商业基地。朗姆（Rum）这个词在阿拉伯语中指罗马（Rome），也就是指基督教。

在法蒂玛王朝的哈里发哈基姆（al Hakim bi Amr Allah）统治时期，东西方之间的贸易出现了短暂的波动，这位哈基姆是第一位回归保障宗教自由的索福洛尼斯—奥马尔章程的伊斯兰统治者。他在1009 年毁掉了耶路撒冷的圣墓大教堂（Holy Sepulchre），甚而下令摧毁了主诞教堂，尽管并没有得到执行。哈基姆的继任者们很快重建了圣墓大教堂，并派使者去拜访他们所有的欧洲老朋友，想安抚他们并重新协商他们之间的贸易伙伴关系。哈基姆不得人心的统治造成的持久结果，就是罗马拜占庭帝国和开罗之间签订的一系列新条约，以及朝圣的黄金时代由此开启，这给精明的阿玛尔菲人带来了新的商机。

前往巴勒斯坦朝圣已经不再困难重重，欧洲的封建领主开始从数以千计的朝圣者中谋利。新来的游客需要有个地方歇脚，为这项贸易提供便利与支持的各种机构应运而生。法蒂玛人把耶路撒冷的一座名为"医院"（the Hospital）的加萨尼德时代的修道院旅馆赠予了阿玛尔菲人，Hospital 这个名字显然来源于波斯语 bimaristan。① 它由阿玛尔菲商人和欧洲本笃会的僧侣共同经营，彼此之间是一种通过将阿拉伯人的金融工具引入旅游业以彻底变革朝圣行为的伙伴关系。"医院"及其僧侣便是医院骑士团的前身，他们的成功与他们为朝圣者提供的银行服务息息相关。阿拉伯的"双汇合同"允许旅行者在一国存款，在另一国提取全部钱款，但需减去一定的手续费：从而避免了在长距离和危险的旅途中携带大笔钱款的需要。

除了合同本身，使银行业务成为可能的关键创新在于一种可以充当交换工具的可靠货币。硬币叫塔里斯（taris），或四分之一第纳尔。② 阿玛尔菲人不仅在意大利的个人账户中使用这种硬币，还开始像自己的意大利贸易对手一样，铸造他们自己的这种硬币，使之作为意大利的货币进行流通。经本笃会许可，这种合同和硬币传至北欧，在那里，克吕尼的修道院开始在朝圣路线上修建一系列的卫星修道院作为中转站，这些中转站不仅通向巴勒斯坦，还可到达西班牙北部。

诺曼人与法蒂玛人在西西里岛和意大利沿海地区的同盟开战，开始对这种顺畅的贸易造成威胁。这些诺曼人是曾在法国西北部定居的维京人。自公元 999 年，他们认识到意大利这个国家是他们定期乘坐自己的船只去朝圣的中转站。③ 在渐渐熟悉了意大利的地形后，他们在驱逐阿格拉布人方面发挥了主导作用，这自然导致他们在造访圣地时受到了相当的冷遇。1060 年代前后，诺曼人也开始以雇佣兵的身

---

① 令我震惊的是，这个名字与这座修道院的创始人马里斯的名字相似，也与名为 Bismaristan 的机构有关。我想问为什么修道院有一个专门指医院的波斯语名称。修道院是个旅店，而不是一个医院，尽管它之后的发展与医院有了关联。
② Grierson and Travaini 1998.
③ 去巴勒斯坦朝圣可以作为对严重犯罪，特别是谋杀罪的惩罚和解脱。维京酋长们不得不进行大量的朝圣活动（Runciman 1955）。

份在古老的阿拉伯—基督教王国叙利亚、埃德萨和西里西亚作战。诺曼将军如罗伯特·克利斯丁和莱姆巴德在亚美尼亚军队服役，后者已经被一个吸纳了很多波斯文化的突厥部落——塞尔柱人赶出了自己在亚美尼亚的家园。

即便在十字军东征前夕，朝圣活动依然热情不减。因为陆路花费不多，又很安全，谦卑的平民百姓可以考虑来场一生一次的朝圣之旅。1064 年至 1065 年，仅其中一次朝圣队伍就有 7000 人，他们在一队德国主教的带领下徒步走向圣地。[①] 然而，入侵的塞尔柱人威胁到了这一贸易活动；他们是每个人的心头大患，影响着三个大国的安危：拜占庭帝国、法蒂玛王朝以及阿拔斯王朝。

1071 年，塞尔柱人占领了巴勒斯坦。为了驱逐突厥人，拜占庭皇帝向欧洲求援。作为回应，罗马教皇乌尔班颁布了一道教皇常常为之的教令，号召对整个伊斯兰教发动一场圣战。要不是法国的一位叫隐士彼得（Peter the Hermit）的巡回传教士，人们会像往常一样对教皇的教令置若罔闻。当彼得开始呼吁对伊斯兰教发动全球性战争，随即引发了一场大受欢迎的支持战争的运动：平民十字军的东征（the People's Crusade）。成千上万的农民仅带着园艺工具之类的装备就出发前往巴勒斯坦了，当中有些人甚至在整个征途中坚持到了最后。这种战争热情把一个政治问题带到了法国北部和德国的统治者们的面前。年轻的贵族子弟纯为寻求财富和荣耀也加入了这场哄闹。不过，战争对勃艮第公爵们的确是有利可图的。他们控制了克吕尼的本笃会隐修院，而塞尔柱人已扼杀了本笃会获利颇丰的朝圣生意。这反过来又损害了勃艮第的财政和政治，因为控制本笃会是勃艮第对教皇施加

---

① Runciman 1955.

影响的核心环节。

如果综合来看这些原因，我们可以说一场完美的风暴正在酝酿一次中东战争。但这样谈论问题有些过于武断。十字军东征的真正原因在于意大利南部的诺曼人。他们并不认为十字军东征是难度很大或风险很大的举措。那些年轻的诺曼领袖一生都在对抗穆斯林国家，并取得过胜利。两个年轻的诺曼骑士凭借他们渊博的知识以及与其同盟者亚美尼亚人的友好关系，夺取了十字军东征的控制权，并将其纳入自己的议事日程之中。

波希蒙德王子和坦克雷德伯爵很亲近，他们既是表亲又是叔侄。拜占庭公主安娜·科姆宁娜①对波希蒙德一见倾心："他高大威猛，几乎比最高的人还要高上一肘，腰身窄，肩膀宽阔，胸膛厚实，双臂有力。"她还补充道："这个人气宇非凡，但总体而言，美中不足的是让人心生恐惧。"

波希蒙德在1054年受洗时取名为马克，这是个不那么令人心惊的名字。他得此名号是因为给罗马公主留下了深刻的印象，令其心绪不宁。Bohemond（波希蒙德）是 Bahamut 或 Behemoth 的变体，Behemoth 则是当时最流行的《圣经·约伯记》所载的神话中的巨兽。取这个名字，就好比自称为终结者一样。②波希蒙德本是罗伯特·吉斯卡德的长子，但在1058年他的父亲断绝与他母亲的关系时，他失去了继承权。波希蒙德受封为"塔兰托王子"，顺理成章地得到了伯利恒的圣柯海尔的肖像。但此外他一无所有，这使得他对土地和权力的渴望愈发强烈。

---

① 她同时也是拜占庭学者，一位哲学家。——译者
② 《约伯记》的故事是一个犹太—阿拉伯民间故事，讲述了人类在一个全能的上帝面前的困境。《约伯记》是中世纪早期的畅销书：现存的有插图的文本之多，说明它在阿拉伯基督徒和罗马拜占庭教徒中多么流行。

波希蒙德和坦克雷德的第一个决定是招募他们的亚美尼亚同盟加入十字军中。由此，他们夺取了埃德萨，并在适当时候拿下了安提阿，也许后者才是波希蒙德一直以来的真正目标。他因此成了安提阿王子。而他的对手、法兰克的洛林王朝（Lorraine dynasty）中的鲍德温则夺走了埃德萨。与此同时，亚美尼亚的西里西亚得到了加强，成为一个亚美尼亚十字军国家。至此，在诺曼人和法兰克人看来，有了这些成果，任务就算结束了。波希蒙德无意在安提阿挑起事端。鲍德温也看不出自己一旦坐上埃德萨的统治者宝座，而且与一位亚美尼亚公主的联姻使得自己地位稳固之后，还有什么理由要继续留在巴勒斯坦。但是，放弃十字军东征的主要原因是伯利恒和耶路撒冷已经得救。作为诸多十字军军队的盟友，法蒂玛人已经赶走了塞尔柱人。

法蒂玛王朝的亚实基伦总督、一个名叫伊夫蒂哈尔·道拉的非洲黑人打败了塞尔柱人，重获对伯利恒和耶路撒冷的控制权。当他传话给十字军时，满心指望十字军能就此止步。毕竟，他们都是朋友。法蒂玛人已经给了拉丁基督徒耶路撒冷医院，并对伯利恒进行了大举改造，以便接纳游客。他们加强了阿塔斯的实力，以确保耶路撒冷的供水，并在该镇的长山脊上开发城区。这一时期，伯利恒的基督徒商人蓬勃发展，他们不仅为游客备办食宿、出口纪念饰品，还经营餐馆和旅馆。对于此时的朝圣贸易的研究尚不充分，但关于颂词的分布情况的新研究多少能让我们窥见伯利恒和耶路撒冷朝圣业的规模。① 道拉希望十字军能够接受和平地前往圣地的提议，毫无疑问，将领们欣然同意。然而，摆在他们面前的却是下级年轻骑士的反对。经过一番讨价

---

① O'Connor 2016.

还价，贵族委员会（Council of Nobles）重新召集，决定重启十字军东征。现在波希蒙德定居安提阿，领导权自然就落到了十字军中最年长、最富有的普罗旺斯的雷蒙德手中。他在马赛有一个私人港口，他的财富就是来自这里的往来贸易。不过，雷蒙德并非战将，很快他就与他的军队疏远了。当十字军抵达耶路撒冷之际，他已经被布永的戈弗雷（Godfrey of Bouillon）所取代，此人是在妥协情况下产生的领袖候选人。

十字军队逼近耶路撒冷时，道拉因为担心基督徒可能会放十字军从这座城市的多孔墙或排水隧道进入而驱逐了城中所有的基督徒。在围困期间，一个基督徒代表团找上了十字军，代表团成员往往被描述为来自伯利恒，不过却可能是由住在耶路撒冷的难民组成。他们告诉坦克雷德，明智之举是先占领伯利恒，于是这个24岁的将军急切地实施了这一计划。不出一天的工夫，他就攻陷了伯利恒，控制了城中的水库，耶路撒冷的供水就此掌握在了十字军手中。然而，当坦克雷德在主诞教堂的屋顶升起他的旗帜时，却引发了内部原本就已分裂的十字军阵营的不满。伯利恒的战略价值不言而喻，但这并没有阻止坦克雷德的对手将他描绘成一个贪图荣誉之徒。

坦克雷德将教堂的周边地带变成了要塞，由此改变了伯利恒的面貌。他们征用修道院，把它们变成营房，供那些获得医院骑士团圣职的骑士居住。就在十字军东征以前，坦克雷德就攻下了阿玛尔菲，所以他把阿玛尔菲医院当作他的财产。久战沙场的士兵竞相加入这一教团，导致阿玛尔菲人和他们的伙伴本笃会教徒的决裂。医院骑士团靠着从奥斯定会（Augustinians）那里剽窃来的规则逐渐自治。① 作为一

---

① 尽管是自治的，在理念上仍遵循奥斯定会的"自治原则"。一个最初由加萨尼德的骑士创建的秩序兜兜转转，变成了一支由僧侣组成的军事力量，这些僧侣信奉远古阿拉伯盟友时期的骑士法。

支军事力量，医院骑士团的崛起反映出它起源于罗马时代的"盟友"：一种骑士间的兄弟情谊，他们拥护骑士守则，一如热情地拥护宗教律法。这一圣职一直在维护其自治权，尽管它在 2017 年初因为教皇方济各的饱受争议之举——强迫骑士团大团长辞职——而受到挑战。

在主诞教堂旁，诺曼人的亚美尼亚盟友建造了他们自己的修道院，而十字军战士筑了一个巨大的方形瞭望塔，将整个修道院用厚墙团团围住，地点就在现在的乳洞街拐角处。今天，要想象这些十字军战士竖起的高墙很容易，因为教堂建筑的背面形成了乳洞街的一道平淡无奇的石墙，而亚美尼亚人的修道院成了马槽广场一面巨大的石头背景。这些通往要塞的门就在乳洞街上。在这条街的中间有一扇 16 世纪的门，标示出它们可能的位置，这扇门通向一条中央通道，可以由此穿过整个建筑群。有几次我沿着这条通道穿过修道院和几个小礼拜堂，当时我就想知道，它是否不仅标示着十字军要塞的入口，而且还可能反映出最初穿越人口稠密的傍山小镇的一条大路。

十字军战士的要塞让平民们没了容身之处，所以伯利恒最后一批百姓只能慢慢迁到对面的山脊上居住。毁掉教堂正面的马赛克饰带的可能就是坦克雷德。亚美尼亚人向主诞教堂捐赠了精心雕刻的门以及一个新的木刻饰带，也许是为了弥补他们在坦克雷德的破坏行为中所起的作用吧。如今在前廊仍然能看到这条饰带，它就在教堂内门的上方。这件非凡之作——一幅绝妙的《圣经》人物的复杂群像——眼下正在通过修复工程恢复原貌。

在查士丁尼的大教堂内部，坦克雷德委托人在所有的大理石廊柱上绘制了肖像。在这里可以找到圣柯海尔的肖像，是为纪念波希蒙德位于塔兰托的公国而作。坦克雷德还令人单独为盟友将领马里斯的导师圣尤希米乌（St. Euthymius）画像，后来他接替尤希米乌担任"军营"修道院院长时创立了"医院"修道院。其他的人物肖像还有圣狄奥多西和圣萨巴斯，他们是伯利恒最重要的两座修道院的院长；圣欧诺弗里乌斯（St. Onophrius），他是诺曼人的西西里岛备受尊敬的僧侣，并因此成为巴勒莫（Palermo）的守护神；卡塔尼亚的圣利奥，另一位西西里岛圣徒；奥拉夫和克努特，古挪威的国王圣徒，代表着诺曼人的维京血统；圣布莱兹，一位亚美尼亚圣徒，以纪念诺曼人的主要盟友；圣乔治，叙利亚、亚美尼亚和阿拉伯士兵的骑士圣徒；圣达米安和圣科斯马斯，在亚美尼亚人统治的基利家（Cilicia）也受到崇敬的阿拉伯基督教圣徒。达米安和科斯马斯都是军医，当他们改称自己为虔诚的医院骑士团僧侣时，给诺曼人的自我形象增光不少。

大教堂里有几根备用的柱子，坦克雷德悟性十足，把耶稣诞生的逼真场景融入了他的改建之中：其中有两幅圣母子的肖像；一张马利亚的亲戚圣安妮的肖像；还有在《新约》中出现的圣徒巴塞洛缪和圣斯蒂芬的肖像。最后，还有施洗约翰和使徒约翰的肖像，他们两人都是福音书中完美无缺的人物，被选中的原因十有八九是因为弄不清到底哪个圣约翰才是医院骑士团的守护神。事实上，医院骑士团的守护神是耶路撒冷的约翰，他手下的暴徒曾纵火焚烧过杰罗姆的修道院。杰罗姆因翻译《圣经》而成为拉丁语西方世界最受景仰的圣徒，无疑，十字军更愿意让这两位约翰而不是杰罗姆的死敌同他们的事业扯上关系。

这些肖像传达的信息一目了然：这是一座坦克雷德把自己的身份印刻在其中的教堂，以此纪念波希蒙德和诺曼人，并与亚美尼亚人击掌相庆，也捎带着追忆了一下阿拉伯勇士，后者的神秘感和诗歌给他的一帮僧侣骑士平添了更加迷人的气息。

身为在妥协情况下选出的十字军东征领袖，戈弗雷拒绝了耶路撒冷国王这一华而不实的头衔，转而低调地担任了总督一职。他死于公元1100年，也就是坦克雷德攻占伯利恒的第二年。戈弗雷的兄弟鲍德温抛下自己的亚美尼亚妻子，从埃德萨匆忙赶来。他对"国王"这一称号无所顾忌，希望能在耶路撒冷加冕。不过，那样做还存在一个问题。波希蒙德本可以安心地待在遥远的安提阿，但他设法安排其盟友、比萨的达戈贝尔特主教当上了耶路撒冷的新牧首。比萨是一个新兴的海上强国，达戈贝尔特一边从事他的主教事业，一边忙活着他的海盗副业。他拒绝同意让鲍德温在圣墓加冕，试图以此拖延鲍德温的加冕礼。最终双方达成妥协，公元1100年12月25日拉丁圣诞节这天，加冕仪式在伯利恒举行。

在主诞教堂加冕首个十字军国王，应该算是伯利恒有史以来最重大的政治事件，也是世界历史转向伯利恒的又一个决定性时刻。这个场景俘获了中世纪艺术家的想象力，加冕的场景首先被描绘成拜占庭式的，充斥着穿着红色金色袍服的寡淡人物；艺术家的想象力继续发挥，到了维多利亚时代，艺术家们把加冕仪式描绘成了艾凡赫（Ivanhoe）或卡米洛特（Camelot）的故事中的一幕场景，骑士们看起来都一模一样，都高大修长，身上是医院骑士团那种穿在铠甲外面绣有纹章的战袍，手里拿着十字架一样的剑。教堂里当时一定人满为患，但是聚集在此的骑士和贵族们看上去并不那么像欧洲人。十字军战士远离故乡，常规的补给线此时尚未建立起来。若是他们身着盔甲或是新制的长袍，那么这些东西一定是当地生产的。这里应该有些妇女，至少，教堂里是有的。雷蒙德带着妻子随行，其余人一路上带走了所经之地的公主们。那种被称作温帕尔头巾的著名的圆锥形头饰可能就起源于巴勒斯坦：不过，是十字军将它带到了伯利恒还是他们采纳了当地妇女的服饰就不得而知了。如今在伯利恒，这种中世纪的温帕尔头巾仍是传统婚礼着装的一部分。

对鲍德温的加冕礼而言，选址伯利恒是个折中方案，因为它不在达戈贝尔特主教的直接管辖之下。鲍德温加冕的重大时刻如期而至，但他永远忘不了是谁在这里捷足先登——是坦克雷德。他接受耶路撒冷的王冠的地方，是一个按他仇敌的想法布置的小礼拜堂，而诺曼、亚美尼亚以及阿拉伯的圣徒肖像都从上方俯视着他。

五个十字军国家在帝国再次退却之际加入了中东，于是这个地区进入了一个不受控制的时期。由法兰克、诺曼、亚美尼亚以及普罗旺斯的十字军组成的不稳定的联盟，似乎与周边任何一个驻军国都没什么区别。每个人都来自异乡。塞尔柱人是波斯—突厥人。阿拉伯法蒂玛人仰仗柏柏尔军队，不过，在邀请一个名叫巴努希拉尔的部落入侵突尼斯后，他们之间的关系便不幸疏远了。库尔德阿尤布人一开始是为法蒂玛人服务的，后来与定都巴格达的阿拔斯人勾搭上了，并反过来接管了后者的政权。这些就是伊斯兰教政党。由基督徒和异教徒部落混合而成的蒙古人日益迫近叙利亚。邻近的基督教国家屈指可数，有格鲁吉亚和罗马拜占庭军队，还有独立的亚美尼亚人。它们竞相建立自己的立足点，扩大版图。十字军五国本就自有其奉行的外交政策，此时，情况变得更为混乱。耶路撒冷（即后来的阿卡）、安提阿、埃德萨、亚美尼亚的基利家以及塞浦路斯诸国之间的争斗，经常发生在与邻近的土耳其、拜占庭、阿拉伯和蒙古等公国的摩擦中。僧侣军事教团后来演变成常备军，不论正在酝酿的是何种冲突，他们都会选择不同立场；新近成立的圣殿骑士团站在了法国军队一边，而后来的条顿骑士团则为德国国王效劳。一旦十字军成功地开放了加沙、雅法、阿卡和凯撒利亚等巴勒斯坦港口，意大利各城邦国就开始继续向军队提供补给，刺激贸易，吸引更多的朝圣者。然而在整个十字军东征期间，意大利的城邦也同法蒂玛人和阿尤布人存在贸易往来，甚至还会出售像木材和铁这样的战争物资。

伯利恒最大的变化在于随十字军而至的那种基督教。十字军内部虽然存在分歧，可他们总归还是拉丁基督教徒（固持己见的亚美尼亚人除外）。作为拉丁人，他们对君士坦丁堡那种讲希腊语的基督教没什么好感，对在他们征服的土地上发现的说阿拉伯语的教会亦是如此。十字军以外国牧师取代了巴勒斯坦牧师，实际上是将伯利恒的教会民族化了。这些外国牧师在礼拜仪式上颂读祈祷词时不用阿拉伯的日常用语，而采用已经弃用的拉丁语。自伊斯兰征服后五百年来，阿拉伯教会已经脱离了君士坦丁堡教会。十字军的到来使它们陷入了更深的孤立。讲阿拉伯语的牧师在偏僻的小教堂里为当地民众服务，而大型教堂里的工作人员是欧洲人。十字军东征以来，每一个初来乍到的新政权都有权改变当地基督教的面貌。

十字军被打败之后，当地教会才通过它们的牧首候选人亚他那修（Athanasius）重新展示出对教会的权威。但是好景不长，16 世纪时期，渴望复兴旧的朗姆帝国的奥斯曼土耳其人占领了君士坦丁堡，这种形式的自治便不复存在了。

第七章　马穆鲁克与奥斯曼

从 13 世纪至 19 世纪

伯利恒的露天市场嘈杂而拥挤，空气中弥漫着新鲜的扎塔和鼠尾草调料的味道，还有成熟的水果香和羊脂的酸甜味。市场是老城区跳动的心脏，坐落在两条长长的商业街之间一条阶梯形的狭窄小巷里。

这两条主要街道沿着山脊的边缘而建，彼此平行，一直延伸到马槽广场。在它们的外侧边缘，山坡逐渐平缓，消失在迷宫般的通道和露天市场的密集的居民区隐藏的大门中。如果你面对广场，就会看到山脊右侧的那条街上到形形色色的日常用品商店：有五金店和修鞋店，有堆满了干的孜然粉和肉豆蔻的香料店，而在这条街的尽头，小贩们在地上的塑料布上展示着二手商品，甚至废旧物品。这里也有我常去的理发店，店主是一对父子。这家店装修简单，家具也不配套。表面闪闪发光的三聚氰胺板家具可以追溯到1960年代，一个高脚柜大概是1930年代的老物件了。那把椅子已经修理过很多次，现在它是在原来的厚重底座上焊接了一个汽车座椅。老父亲今年80岁了，身材矮小，走路弯腰驼背的，留着一种我在法国漫画《阿斯泰利克斯历险记》里见过的那种胡子。上次我去理发的时候，他在电炉上用一个两杯分的半底锅煮咖啡，他的儿子在给我理发——用一根缠绕着的棉线穿过我的颧骨和耳根，把我的头发扯下来，痛得我眼泪都下来了。还好咖啡的香味转移了我的注意力。一个圣尼古拉斯的雕像从上方俯视着我，我觉得那目光是在同情我。

伯利恒所有好一点的商店都坐落在山脊的对面：珠宝商店、货币兑换商店；旅游品商店以及路德教会的达尔-纳德瓦艺术中心的工艺品商店。说实在的，山脊太窄了，镇的两边之间只有50码，中间只隔着喧嚣繁忙的露天市场。

听说这个露天市场还不到100年，这真让人吃惊。英国人1929年强行关闭了马槽广场的市场，从住宅区分割出一块空地建了如今这个市场。迁走这些摊贩就意味着要拆除两个社区（harat）的大部分，等于是这个城市的四分之一。这里是纳贾吉拉赫家族和法拉希耶赫家族的家，这两个家族的历史可以追溯到加萨尼德王朝时期。这座城镇现存最古老的部分可以追溯到马穆鲁克时期，即公元 13 世纪时位于开罗的政权，它继承了萨拉丁的阿尤布王朝的权力。从技术上讲，马穆鲁克人是奴隶出身，尽管最好把他们看作军人同业公会的成员，一种需要经过漫长的学徒期才能出师的职业人士。这些马穆鲁克人是从生活在黑海东岸的人那里招募（或者说偷盗）来的，通常被称为切尔克斯人（Circassians），但也包括格鲁吉亚人和车臣人。他们希望招募男孩，并把他们转移到离家几千英里的地方，这样这些人就不会受到跟当地人的关系的干扰，而把支付他们酬劳的苏丹人视为第一效忠对象。事实上，他们主要效忠的是他们的部队。公元 1250 年，马穆鲁克人控制了埃及，10 年后又接管了巴勒斯坦。据说，他们在 1260 年摧毁了伯利恒的城墙，但这或许指的是十字军在教堂周围修建的要塞的墙。马穆鲁克人倾向于改善而不是摧毁他们所占领的城市。很可能是马穆鲁克人在伯利恒山脊周围建造了第一道城墙。星街尽头的那个长长的隧道状的拱门，即扎拉拉拱门（al-Zarrara Arch），正是这些原始城墙的一部分。

伯利恒正变得越来越自治，这要归功于大家族和私有土地所有权提供的关系网。[①] 根据 16 世纪的税收记录，法拉希耶赫家族在圣乔治修道院周围拥有大量的财产。[②] 由于他们的家族起源可以追溯到一

[①] palestinefamily. net.
[②] 与法拉希耶赫家族有关的家庭的纳税记录可见于 Singer（1994）的研究。Singer 的研究虽然出色，但由于对伯利恒缺乏了解而略有不足。与基于奥斯曼帝国的史料从事研究的历史学先驱 Bernard Lewis 一样，他没打算回到巴勒斯坦，将历史与巴勒斯坦的实际情况相对照。因此，Singer 的税收记录仅涉及农业，而当时旅游业和工业都在增长，这导致她过低估计了财富和人口状况。此外，Singer 似乎并没有意识到在税收记录中提到的家庭都属于同一个家族：法拉希耶赫家族。她似乎也没有意识到这些记录不是指现代的拜特贾拉村，而是指圣乔治村（阿尔-卡德尔）。见下文注释。因此，她没有意识到纳税家庭不一定生活在自己的土地上：事实上，他们更可能生活在伯利恒的社区，而雇用农民耕种他们的土地。

位加萨尼德时期的牧师，他们的财富也许是因牧师的后裔继承了教会的财产而得来的。①

接下来在伯利恒建立家园的两大家族是塔拉杰梅家族（al-Tarajmeh）和法瓦格拉赫家族（al-Fawaghreh），他们于14世纪左右到达此地，其到来标志着伯利恒的发展进入了一个新的阶段。"塔拉杰梅"这个名字的意思是"翻译家"，这个家族与爱冒险的威尼斯人是同一时期出现的。这些意大利新移民在马穆鲁克人的允许下定居下来，而马穆鲁克人总是对外交和商业方面的事反应敏捷。1347年，他们允许方济各会修士接管并重建了十字军修道院，在那里他们在主诞教堂的天主教部分的中心地带创建了宁静平和的修院禁地。不像以前十字军的佃户，方济各会的修士对对抗不感兴趣；他们作为使者到此，是渴望赢得新穆斯林统治者的青睐。这是外交软实力，或者说一种几乎是方济各会修士所发明的策略。但是，尽管他们小心翼翼地模仿圣方济各的贫穷和谦卑，却仍然坚定地决心在圣地保留拉丁人的生活方式。他们乐于帮助别人致富，这样做也有益于他们自己。他们与威尼斯人密切合作，后者在后十字军世界经历了某种涅槃重生：事实上，是一次真正的文艺复兴。方济各会修士和威尼斯人一起把欧洲朝圣者带到了镇上，在1480年一起（用从英王爱德华四世和勃艮第的玛丽那里筹集的资金）修复了教堂的屋顶，并从伯利恒出口纪念品。

---

① Singer（1994）的作品中讨论的税收记录表明，应征税的土地位于拜特贾拉村。正如同时代造访此地的僧侣所述，圣乔治修道院周围地区在16世纪时称为拜特贾拉。参见 Pringle 2012，Matar 2012。14世纪一位阿拉伯朝圣者似乎开了个玩笑，称拜特贾拉为"贝特扎拉"，即"无知之所"。如果这确实是一种讽刺，那么"拜特贾拉"这个名字很可能是无知的反义词。从僧侣学者联谊会的角度看，有一种可能是"社团之家"。我也许有些冒昧，但如果拜特贾拉这个名字确指僧侣社团，或许可以解释为什么这地名与圣乔治修道院有关的土地原始名称相符（这片土地显然延伸到了阿尔-马克鲁尔）。此外，它还可能表明了与祭司法拉希耶家族之间有关联。

这种合作关系不仅使塔拉杰梅家族作为使者和翻译者崛起，也使得制作宗教图标和纪念品工匠的数量增加了。伯利恒人因在牡蛎壳上雕刻三维立体的微缩场景，复兴了曾经使雕刻着阿施塔特女神的贝壳在地中海地区广受欢迎的技艺而赢得了国际声誉。

塔拉杰梅家族可能是威尼斯贸易公司或方济各会修士的代理人，也可能同时兼作这两方的代理人。尽管他们是在马穆鲁克人统治时期抵达伯利恒的，但在16世纪纯粹以农业产品为重点的税收记录中，并没有出现单个家庭的姓名。塔拉杰梅家族的税金是由威尼斯人的"投降协定金"直接支付的，也就是说，以此表示其享有贸易垄断权。即使在今天，许多塔拉杰梅家族的人仍然与贸易和旅游业有关。我在19世纪的《贝德克尔旅游指南》中找到了一段话，它描述了一位名叫达布多布的旅馆老板，说他是个大块头、热情好客，这个形象让我立刻想起了同样高大的安德烈·达布多布，[①] 他是我的亲戚卡罗尔·桑索尔的丈夫，也是我在伯利恒最亲的朋友之一。安德烈确实高大，而且非常魁梧，说着话时常弯下身子，透过眼镜热情地眨着眼睛，就像一只正在观察美味佳肴的熊。这就是"达布多布"一词的字面意思——熊宝宝，这让人不禁想起七百年前的一长串长得像熊一样的叫"达布多布"的人。不过，安德烈有一个更为自嘲的理论，认为"达布多布"是对一个听起来与之相似的阿拉伯语单词的恶搞，意思是"两面派"。也许他是对的。他的家族以欧洲人的使者身份在伯利恒社会中崭露头角，因此，很容易想象出他们夹在二者之间，试图两面讨好的样子。

---

① 在以后的资料中再没有发现这个参考文献，我开始怀疑该参考文献不过是我自己的想象而已。即使再也找不到，但在我2009年的笔记中，这一点似乎写得很清楚。也许我不是在《贝德克尔旅游指南》而是在一个旅行者回忆录里读到的。

朝圣者和小饰品贸易为伯利恒积累了大量的财富，但那也只是威尼斯人在巴勒斯坦的活动的一小部分。贸易这一行在人们熟悉的香料和焚香清单上增加了新的产品。威尼斯人从十字军手中买下了克里特岛，改名为坎迪亚王国，并把该岛变成了一个酿酒厂。他们还从马穆鲁克人那里租用了黎巴嫩一些地方来建造糖厂。无论他们走到哪里，都寻求垄断。比如，他们买下了所有能买到的埃及珊瑚，把它们制成珠宝和装饰品，然后再卖回埃及。

威尼斯人的贸易中有两件东西比其他的都重要：肥皂和玻璃。这两种产品都使用像钾或苏打这样的碱类物质制成，它们是从伯利恒的死海沿岸大量发现的物质中提取出来的。这些化学物质充当反应剂，使熔化的玻璃溶液流动，使肥皂产生泡沫。死海的水富含钾，而苏打可以从该地区石灰岩土壤中种植的植物燃烧后的灰烬中提取。液体洗涤剂，或称软肥皂，长期以来一直是巴勒斯坦羊毛业的主要工业产品，但现在该地区开始生产泡沫肥皂。纳布卢斯成为肥皂生产的中心，伯利恒也生产了少量的肥皂。这是一种高质量的肥皂产品，可以与马赛和威尼斯肥皂在国际市场上一较高下。[①] 然而，马穆鲁克人通过把苏打粉的垄断权出售给威尼斯人，为后者提供了不用公平竞争的优势。威尼斯人还从死海购买了制作玻璃的原材料，并向叙利亚和埃及的客户出售了奢华的成品，比如穆拉诺玻璃器皿和镜子。

塔拉杰梅家族带给伯利恒些许国际性的神秘感。相比之下，法瓦格拉赫家族的兴起则是当地政府世俗化改革的结果。他们本是希伯伦路附近山上的一个农村家庭。他们是农民，但也向旅行者收取过路费，也可以说是服务费，不过更接近于一种敲诈性的保护费。他们的

---

① Ashtor 1984，p. 208.

声名鹊起源于他们对艾因法霍尔泉的管理，这个家族也正是因此而得名。1461 年之后，马穆鲁克的卡特巴苏丹修复了耶路撒冷的供水系统，它们也成为伯利恒水库的源头。卡特巴苏丹将这项工作委托给了他的首席建筑师穆拉德·纳斯拉尼。地势较高的希律堡渡槽很久以前就废弃不用了，现在只有地势较低的希腊渡槽向耶路撒冷供水。纳斯拉尼重新铺设了希腊渡槽的管道，并重建了两个位置较低的小池，于是就有了我们今天看到的那个巨大的水池。法瓦格拉赫家族被雇来保护管道，并保证水流向耶路撒冷。

　　纳斯拉尼的杰作据说是卡特巴喷泉，它将伯利恒的泉水直接引到耶路撒冷的阿克萨清真寺。这座穆斯林丰碑的建筑师穆拉德·纳斯拉尼，其实是个基督徒；他的名字的意思是"拿撒勒人"。俯瞰水库的小穆拉德要塞似乎是以他的名字命名的，尽管它的历史可以追溯到 16 世纪早期，奥斯曼土耳其人接管巴勒斯坦之后。纳斯拉尼可能是这个项目的发起者，也可能是为了表示敬意才以他的名字命名。马穆鲁克人统治的晚期被同时代作家穆吉尔·丁（Mujir al-Din）记录了下来，他也是耶路撒冷的一名法官，以无尽的迷恋之情描写这片土地，时而把它称作 filastin①，时而称作"圣地"——这表明巴勒斯坦人是如何看待自己家园的。

　　奥斯曼人在 1517 年占领了巴勒斯坦，取代了切尔克斯和车臣马穆鲁克的统治，用的正是他们自己的军队——切尔克斯和车臣近卫军。实际上，这并没有什么本质的变化。奥斯曼人正式让法瓦格拉赫

---

① 即巴勒斯坦（Palestine）。罗马人根据希腊语将此地名转写成拉丁语 Philistin 和 Palestin，英语 Philistin 和 Palestine。伊斯兰教兴起后，许多阿拉伯人定居此地，成为当地的主体民族，他们用 Filastin 来称呼此地。——译者

家族负责耶路撒冷的供水，而这个家族是伯利恒基督教社区中唯一的穆斯林，他们在伯利恒社会中崭露头角，在镇上建造了自己的住房。

奥斯曼人允许其他欧洲国家从巴勒斯坦贸易中分得一杯羹。伊丽莎白时代的英格兰尤其活力充沛，[①] 他们去奥斯曼帝国宫廷游说，争取竞购威尼斯人的权利。英国人是奥斯曼帝国的早期盟友，他们认为奥斯曼是对抗崛起的信仰天主教的哈布斯堡帝国的友好堡垒。伊丽莎白女王成立了一家名为黎凡特公司的新股份公司，负责在奥斯曼帝国地中海东部地区开展业务。黎凡特公司带来了自己的创新，尤其是一种新型的速度更快的货船：荷兰商船（fluyt）；而地中海航运自希腊和罗马时代以来，几乎没有真正的创新。英国人带来了新的高科技面料、精纺羊毛和一种叫做克瑟（kersey）的手织窄面斜纹呢布料，它类似运动衫的材料，一面光滑，另一面舒适。英国的毛纺商人因此发了财，富得流油。

英国人用他们的羊毛交换所有东西，从化学制品到骆驼毛，不一而足，但是他们没法得到足够的葡萄酒和葡萄干。[②] 在那个时代，满是葡萄干的含酒精布丁变得越来越便宜。黎凡特公司的荷兰商船队有一艘船叫"五月花"号，而尽管从它的载重、船员数量和船龄来看，这一时期有 25 艘"五月花"号船从英国出海的记录，但正是这艘"五月花"号商船在结束了它运输葡萄的生涯之后，载着清教徒前辈移民去了新大陆。当然，在美国革命之前，黎凡特公司负责处理美国所有的进口商品需求。

风风火火的欧洲葡萄热和英国人对葡萄酒和布丁的热爱，重塑了

---

① 英国的羊毛商人从黎凡特公司的贸易中发了大财。在这些新晋百万富翁中，就有位于斯特拉特福德的威廉·莎士比亚家。（Fallow 2008）。

② Epstein1908.

伯利恒的景观。马库尔（al-Makhrour）、拜提尔和夫钦河谷（Wadi Fuqin）周围的山丘，都位于伯利恒以西，这些山丘上布满了雕琢成亚述古庙塔的山谷，可以与任何一个中国茶园相媲美，着实令人吃惊。[①] 这片风景可以让人联想到伯利恒的基督教特征。当然，葡萄有很多用途。它们可以晒干制成葡萄干；在卡德尔的葡萄收获季节，葡萄像毯子一样平铺在葡萄藤之间的布上晾干。伯利恒的葡萄也被用来制作糖浆，它在厨房是不可或缺的，被称作 dibis。（在巴勒斯坦以外地区，糖浆是用石榴或枣制作的。）但最重要的是，葡萄非常适合用来酿酒。伯利恒尚存的酿酒业现在掌握在克雷米桑修道院的僧侣手中，但这里也有非常悠久的家庭酿酒传统。像我这个年纪的伯利恒人大都还记得小时候在澡盆里踩葡萄给农场酿酒的情景。葡萄和葡萄酒之间的关联，导致穆斯林城镇居民也将葡萄园视为禁忌，伯利恒因此成为葡萄大规模种植的中心。当欧洲人对葡萄干和葡萄酒的需求持续增长时，像法拉希耶赫这样的家族轻而易举就可以把周围山区的每一块空地都变成葡萄种植园。与远古时期的橄榄梯田不同的是，这些梯田离城市人口中心相对较远，沿着山顶建起了星星点点的保护庄稼的圆形瞭望塔。

　　与马穆鲁克人的统治时期相比，奥斯曼人统治下的百姓生活并没有多大变化，因为切尔克斯、车臣以及后来的阿尔巴尼亚和波斯尼亚的士兵依然戍守边疆，执行法律。但对基督徒来说，奥斯曼帝国的统治意味着他们在宗教生活上拥有的发言权要少很多。奥斯曼帝国剥夺了当地牧师和主教的权力，转而支持君士坦丁堡讲希腊语的神职人员，这致使讲阿拉伯语的基督徒再次被赶出大教堂和教区教堂。在一

---

① 最近有关化学土壤分析的研究表明，距人口中心相对较远的大型梯田的历史可追溯至 16 世纪。Davidovich et al. 2012。

定程度上，这是贪婪所致。奥斯曼人乐于以荣誉交换利益，有好几个时期耶路撒冷的主教曾经每年都会换一茬。但另一方面，这也是因为奥斯曼人将1517年对巴勒斯坦的征服视为罗马东方人的物归原主，他们将自己描绘成罗马帝国的继承者。他们将权力集中在君士坦丁堡，但无论从哪个意义上说，这都绝对不是古罗马时代的重现。在过去的一千年里，希腊东正教发生了翻天覆地的变化，[①] 希腊神职人员引进了与九百年前的教会几乎没有关系的习俗和礼拜仪式。

随着时间的推移，伯利恒的基督徒适应了这些变化，当地的神职人员也开始通过希腊语占主导的巴勒斯坦教会崛起，并被公认为阿拉伯东正教神职人员。然而，他们的进步是有上限的，今天的情况也是如此。一个讲希腊语的等级制度管理着巴勒斯坦的东正教教会，并极大程度上控制着教会富有的财产投资组合。希腊东正教教会在处理问题上有自己的轻重缓急，它们关注的是教会政治以及在希腊的权力斗争。而巴勒斯坦仅仅是财富的一个来源，这些财富通过物业交易和租金获得，当然，此地也是声望的来源。至于巴勒斯坦人的权利，这在希腊人的议事日程上排名非常靠后。教会深陷财产丑闻，并因未提拔巴勒斯坦神职人员而受到谴责，还经常被视为敌对占领方的帮凶。[②]

在奥斯曼帝国统治下的默基特教会的情况甚至更糟，至少一开始

---

① 就在沙皇阿列克谢一世试图统一俄罗斯和希腊教会时，俄国东正教教会发现，17世纪拜占庭希腊教会发生了巨大变化。俄国教会保留的古代东正教仪式突然被视为异端，这导致了俄罗斯东正教的历史性分裂。

② 在1920年代，英国人迫使族长将土地出卖给1920年代建国之前的犹太人社区伊休夫。参见 http：//property. co. il/land-ownership-church-land。近期以来，人们发现，族长伊里内奥斯盗窃了教堂土地并于2005年将其非法出售。至今这仍然是一个热门问题，尤其是巴勒斯坦基督徒首先将该土地赠予希腊东正教教堂这一点。见 http：//www. ipsnews. net/2010/01/mideast-sale-of-land-to-israel-threatens-to-split-church/。

是这样。十字军把所有的东方教会——马龙派①、叙利亚派以及在巴勒斯坦的默基特派社团——都置于亚美尼亚盟军的管辖之下。奥斯曼人延续了这一做法（这使得默基特教会的等级又下了一个台阶），而更为依靠不需要对他们特别忠诚的亚美尼亚神职人员。整个17世纪和18世纪，这种不公正导致默基特教会和其他东方教会把目光投向了罗马，1729年，默基特教会作为一个自治的东仪天主教会（Uniate church）加入了拉丁宗教团体，现在它的官方名称是默基特希腊天主教会（Melkite Greek Catholic Church），这名字对于这样一个教会来说有点怪，这个教会既无国籍又不用听命于任何国王；采用阿拉伯语而不是希腊语的礼拜仪式；是东仪天主教会或者说自治性质，因此可以自由地采取天主教世界不承认的立场。

认为当地教会应该向西方寻求庇护的想法更为大胆，因为奥斯曼人开始将西方拉丁教会视为哈布斯堡神圣罗马皇帝，也就是他们近在咫尺的敌人的工具。在17世纪，反宗教改革释放出了拉丁神职人员的新的活力。伯利恒的方济各会社群不断发展壮大，希望皈依的福音派修士也推波助澜。从17世纪开始，梵蒂冈允许当地讲拉丁语的基督徒使用阿拉伯语的礼拜仪式，② 这有助于吸引心怀不满的东正教基督徒。作为回应，奥斯曼人限制神职人员进入该国，并像管制贸易一样严格管控朝圣活动。这种情况很容易导致人疑神疑鬼。伯利恒是一个外向型城市，在国际上和拉丁教会有着紧密的联系，而奥斯曼帝国只会变得越来越内向和实行集中。

---

① 流行于黎巴嫩的天主教教派。——译者
② Norris 2013.

1980 年代初，安东·桑索尔在拜特贾拉和伯利恒交界处的巴布兹卡克附近建造了一栋别墅。那里一直是我在伯利恒的家，但我从未体验过在老城区中心的那种传统的巴勒斯坦石头房子里的生活。与我的希律堡导游布洛斯见过面后，我从他那里租了一个房间，搬进了他与妻子耶娃以及他手臂骨折的女儿特莱维娜共同居住的家。他们家后面的卧室是一个类似洞穴的立方体，屋顶略呈半球形圆顶。可以想象成一座石头冰屋，屋顶由两个相交于顶点的横向拱形结构构成。传统上，这种拱形结构的内部是灰泥粉刷的，但是伯利恒最近对土砖产生了兴趣；所以，当我躺在床上的时候，我发现自己正盯着一个由好几吨形状不同、大小各异的石头拼成的天花板。我花了好长时间琢磨它们为什么没有垮下来砸到我的头上。

伯利恒的整个老城都是由这些四四方方的单元构成，这些房子被称为 hoshes。这样一座由一模一样的方形单元组成的城镇，带着某种孩子气，好像它是用鞋盒子做成的。这些单元非常灵活，可以用来开一家小店，就是市集上那种墙上打个洞就能营业的店，也可以以此为基础，建一个围绕着隐蔽的庭院花园沿多个楼层排列并向四处延伸的豪宅。这种房子避开了巴勒斯坦唯一一个重大的建筑问题：缺少树木。这是一种独特的风格，也是一种特色，是巴勒斯坦高地的特色，更是伯利恒的，那里石头俯拾皆是，草木却难以得见。

随着伯利恒在整个 18 世纪的发展，这个古老的城镇围绕着基于家族形成的社区组织起来。到 18 世纪末，这里有了 7 个（而第 8 个是在 20 世纪由逃离土耳其大屠杀的叙利亚难民涌入后形成的）。加萨尼德时代的纳贾吉拉赫家族和法拉希耶赫家族，以及穆斯林的法瓦格拉赫家族都在山脊的顶部建造了他们的居所，而塔拉杰梅家族则把住房建在了星街基地周围的一侧。这四个家族由科沃希赫、阿纳特赫等来自土夸沙漠边界的基督教家庭组成，[1] 他们在马里河谷之上和乳洞街南侧找到了地方安家。最后一个家族——赫雷扎特家族——在伯利恒北部的厄里亚斯修道院下方有了自己的村庄。

布洛斯一家人来自赫雷扎特家族，但尽管他们的社区位于山梁的高处，他和耶娃却住在马里河谷街上，离艾因喷泉不过几码远。如今，这些家庭已不再强烈认同他们历史上的居所。阿纳特雷区曾经住过几乎所有家族的人。我的一个朋友达琳·弗勒费尔很小的时候就搬进了乳洞街的一所房子，她给我讲了一个我听到的最甜蜜的浪漫故事。这所房子曾经属于一个叫哈兹伯恩的家庭，达琳在门边发现了一连串铅笔线做的记号，旁边写着两个男孩的名字，上面标着孩子身高变化的过程。她每天盯着铅笔记号，开始猜想一些关于那个"约翰尼"的故事，约翰尼一开始和她一般高，最后长得超过了她。随着时间的流逝，她觉得自己爱上了那个男孩儿。当他们最终相遇时，男孩儿爱上了她。他们现在已结为连理。

布洛斯的家成了我接下来一周的根据地，我东游西逛，想弄清楚这些居住区究竟是怎样相互融合的。很少有基督徒家庭还住在露天市场人员最密集的地方。一旦负担得起，他们就会搬到设施更现代化的房子里去住，而那些四四方方的单元就租给了那些从偏远的农场搬来的村民。奥斯曼帝国的继承法在伯利恒依然适用，继承法要求财产要在所有继承人中谨慎地分配。这样做的结果是，一些老房子的所有权变得模糊不清。不少房屋被非法占用，还有一些房产则被遗弃。只有少数最富丽堂皇的建筑被修复了。人们一直在努力把房屋派上更有经济价值的用场，比如作为旅馆或商店。例如，星街的一座四方房子现

---

[1] Denys Pringle 辨出，"阿纳特赫"的名字出自一个现已不存在的名为 Qasr Antar 的教堂。

在是一所培养圣像画匠的学校，由一位英国艺术家经营。另一座改为精品酒店和餐厅。我在那里用餐的那天，大厨正在为意大利总统的女儿做一顿盛大的晚餐，她和她的父亲一起参观了教堂的修复工作。

巡回演出的木偶戏讲述的都是历史上的英雄事迹，在 17 和 18 世纪常常供人们消遣娱乐。这些演出在马槽广场的夜市灯下进行，木偶们会用曲折押韵的对句叙述故事。其中最受欢迎的是巴努·希拉尔部落和他们的骑士领袖阿布·扎伊德的史诗，[①] 其内容所依据的是一个可能是世界历史上最糟糕的政治决策：法蒂玛人邀请一个阿拉伯部落攻击他们自己的盟友——柏柏尔人。这不仅削弱了法蒂玛王朝对北非的控制，而且直接导致西西里岛被诺曼人夺走。然而，经过加工，一个可悲的无能的故事变成了 个充满浪漫与友情的激动人心的故事。这个史诗和其他史诗都属于当时的大众娱乐。它们还有一种政治功能，因为它们有助于培养一种想法，认为讲阿拉伯语的人可能也有一种政治身份，这就像在奥斯曼帝国土地上讲希腊语的人开始怀疑同样讲希腊语的人是否也可能构成一种新的民族认同。

共享一种阿拉伯文化的想法，有助于促进跨越阶级和社会分歧的合作，这比泛阿拉伯主义的抽象概念对伯利恒的影响更有决定性。伯利恒在三个不同群体的见证下发展：城镇居民、农民和贝都因人。这种状况总是导致社会内部的分裂，政党在 18 世纪的出现有助于缓和这种分裂。亚马尼党（Yamani）和凯伊斯党（Qais），以阿拉伯半岛

---

① 我曾翻译了一篇穆罕默德·拉贾布-纳杰贾尔为阿拉伯文学研究的顶级杂志 *Salma Jayyousi* 撰写的、关于巴努·希拉尔史诗的历史/批评论文。那是我的信息来源，但我不确定此翻译版本是否已出版。巴努·希拉尔提出了凯伊斯党或帝国党、统一党和乌玛政权的想法。由分裂主义、地方主义、民粹主义和世俗主义组成的政党亚马尼党对此表示反对。

各部落之间的半神话般宿怨而得名，但两党的政治身份都是"虚构的"①：它们与真正的凯伊斯党和亚马尼党之间的关系，并不比18世纪英格兰的辉格党和托利党与苏格兰赶牛人和爱尔兰亡命之徒之间的关联更大。凯伊斯党和亚马尼党与辉格党和托利党也有相似之处，因为亚马尼党强调地方主义、自治和与传统决裂，想成为一种"人民的政党"，而凯伊斯党则错误地站到了权威和祖先智慧的一边。伯利恒是坚定站在亚马尼党一边的，这反映出一个多信仰的城市没有单一的

---

① 阿拉伯和巴勒斯坦政党采用阿拉伯传统浪漫诗意的神话作为其政治身份的做法，引发了批评。伯纳德·刘易斯认为，巴勒斯坦人的身份缺乏古代祖先身份确认，他错误地称，巴勒斯坦一词在罗马时代和20世纪之间已经不再使用，见刘易斯《纽约客》（2001）和《大西洋月刊》（1990）。（具有讽刺意味的是，从耶路撒冷及其周边地区的意义上讲，拉丁词Judea［朱迪亚］的意义是正确的，19世纪，英国和德国的基督教徒复兴了这一观点）。在十年前的《纽约客》杂志和《大西洋月刊》中，刘易斯认为，实际上一个理想化和经过英雄主义幻想的"民族"，掩盖了分裂主义暴民的耻辱和愤怒。刘易斯的心理主义又被批评为"东方主义"。这就是维多利亚时代传统的延续，该传统认为中东文化软弱无力（尽管通常具有很强的吸引力，并因此具有"女性"意味）。巴勒斯坦历史学家爱德华·赛义德创造了"东方主义"一词，对中东历史的研究往往在意识形态上分裂成两个流派：要么追随刘易斯，要么追随赛义德。刘易斯声称要渗透到整个民族的思想或灵魂中，这一点值得批评。但是，他的研究有着悠久的哲学渊源。那是欧洲存在主义哲学的遗产，它将所有文化上获得的身份都视为羞耻和软弱的表现。这一主题对列维·施特劳斯、艾曼纽·列维、亚历山大·科耶夫和马丁·海德格尔等人的作品产生了深远的影响。这些想法最终源于弗里德里希·尼采的史学，该史学观渴求获得一种比现状强加给我们的更为原始的身份：对一个超越竞争与怨恨循环的超人的向往。尼采认为，竞争与怨恨正是人类历史的特质——实际上，是对一种完全脱离历史身份认同的需求。很难看到有任何历史学家可以有效地使用这种非历史分析方法。但是，在以巴政治的大熔炉中，欧洲存在主义的遗产鼓励着以色列政治家以一种非常人为的方式谈论"存在的危险"。它们还维护了这样一种说法，即使在最令人遗憾的情况下，也具有纯洁性，因为它来自真实的自我意识。而巴勒斯坦暴力却只是出于"不真实"的宿怨与仇恨。更确切地说，它鼓励以色列人将巴勒斯坦人所做的一切，及其有关的任何事情都视为恐怖主义，从炸弹袭击到一首诗歌，再到巴勒斯坦民族权力机构申请加入联合国机构等。而以色列评论员却往往无法谴责甚至讨论以色列人的暴力行为，无论是对当代居民还是建国前的伊休夫集团的行为都是如此。可以理解，人们在成为恐怖主义受害者的切肤之痛中，也许希望通过最强烈的谴责来消除自己的敌人和对手，但使用这个策略的人也应该了解其根源。这种存在主义批评的目的在于提供一个人们根本不屑于去了解的人的心理概况。尼采的软弱文化认同的例子，当然就是欧洲犹太人。

权威感或传统氛围，其财富依赖于许多国际联系，而这些国际联系恰恰是奥斯曼人试图加以限制的。这是巴勒斯坦政治民族主义兴起的时代。当1834年那场革命爆发时，伯利恒的法瓦格拉赫家族就处于革命的中心。

1798年至1801年间，拿破仑在埃及扎营安顿下来。他只是因为英国的封锁才困在此地。在亚历山大港，他受到了一些埃及知识分子的敬仰，就像当时欧洲人仰慕他一样。对许多人来说，拿破仑似乎是现代性的巅峰，而且当然，他支持明显的现代思想，比如一种质疑宗教权威的激进的世俗主义。但拿破仑将这些想法与一个非常古老的概念结合了起来，那就是军事强人。你可以说他代表了一种未来主义的军国主义。他是一位技术官僚、一名战士，出身普通的科西嘉人家庭，后来成了法国军队的首脑。他确实领导了一支有更好装备的军队。他部队里的军裤引起了人们的特别关注。法国人穿的是紧身裤，而不是马穆鲁克人和近卫军穿的那种裤腿像气球一样鼓胀的宽松军裤，尽管拿破仑说，他会很高兴地让他的部队穿上那种松松垮垮的军裤以便逃离巴勒斯坦，进军君士坦丁堡。①

拿破仑企图从巴勒斯坦突围而出，但以失败告终，当他撤退到埃及时采取了一种焦土政策。最终，他撇下了大部分的军队，溜回了法国。奥斯曼人曾对拿破仑的滑稽行为感到尴尬，等他一走，就想方设法增强埃及的实力。在由一位名叫穆罕默德·阿里的阿尔巴尼亚人领导下，一支近卫军被派往开罗，阿里雇佣了拿破仑手下的一些指挥官为其效力。他摆下鸿门宴，请现有的统治阶级——马穆鲁克贵族——

---

① Andrew Roberts，*Napoleon the Great*（2014）。拿破仑的话是："你不认为征服亚洲值一条头巾和一条宽松的裤子吗？"

吃饭，然后对他们大开杀戒，通过这种简单的办法清除掉了这帮人。阿里虽然名义上是个奴隶，但他从未与他的希腊—阿尔巴尼亚基督教家庭失去联系。他手下的军官包括他的近亲，比如侄子易卜拉欣和图森，要么是他的亲生儿子，要么是他的养子。（近卫军本不应该有家庭，因此历史学家无法明确两者之间的联系。）一到埃及，阿里就给士兵穿上紧身裤，以此显示他趋于现代化的素养。他像统治自己的王国一样统治埃及，并得到了欧洲列强的支持，后者被准许进入埃及市场，还得到了他赠送的以示交好的礼物：1826 年，阿里送给法国国王路易·菲利普一世一座卢克索方尖碑，也被称为"克里奥佩特拉的针"。阿里及其家庭的崛起，危及奥斯曼人的利益。直到 1831 年，阿里才正面对抗奥斯曼帝国，入侵巴勒斯坦，占领耶路撒冷。

巴勒斯坦的亚马尼党派最初对埃及人持欢迎态度。纳布卢斯的肥皂业巨头——卡西姆·艾哈迈德还派人去支援在大马士革作战的埃及军队。亚马尼党人的支持源于他们对奥斯曼帝国的诸多反对，从奥斯曼帝国的税收到对边境的控制；亚马尼党人中的企业家想要自由贸易，而亚马尼党人中的城市居民想要的是减税。伯利恒对埃及人的支持得到了回报，富有的欧洲人开始经由亚历山大港到达伯利恒。没了奥斯曼官僚机构的纠缠，巴勒斯坦突然之间变得进出自由了。从更一般的意义上来说，巴勒斯坦也突然成了一个欧洲问题，即所谓的"中东问题"的一部分，尽管一些欧洲人比如伦敦犹太人基督教促进会对这个问题的回答有点奇怪。欧洲人也开始使用新的技术和设备来测量土地并详细记录下土地的情况。1833 年，英国绘图员弗雷德里克·凯瑟伍德用一台倒置成像的投影描绘仪精确地测量和勘察了圆顶清真寺①。

---

① 又称金顶清真寺，坐落在耶路撒冷老城区，是伊斯兰教著名清真寺，也是伊斯兰教的圣地。——译者

巴勒斯坦的突然开放，恰逢大量发行的杂志的兴起，这些杂志上满是新的平版印刷图片，随后很快又出现了摄影术。伯利恒不再是一个在基督诞生场景的绘画中没有被准确描述出来的童话，它是一座实打实的城市，由绘图员和建筑师绘制，并很快被拍摄和以明信片或三维立体照片的方式出售。欧洲人大量涌进来，在这里消费，而他们的故事也激发了更多的新游客来追随他们的脚步。

然而，不到两年，亚马尼党人对埃及人的支持就变味了。农夫们因为埃及人开始征召他们去跟奥斯曼帝国打绵延不绝的仗而觉醒了。到了1834年的复活节，农村地区发生公开叛乱。亚马尼人又一次站在了最前沿，其原因和当初他们支持埃及的原因一样：要求自治权和减少税收。

有关备战细节的描述来自一位名叫尼奥菲塔斯的希腊牧师，[①] 他出席了耶路撒冷的一个会议，当时这座城市的名流   当地贵族——在商讨叛乱之事。阿里的儿子、巴勒斯坦总督易卜拉欣已经离开了这座城市，他离开的原因尚不清楚，但他很可能是去搬救兵了。现在正是夺取耶路撒冷的好时机。名流们退缩了，尽管他们谈及易卜拉欣那支穿着紧身裤的部队时带着不满。

伯利恒的法瓦格拉赫家族的首领谢赫·肖克占领了耶路撒冷。他的部队包括阿拉伯农夫和塔马利赫贝都因人，他们跨越了巴勒斯坦的分裂传统走到了一起。事实上，更广泛的亚马尼联盟包括一个名为阿布·戈什的家族，他们是车臣近卫军，在耶路撒冷到雅法的路途中定居下来，在那里他们对往来的贸易征收过路费。肖克的叛军包围了这座城市，但是，正如尼奥菲塔斯所说，镇上的名流仍然不愿承诺支

---

① S. N. Spyridon, ed., *Annals of Palestine*, *1821 - 1841*: *A Manuscript by the Monk Neophytus of Cyprus* (1938).

持他。

后来，爱尔兰考古学家 R. A. 斯图尔特·马卡利斯特以其宣称的"来自当地的消息"对尼奥菲塔斯的说法进行了补充。在写于 1900 年的报告中，马卡利斯特以一种玩笑口吻称，谢赫·肖克的军队将耶路撒冷的污水输送到下面的塞勒瓦的下水道，通过这种方式进了城；谢赫·肖克在抢劫一袋 30 磅重的咖啡时被射中了脚，他命令手下抬着他，而他还抱着他的咖啡不放手。马卡利斯特后来因在家乡爱尔兰讲述凯尔特人的神话故事而名声渐起。

同时代的尼奥菲塔斯提供的关于这场战争的故事是个更为冷静的版本。围困的第一天就赶上了地震，以致纳布卢斯的增援被推迟了。在当地人打开耶路撒冷城墙上的粪门时，谢赫·肖克趁机而入。当他的军队大举袭来，那些先前声称手无寸铁此时却似乎全副武装的名流加入了伯利恒的士兵行列。虽然马卡利斯特声称谢赫·肖克只对劫掠这座城市感兴趣，但是尼奥菲塔斯根本没有提到抢劫；事实上，商店的老板也加入了这场战斗。从纳布卢斯来的军队很快加强了夺取耶路撒冷的兵力，这座城市就这样被攻克了。

叛军一直控制着巴勒斯坦各地，直到仲夏，农民们回家收割庄稼的时节。穆罕默德·阿里领导的埃及军队发起反击，夺回了耶路撒冷。据尼奥菲塔斯的记载，名流贵族们声称，有些头脑发热的年轻人加入了谢赫·肖克的行动，但大多数人只是拿起武器保护自己的财产。

伯利恒的基督徒试图保持中立，而不是像拜特贾拉的军队那样加入对耶路撒冷的攻击。构成伯利恒城市核心的三座古镇有着截然不同的个性。伯利恒是一个自由贸易之城，与旅游业和全球贸易息息相关。拜特萨霍则更具有社会主义色彩：这里有很多非政府组织和社会活动，从而使老城区的有机咖啡馆成为辩论、跳舞和恋爱的绝佳场所。至于拜特贾拉，其重点在于当地的工业以及它的客户，也就是那些住在附近的巴勒斯坦和以色列消费者。这使得它更为关注此时此地，使得它的百姓更为顽固和多疑。它英勇非凡，又很好战。在1948年战争中，这座城镇处于战争第一线，拜特贾拉人纷纷动员起来保卫家园不受以色列军队的攻击。但它与生俱来的保守主义，使得拜特贾拉成为凯伊斯党的据点。19世纪时，在桑索尔位于巴布兹克附近的家的十字路口，拜特贾拉和伯利恒之间发生了一场凯伊斯党对亚马尼党人的战斗。19世纪中期，当拜特贾拉的拉丁少数民族想要建自己的教堂时，东正教的多数派试图阻止这个计划，经过多年的谈判后，才允许他们在两个古老的东正教教堂的对面修建一个天主教教堂。在一张为庆祝20世纪初这座教堂修缮而拍摄的照片上，我看到安东·桑索尔的父亲和另外50个人在屋顶上，表示他们的工作已经完成。这张照片是探寻拜特贾拉主要产业的一条线索。[①] 这是一座由石匠建造的城镇。虽然有12世纪对拜特贾拉的访问记录，但上面的文字都提到了圣乔治与卡德尔教堂。现在的小镇相对来说比较新，出现于奥斯曼帝国时代，围绕着一个距今已有6个世纪的圣尼古拉斯小礼拜堂而建。在闪闪发光的白色教堂下面的地下室里，可以看到这座原始建筑的遗迹。拜特贾拉的许多家庭都是从约旦河对岸的基督教城镇来到这里的，吸引他们的原因不仅是伯利恒离家乡近，还有工作机会的诱惑，那里正在建造今日在尤多西亚城墙内发现的奥斯曼时代的

---

① 英国东方主义者亨利·帕尔默表示，1895年，三分之一的当地人被雇用为石匠。他的话被 Nancie L. Solien Gonzalez 引用在 *Dollar，Dove，and Eagle：One Hundred Years of Palestinian Migration to Honduras*（1992）一书中。另见 *Dilemmas of Attachment：Identity and Belonging among Palestinian Christians* by Bard Kartvei（2014）。

耶路撒冷城。

拜特贾拉可能是出于对奥斯曼帝国——其主要客户和付款人——的忠诚，才与亚马尼党人的军队结盟共同对抗埃及人。然而，1830年代标志着整个国家政治方向的转变：另一个凯伊斯党据点希伯伦也加入了叛乱。这时，战争已经失败了。埃及军队重新控制了耶路撒冷，并在拜特贾拉屠杀叛军。作为回应，塔马利赫的贝都因人冲到伯利恒去保卫法瓦格拉赫家族所在社区，而基督教家族则躲进主诞教堂避难。埃及人击败了贝都因人和法瓦格拉赫家族，将法瓦格拉赫人的家园夷为平地。

纳布卢斯部队的领导人、肥皂制造商卡西姆·艾哈迈德受到追捕，逃到希伯伦，在那里，得胜的埃及人大肆屠戮和强奸。孩子们被绑架，并作为奖赏交给埃及士兵。希伯伦有一小部分犹太人在叛乱中一直保持中立，他们相信埃及人所做的保证，即不会伤害他们。结果这些人被骗了，和其他希伯伦人一起在街上被屠杀。

这次叛乱的失败加强了巴勒斯坦人的自我认同感。8年后，也就是1841年，当奥斯曼人重新控制巴勒斯坦时，他们立即开始应对那些怂恿亚马尼党人起义的不满之声。奥斯曼人从19世纪中期开始进行了一系列改革，使巴勒斯坦人在君士坦丁堡有了政治代表，增加了国内的自治权，并开放对外贸易。这些改革极大地改善了伯利恒的生活，但事实证明这是一把双刃剑。欧洲各国政府竞相在这块圣地上打上自己的印记，其中最主要的是英国，英国最终控制了整个国家。

第八章 英国人

维多利亚时代至二战时期

清晨，伯利恒老城迎来了一天当中最美好的时刻。女学生穿上长罩衫，背起背包，匆忙赶到修道院学校。店主们把覆盖住店面的沉重的绿松石色金属百叶窗折回去，准备营业。集市上的商人使出浑身力气推着载满马铃薯和西红柿的手推车到山上的露天剧场。晨祷结束后不久，可以看到穿着短袜和耶稣凉鞋的僧侣和修女在大理石街道上转

悠。街上有卖早餐的，一辆漆得很亮的蓝色小推车上在卖土耳其面包
圈，甜面包圈上撒了芝麻。一个穿着奥斯曼服装、背上绑着一个大铜
壶的咖啡小贩在卖单杯的豆蔻味咖啡，只见他飞快地一弯腰，咖啡便
从肩膀上方的壶嘴流出，注满了一只杯子。伯利恒最不同寻常的设施
之一当数位于露天市场边缘的公用烤炉，就在镇上比较穷的那半边的
五金商店那里。在通往地下室的台阶的门口，人一到那里就能感到热
浪袭来。烤炉有一个铸铁门，镶在砖墙表面上，烤炉里有一堆橄榄树
柴。炉体的大部分被直接挖进山坡的内部，烤东西的师傅用一根长桨
把炖锅推进炉膛或勾出来。四邻的妇女预定了当晚的炖菜，也把前一
天的铁锅还回来。她们还将自己准备要做的饭菜和当天的菜单一并带
来。公用的烤炉不仅给生活带来便利，而且还让你在酷夏之时不必再
用自家的烤炉。

　　巴勒斯坦家常菜的主打是形式多样的炖菜，里面泡着在平底锅里
稍微烘烤过、再煮过的蒸粗麦粉、薄饼。巴勒斯坦炖菜里往往放的肉
比较少，主要都是些蔬菜，但有一次我吃的炖菜很丰盛，是用几只在
迁徙途中路过巴勒斯坦上空的飞禽炖的。莱拉还记得一个小故事，讲
的是她父亲小时候用弹弓打这些鸟是多么厉害。我们婚后的第二年，
安东心脏病发作，离开了人世，这件事来得太突然了，好像天塌下来
了一样。不知怎的，我们决定尝尝安东小时候常吃的一道菜，以此来
纪念他，尽管我们不知道该如何捕鸟，更不用说怎样去烹饪了。最
后，我记得是出租车司机穆斯塔法毛遂自荐来帮我们解决了问题。鸟
肉是在公用烤炉的铸铁锅里慢炖，然后作为一道黏稠的炖菜的一部分
被吃掉了。这种鸟颜色很深，好似肝脏一样，更奇怪的是空心的骨头
在我嘴里碎裂时的脆响。我现在才知道它们都是濒危的迁徙鸟，是法
国前总统弗朗索瓦·密特朗偷偷摸摸吃的盘中餐，但他肯定知道它们

在法国是受保护的，知道它也是小说家乔纳森·弗兰岑这样的野生动物保护者发起的运动所要保护的对象。从那以后我再也没吃过这种鸟，而且也没必要再尝试了，那次经历终生难忘。这种体验总是让我不由得心里暗暗哀悼。

1837 年，一个名叫威廉·王尔德的爱尔兰医生访问了伯利恒，[①] 注意到主诞教堂下面的洞穴和伯利恒的公用烤炉极为相似。一段弧形楼梯通向教堂下的洞穴，楼梯的线条意味着洞穴一直是隐蔽的，你不走到底，便发现不了它。在地下室，你会发现在洞穴的侧面墙上凿出了一个低矮的小房间，里面镶着大理石，挂着一个金色的香炉。在角落里一个星形的银盘标示出马利亚生下基督的地方，而这个角落看起来确实像烤炉的口。或许这仅仅只是个巧合，一如鸭嘴兽的嘴像鸭子的嘴，但是王尔德把这种相似性看得很认真。他将这视为一个证据，证明这个洞穴不可能是伯利恒原始商队旅店的所在地，但反驳这一观点也同样容易，旅行者必须吃饭，旅馆便提供食物。

挂在铁链上的油灯照亮了洞穴，油灯的烟熏黑了藏在原始石墙上的挂毯和画。墙面也是黑色的，因为 1869 年在洞穴里发生过一场火灾，毁掉了王尔德曾看过和描述过的那些赏心悦目的画作。（圣方济各会的网站称，洞穴的墙面上覆有石棉，是法国送的礼物，但是我并没有找到任何证据，我觉得石棉早就被移走了。）这个洞穴实际上有两个楼梯，角落的两边各有一个，它们的弧形弯向两个相反的方向，以至于楼梯互为镜像。在最繁忙的日子里，当朝圣者排成长队时，一个会作为洞穴的入口，另一个则是出口。洞穴呈菱形，在图表上看有

---

① *Narrative of a Voyage*（1840）.

如子宫，而两侧的楼梯则如同输卵管。我敢肯定这种相似纯属巧合，但是这种联想曾经让我百思不得其解，或许那是在潜意识中提醒人们，伯利恒是由女性建造的。

威廉·王尔德是奥斯卡·王尔德的父亲。当年他造访伯利恒时，是作为一名拥有私人游艇的老年病人的私人医生随行的。他对此行的描述，记录在《航行漫记》（*Narrative of a Voyage*）里，首次出版是在 1840 年，后来在 1844 年英国人帮助奥斯曼人从埃及人手中夺回这个国家之后，又进行了修订。此书第二版的副标题是"对埃及和巴勒斯坦现状及其前景的观察"，这表明中东问题已经开始冲击英国民众的良知。圣地一直是个遥不可及的地方，是一个鲜为人知的世界。就在 10 年前，任何没有携带奥斯曼帝国文件访问伯利恒的人都只能伪装后偷渡边境，就像 1920 年代另一位爱尔兰医生理查德·罗伯特·马登所做的那样。①

王尔德对这个国家的现状及其前景的观察是很随意的。他提到，不久前穆斯林的法瓦格拉赫家族被驱逐出了伯利恒，但当他从埃及当局那儿得知，这是因为他们与基督徒长期不合时，他就信以为真了，完全不知道最近在拜特贾拉和希伯伦发生了叛乱和大屠杀。王尔德当时才 20 多岁，他在书里对马里河谷街喷泉旁的年轻女性的描述，远远多过对宗教或政治的描述。王尔德被这些女性的美貌所吸引，不一会儿就开始跑偏，长篇大论地建议所有妇女都头顶水罐，从而使自己拥有更好的姿态、体力和优雅。这些关注点是如此露骨，以至于人们好奇他本人是否意识到了这一点。当他和奥斯卡·王尔德的母亲结婚时，他已经与两个女人生了三个孩子。似乎是他的家人打发他去了地中海，

---

① Madden 1833.

这样他就不会跟人生下他的第一个儿子，让奥斯卡有个非婚生的兄长。

午餐往往是炸豆丸子；我最爱的便是位于马槽广场的那家名叫埃夫泰姆的店。如果你认为像英国前首相大卫·卡梅伦这样的国际政治家可以算得上是名人的话，那么这家店的墙上可谓挂满了到此一游的名人的照片。我也很喜欢藏在拜特贾拉露天市场后面的一家普通小店。多年来，这家小店的墙上仅有一张亚西尔·阿拉法特与萨达姆·侯赛因握手的褪了色的照片，还有一个印有东正教圣徒的日历。我不知道店主的这种没有章法的混搭是希望吸引什么样的人，尽管他家的三明治很好吃，而他本可以在墙上挂一张以色列政治家的照片，这样人们还是会停下来在此吃顿午餐。当他打开皮塔饼的袋子时，一只手在沙拉上方比划着问道："你想要什么，都要吗?"我总是都想来点——沙拉、辣酱、芝麻酱、泡菜。食品历史学家似乎都觉得豆类植物和鹰嘴豆搭配的菜肴，就像杂拌豆与炸豆丸子放一起一样，可能源于很久以前的埃及。

奥斯曼帝国对伯利恒的影响一直存在于游牧骑兵的烤架上。阿拉伯语中的沙威玛（Shawarma）指的是"烤肉串"（doner kebab），这就像希腊语中的 gyros（陀螺）是指旋转式烤肉一样。当我不想吃炸豆丸子的时候，可能就会去新路上那家名为"沙威玛之王"的店里，或者去拜特贾拉小山的半山腰卖鱼的店旁边的那家。我可以选鸡肉或肉，也就是羊羔肉，不过现在羊羔肉常常被牛肉取代。牛肉是在附近的米格达尔奥兹定居点的大棚里工业化养殖的，而羊羔肉贵得让人望而却步，这是由于为了建定居点，牧羊人都被赶出了牧场。伯利恒的屠夫只经营一种肉，所以在拜特贾拉的小露天市场，卖鸡肉的、卖牛肉的、卖羊羔肉的和卖猪肉的（因为这是一个基督教小镇）屠夫就这么面对面地坐在十字路口的四个点上。

1841 年，奥斯曼人在英国皇家海军的帮助下，从埃及人手中夺回了巴勒斯坦，英国人的动机引人怀疑。11 月 3 日，英国炮舰轰炸了阿卡，爆炸的弹片击中了一个弹药库，火光冲天，轰掉了半个城市。英国人采取行动，是希望有一个稳定的奥斯曼帝国，能够在阿富汗的紧张局势日益加剧之际，在面对俄罗斯的时候起到一个缓冲作用。这次干预事与愿违，由于伯利恒发生的一起事件，战争终究还是爆发了，因为法国和俄罗斯都争当主诞教堂的监护人。法国人与伯利恒的方济各会修士有着密切的联系，而俄罗斯人则试图宣称对洞窟上方的东正教礼拜堂有所有权。总之，没有一种解决之道能让双方都满意。

1847 年，标志着基督诞生地的那颗原始的星星被人从地面上被撬走，不翼而飞。银盘上的拉丁文被天主教徒视为领土标志。没人怀疑东正教僧侣就是小偷。为了加紧争夺对洞窟的所有权，法国和俄罗斯之间的斗争逐渐升级，这一次双方都亮出了各自的炮舰。法国人派出一支海军部队前往君士坦丁堡南部的达达尼尔群岛，俄罗斯人则从北部的黑海威胁这座城市。随着紧张局势的加剧，法国和英国日益相信俄罗斯人会入侵君士坦丁堡并推翻苏丹。1854 年 2 月，向俄罗斯发出的最后通牒没有得到回音。次月，英国和法国对俄罗斯宣战。就因为伯利恒的一颗银星，克里米亚战争爆发了。

在克里米亚战争前夕，奥斯曼帝国被定性为"欧洲病夫"，是英国向俄罗斯宣战的原因之一。标签就这么粘牢了，但压根就不准确。奥斯曼帝国本质上并非弱者，也不比西方国家更不道德或更颓废。从19 世纪中叶开始，它就处于不断推进的现代化进程中。[①] 始于 1839

---
① Mazza 2009，p. 17.

年的坦志麦特改革（Tanzimat-I Hayriye）废除了包税制。政府还保障奥斯曼帝国臣民的生命和财产安全，承认法律面前人人平等的原则。相比英国对其帝国的非英国臣民的态度，或者美国对非洲人的工业奴隶制度的依赖，这是一个积极的启发。到了1908年，奥斯曼人认识到了代议制政府的必要性，这让巴勒斯坦人在君士坦丁堡的奥斯曼议会中占据了一席之地。

奥斯曼人拥护自由贸易，这对伯利恒的圣像及纪念品生意产生了巨大的影响，[①] 此类生意主要是由达布多布家族、贾克梅第家族、杰西尔家族、哈兹伯恩家族、汉达尔家族、米克尔家族、佐格比家族、卡坦家族，甚至还有穆斯林的肖克家族经营。（在埃及人被打败后，肖克家族在伯利恒重建了他们的社区。叛军领袖哈利勒·肖克的玄孙是伯利恒大学的教师，也是一位著名的历史学家。）这些家族建起了一个个贸易王国，其范围从菲律宾、澳大利亚延伸到乌克兰、俄国，从法国延伸到美国、拉丁美洲，并与这些家族一起在国际贸易展上展出了它们的商品。伯利恒人被列为1876年的费城世博会、1893年的芝加哥世博会、1903年的圣路易斯世博会的参展商。伯利恒的这些家族跟随朝圣者返回家园；比如卡坦人，在基辅建立了前哨。他们为寻找原材料走遍了全世界，在菲律宾发现了一种外壳较厚的新品种牡蛎，这种壳上可以雕刻出更多的细节，随后他们在菲律宾开设了办事处。

随着这些家族向海外办事处派出使者，这种在全球建立起的网络导致伯利恒人流散海外。19世纪末，奥斯曼人开始征召巴勒斯坦人

---

① 雅各布·诺里斯探讨了伯利恒的家庭是如何开始发展国际贸易关系的（Norris，2013）。诺里斯与伯利恒历史学家哈利勒·肖克密切合作，肖克本人的穆斯林家庭也参与了这项贸易。

来帮忙镇压巴尔干半岛的民族叛乱。伯利恒的家族采取的对策是将他们的儿子送出国以躲避征兵。即便如此,迁往他地的移民还是会经常回去,伯利恒人习惯了来回走动。① 今天的情况仍是如此,因为军事占领限制了工作机会,也让人失去了行动自由和婚姻自由:如果以色列的巴勒斯坦人与来自被占领土的巴勒斯坦人结婚,就会丧失在以色列的居住权。② 桑索尔家族仅一代人当中,各位堂兄弟就分散在迪拜、北卡罗来纳、伦敦、约旦、圣地亚哥和丹麦等地居住,但同时也在伯利恒拥有自己的房屋和财产。

伯利恒犹太人的大流散已有一个多世纪的历史,在拉丁美洲产生了特别大的影响。1920 年代,伯利恒人和拜特贾拉人成立了智利超级联盟的一支伟大球队:帕勒斯蒂诺足球俱乐部队(Palestino)。2004 年,萨尔瓦多举行总统大选时,就有来自纳贾吉拉赫家族的反对派候选人参与角逐,分别是左翼人士沙菲克·汉达尔和获胜者安东尼奥·萨卡,后者是一位奉行保守派政纲的基督教福音派教徒。塔拉杰梅家族中有一家姓科曼达里的,踏足了拉丁美洲生活较为阴暗的一面:这家的一个分支在 1980 年代出了多位贩卖可卡因的大毒枭。

如果说奥斯曼帝国的改革为巴勒斯坦人打开了世界的大门,那么它也向世界开放了巴勒斯坦。即使在引发了克里米亚战争之后,那场争端仍在继续。英国的影响力最初仅限于个人和慈善机构。早在1841 年,英国慈善家蒙特摩西·蒙蒂菲奥里就获得了伯利恒拉结墓

---

① Jacob Norris,"Toxic waters: Ibrahim Hazboun and the struggle for a Dead Sea concession,1913–1948"(2011).
② 巴勒斯坦的基督徒不可能和生活在海法或拿撒勒这样城市的基督徒结婚,然后居住在这些城市里。此外,来自以色列城市的伴侣则可能会失去他们的公民身份。

的租赁权。[①] 至少从公元 4 世纪开始，圣祠就一直是基督徒朝圣的一个目的地，这一点圣杰罗姆在给罗马的一封信中提到过。在蒙蒂菲奥里的时代，圣祠是穆斯林墓地的一部分，就在希伯伦路的一个路段，那里已经发展成为一个纪念品商店和餐馆的所在地。圣祠是一个带圆顶的侧面开放式亭子，有些年久失修。蒙蒂菲奥里在两侧做了填充，使得其构造看上去更像是一个坟墓。（当蒙蒂菲奥里 100 岁去世时，被安葬在他英国家中的一个照此仿建的坟墓中。）我在 1994 年第一次访问伯利恒时，圣祠依然是座很吸引人的带有两个房间的平房，被树荫遮蔽着，对面有一排餐厅。坟墓就立在两边绿树成行的墓园里，外面是阿伊达难民营。如今，墓地被一堵高高的混凝土墙包围，只能从附近一些酒店（包括英国艺术家班克斯在 2017 年年初开的那家）的顶层去看，即使这样，也只能窥见其圆顶的轮廓。以色列人修建混凝土墙是为将墓地与伯利恒切割开来。墙沿着希伯伦路延伸，像一条阿米巴虫盘在建筑周围，还伸展着卷须吸附外来生物。20 年前，我第一次参观拉结墓，当时这个地方不仅吸引了以色列游客和外国游客前来参观，还有当地的基督徒和穆斯林妇女，她们祈求拉结调解她们的家庭纠纷。自从拉结墓被盗后，我只去过一次，发现那里已经变得面目全非，乌泱泱的讲意第绪语的哈西迪教派的人，他们乘长途车来到这里，将圣祠划分为男性参观区和女性参观区。

英国对于干涉巴勒斯坦这件事不仅坚定而且劲头十足，也许这就

---

① 蒙蒂菲奥里出生在利沃诺，年轻时曾去过伯利恒。他和蒙蒂菲奥里夫人在中年时拜访过此地，那时他们知道自己不会有孩子。他们对拉结墓的浪漫之举似乎与他们没有继承人有关。蒙蒂菲奥里夫人将他们此行做了记录。蒙蒂菲奥里似乎能够买到租赁权，这一点很不寻常。Glen Bowman, *Sharing and Exclusion：The Case of Rachel's Tomb*。

是他们最终对其产生了极大影响力的原因。那时即将上任的英国首相本杰明·迪斯雷利紧随埃及人之后访问了巴勒斯坦。随着巴勒斯坦成为英国全民痴迷的对象，迪斯雷利效仿王尔德，在其小说《坦克雷德》（1847）中讲述了自己的经历。迪斯雷利是一名西班牙裔犹太人，他的父亲与当地的犹太教堂闹翻了，全家人受他父亲的影响皈依了基督教。迪斯雷利的小说以犹太教与基督教的和解为主题——"我将我的灵魂托付给耶稣基督，以及西奈的神，我将为神湮灭。"这是小说中的人物、维多利亚时代的坦克雷德的话，说完他向一个充满敌意的贝都因人的两眼之间射出了子弹。

迪斯雷利的小说中加入了数量惊人的杂志文章、平版印刷画、照片，并提到了一些关于巴勒斯坦的书籍，这些书籍在整个维多利亚时代充斥着英国和美国。即使伯利恒成为焦点，人们最感兴趣的也莫过于圣诞节。英国的炮舰帮助巴勒斯坦获得解放的那个月，身材娇小的21岁的维多利亚女王生下了她的第一个孩子。那年圣诞节，她和阿尔伯特亲王以小家庭——三口之家——的形式予以庆祝，就像最初神圣家族那样。1848年，《伦敦新闻画报》在一幅平版印刷画中描画了这一皇室家庭与他们的三个孩子聚集在一棵树旁的样子。这对皇室夫妇重塑了英格兰的形象，圣诞节从此成为英国的一个重大节日，有我们如今所知的所有过节元素：布丁、阿尔伯特亲王从他的祖国德国引进的圣诞树，以及多半在伯利恒制作的反映耶稣诞生场景的木雕等。圣诞节成为家庭生活的一种庆祝活动，甚至还有了这个节日专属的桂冠诗人查尔斯·狄更斯，自1843年起，每一年狄更斯都要写一个圣诞故事，作为献给自己祖国的礼物。狄更斯使得圣诞节成了当时的道德试金石：知道如何过圣诞节的男人才是好男人。

维多利亚和阿尔伯特的英德联姻促使英国圣公会与德国路德教会

设立了一项联合项目，即在耶路撒冷设一位新主教。这一想法还远未得到大众的支持，甚至需要议会通过法案来确定。约翰·亨利·纽曼因此皈依了天主教，以示抗议。然而，在 1842 年 1 月，第一位英德主教抵达了耶路撒冷，他就是迈克尔·亚历山大·沃尔夫，一个在德国出生的犹太人，而且当过拉比，26 岁时他在都柏林皈依了英国国教。众所周知，主教迈克尔·亚历山大与伦敦犹太人基督教促进会（简称犹太人协会）合作密切。1836 年，该协会在埃及统治时期的耶路撒冷开办了一个医务室，最终扩建为拥有 24 张病床的一家医院。然而，该协会最雄心勃勃的项目是由年轻的夫妇约翰·梅苏勒姆和玛丽·梅苏勒姆赞助的，他们是皈依基督教的犹太人。梅苏勒姆家希望在伯利恒开一个农场，使他们成为事实上的巴勒斯坦第一批犹太定居者。

梅苏勒姆一家是通过一位名叫塞缪尔·戈巴特的瑞士神职人员皈依基督教的，戈巴特于 1846 年接替迈克尔·亚历山大成为耶路撒冷的第二任主教。梅苏勒姆一家在耶路撒冷经营着一家小旅馆，那是该城第一家欧洲人开的旅馆。[①] 一天，约翰·梅苏勒姆骑马经过伯利恒，误打误撞来到了阿塔斯。这个村庄 片荒芜，而梅苏勒姆迷惑不解的是，竟然有人会遗弃这么美丽的地方。让他更加困惑的是，他发现整个村庄的人都流离失所，住在所罗门水池上方一个狭小的穆拉德要塞。阿塔斯村民在要塞里以难民的身份生活了 4 年，他们穷困潦倒，走投无路。梅苏勒姆这才知道，他们与塔马利赫贝都因人有着血海深仇，贝都因人向他们索要一大笔钱才肯善罢甘休。双方争端的根源在于十年前与埃及之间的战争。埃及人把塔马利赫人和法瓦格拉赫

---

① 关于梅苏勒姆家的记载可见于 Naili 2011，亦可见于 Blumberg 1980。

人赶出伯利恒之后，阿塔斯的村民被雇来代替法瓦格拉赫人保护耶路撒冷的渡槽。随着埃及人的战败，村民们发现自己被打上了叛徒的烙印，就这样陷入了绝境。

梅苏勒姆决定筹款付钱给塔马利赫人，并自己租下了农田。他与犹太人协会的另外两个成员合作，共同制订了一项计划。这两名成员分别是自 1846 年以来担任英国驻耶路撒冷领事的詹姆斯·芬恩，以及詹姆斯的妻子伊丽莎白，她负责为项目筹集资金。塔马利赫人被钱说服了，阿塔斯的土地被租给了一个新的农业定居点，阿塔斯的村民再次受雇为农场工人。犹太人协会的其他成员，包括约翰·斯坦贝克的祖父和一个姓巴登斯伯格的德国家庭也加入了梅苏勒姆家的定居点，一直在阿塔斯村住到 20 世纪。

在约翰·梅苏勒姆的儿子彼得受芬恩雇佣到英国领事馆工作后，约翰·梅苏勒姆的生活从此变得糟糕起来。彼得是个愤青，由于他的工作性质，他与当地巴勒斯坦人发生了冲突。一天晚上，他在去伯利恒的路上遭到伏击被杀害。约翰·梅苏勒姆为此指责詹姆斯·芬恩，说是对方将他的儿子置于危险的境地。

双方的争执升级，焦点开始转移到阿塔斯的所有权问题上。阿塔斯到底是属于建立农场的梅苏勒姆？还是属于不断在通过自己的慈善工作为定居点提供资金的伊丽莎白·芬恩？其中一名主要的捐资者是维多利亚女王的小儿子亚瑟王子。1863 年，梅苏勒姆对伊丽莎白提起民事诉讼，当该案在领事法庭审理时，芬恩做出了有利于他妻子伊丽莎白的裁决。英国外交部推翻了这一带有偏袒的决定，与此同时，芬恩被予以解职。这对夫妇搬到了伦敦的布鲁克格林，穷困潦倒的芬恩后来在此去世，伊丽莎白成立了"贫困绅士援助协会"。

在新路的起点、马槽广场的入口处，有一家新开的意大利冰激凌店。该店归方济各修会所有，并有一个独特的吸引力，那就是教皇方济各的专车就停在露台上，任何人都可以上去试坐，亲身感受一下。我坐在教皇座驾的人造革座位上，吃着我会在午后吃的冰激凌蛋卷，看着游客们拖着沉重的步伐从我面前走过，向山上的教堂走去。他们是从耶路撒冷坐长途车来到这儿的。20 年前，这些长途车会停在马槽广场，但如今被引导到新路上的一个多层停车场。这样做是觉得如果游客不得不多走几步的话，他们就会欣赏到更多的小镇风光。游客们在耀眼的阳光下眯着眼睛，汗流浃背，在以色列导游的指点下排着队，听着有关小镇旅行安全的听来吓人的警告。[①] 教堂是主要的一站，游客们最多在此停留一个小时，然后是参观拜特萨霍和两个对立的教堂——东正教和天主教教堂——中的一个。从伯利恒到拜特萨霍这一路，意味着把游客们从该地区的最高点带到了最低点，这无意中也揭示了伯利恒小镇的极不寻常之处。这是小镇生活最不理想的地方：没有天然水源，却又坐落在山顶之上。

在更广阔的伯利恒地区，最古老的建筑群总是能在半山腰的阴凉处而不是在正午顶着烈日的山顶找到。干河谷底部的冲积土被翻过，种上了卷心菜和莴苣等市场作物，就像在阿塔斯和夫钦河谷一样。朝南山坡日照充足的地方有葡萄园，一如在吉洛定居点下面的克雷米桑山谷中现在废弃的梯田。小山的上坡布满了果园和橄榄园。伯利恒在山顶上的位置表明它应是一个军事观察点，而不是一个村庄。它是个驻军点，与它所指挥的山谷的农业耕作生活相去甚远。一位维多利亚

---

① 据我所知，伯利恒在过去的 25 年中仅发生过两起针对游客的暴力事件，两次均被巴勒斯坦新闻媒体广泛报道。一次是 1990 年代初，肇事者是个精神失常的男子，另一次是 2015 年发生在拜特萨霍的被称为"纠纷"的事件。

时代早期的游客来到伯利恒，在山顶上的一些地点进行了某种宗教崇拜仪式。威斯敏斯特大教堂的院长亚瑟·斯坦利①在 1852 年至 1853 年的圣诞节期间朝圣时，已经是一位作家和名人了。他把这段旅程写了下来，以《西奈与巴勒斯坦》（1856）之名出版，出版后成了畅销书。斯坦利希望借此拂去几个世纪以来积累的尘埃，打消带误导的观点，从而给《圣经》研究带来新的严谨。与杰罗姆一样，斯坦利想"回到《希伯来书》"，但不是通过文本，而是通过游览宗教圣典中所描述的土地。斯坦利想从《圣经》中族长的视角来看待巴勒斯坦。为此，他爬上了每一座可以攀登的山，去饱览大好风景。

斯坦利想象着自己所站的是摩亚人被打败的地方，是约书亚过约旦河的地方，是摩西坐着看风景"从基列全地看向但城，还有拿弗他利全地、以法莲和玛拿西全地，看朱迪亚全地，并从那里极目远眺地中海、南方、有'棕榈树之城'称号的杰利科的平原山谷，直到避难所（Zoar）"。每一幅景象似乎都证实了《圣经》的真实性，如果他再仔细看一会儿的话，也许会的。这些爬山探险，借用德里达的话说，是"在真理面前兜圈子"。斯坦利以自己是一个进步的维多利亚人而自豪，认为自己是一个讲科学的人。然而，他的方法是对科学方法的一种模仿。他来到巴勒斯坦，相信自己会找出《圣经》的真实所在，每次奋力爬上一座小山，他都会让眼前的风景既符合《圣经》的文本，又符合自己已有的信仰。尽管斯坦利自己先入为主，他倒严厉抨击起了老探险家。他特别批评了相互对立的拉丁教会和东正教教会的传统，认为对立这个错，根源在于圣海伦娜。斯坦利嘲笑海伦娜发现了一个洞窟，就以为这个地方涵盖了基督生活从天使报喜到牧羊人

---

① *Sinai and Palestine*（1856）.

的方方面面，包括从哺育幼婴到逃亡埃及。[①] 他写道："当巴勒斯坦的宗教落入欧洲人手中的那一刻，可以毫不夸张地说，它变成了一种洞窟宗教。"即使是被谋杀的无辜者，也有洞窟在主诞教堂的地下。在一个阴暗的小房间里看到一堆骷髅和骨头真是令人心惊胆寒。当这种寒意散去，眼睛回过神来，你会意识到这些人类遗骸太大了，所以不可能是婴儿的；这些实际上是伯利恒一个古老墓地里未分类的尸骨。

斯坦利用自己的山岳信仰反对海伦娜的洞窟宗教。这也是他一个很大的想法。斯坦利注意到了《圣经》中先知登山的次数，他还从圣经考古学的新兴领域中意识到，山顶上坐落着大量的异教徒神龛。它们大多在维多利亚时代就已存在，[②] 至今仍受到当地穆斯林的敬奉，并重新被奉为伊斯兰圣徒。很可能，正如斯坦利和其他人猜测的那样，这些神龛标志着铁器时代的神祇——如非利士人的马杜克神、腓尼基人的巴力神或耶户神和埃尔神——的更为古老的神庙的所在位置。如果如《圣经》所言，古代的神的崇拜仪式要在高处举行，那么斯坦利也会这样去做的。但是他误认为这些山顶上的神龛比海伦娜的

---

① 斯坦利的批评有其局限性。他并不怀疑那是基督出生的洞穴。他曾参观过像阿拉伯妇女联盟的博物馆那样的当地房屋，并发现它们的地窖通常是洞穴，这些洞穴可能曾用来饲养动物。斯坦利认为这就是洞穴观点背后的解释。他的观点立刻产生了影响。1910 年，外科医生约翰·特里维斯爵士带着斯坦利的 *Sinai and Palestine* 一书来到伯利恒，作为他参观伯利恒的导游指南。特里维斯以治疗象人而闻名，但他是因为国王切除阑尾而获得男爵爵位。他推测，可以追溯到基督时代的房屋可能早已倒塌，只剩下人们记忆中古老生活方式的遗留物地窖部分。在最近出版的一本关于圣地的指南中可以找到类似的观点，该指南指出："可以想象约瑟（当时和他的父母住在一起）将其妻子带到这样一个偏僻的地方，在她生孩子时可以远离客厅的混乱。房子的洞穴部分可能被用作马厩和储藏室。"文章没有解释，为什么有人会牵着驴子穿过起居室，再将其拴在房子后面。
② 但现已失传。在 1950 年代，以色列出台了一项消除一切伊斯兰文化遗产标志的政策，尽管他们深知其考古价值，但还是将其销毁了。参见 Rapoport, Meron, "History Erased," (2007)。

洞窟更加土生土长，让人更加容易联想到这片土地。山顶上或许有神龛，但这反映了具有高度流动性的军阀文化，军阀们建立了堡垒来遏制对手、制伏农民。山谷里的农民有他们自己的神龛，正如在山谷里发现的数百个国内阿施塔特神的柱状雕像所表现出的那样。比起斯坦利的山顶神龛，女神的雕像更能反映土著人的信仰。

斯坦利回到英国游说，设立了一个基金来详细探讨巴勒斯坦的问题。有了议会法案和慷慨的拨款，巴勒斯坦探险基金会（PEF）于1865年成立。该基金会雇用了军事工程师，后者最终绘制出了整个巴勒斯坦的地图，把斯坦利的高点作为三角测量点。英国军队打着基金会的幌子，绘制出了每一个山顶和河谷、每一条道路和驮马路线。1917年，艾伦比将军的军队入侵巴勒斯坦时，用的就是这些地图。军方本能地发现了斯坦利所忽略的一点：掌握制高点就意味着控制局面。所有你能看到的，你都可以瞄准、掌控乃至消灭。

在巴勒斯坦探险基金会伦敦办公室的楼梯平台的墙上，钉着一幅巨大的石膏浮雕地形图。基金会从政府那里得到了最初的资金及军队的帮助，然而从那以后，它一直是由包括我这样的私人成员资助的，同时它还通过出租其在鼎盛时期所购买的马里波恩路的联排住宅来获得资金。今天的基金会就像个穷亲戚一样，挤在老仆人的住处过活。每一个可用的角落都被书和盒子占了：一箱箱的文件甚至被堆放在旧厨房的壁炉里。

巴勒斯坦的地形图是布朗-贝蒂牌茶壶那种颜色的，也许比它的棕色更深一些。贴在石膏制作的山丘和河谷上的标签正在脱落，但即便如此，我仍可以从上面找出我穿越沙漠的旅途足迹。作为巴勒斯坦探险基金会的象征，这张地图既壮观又破败，很可能因为它的过去而受到致命的连累：一个牧师的虚荣心工程为军事入侵铺平了道路。

1917 年 12 月初，威尔士步兵占领了伯利恒的水库，拉开了耶路撒冷战役的序幕。英国首相劳合·乔治也是威尔士人，在公众面前还是一位虔诚的浸信会教徒，他宣称，这次入侵是"送给英国人民的圣诞礼物"。伯利恒人不知道英国统治可能预示着什么，但在 1919 年，他们得知劳合·乔治的内阁发布了一份秘密文件——《贝尔福宣言》，那时是 1917 年 11 月 2 日，伯利恒仍处于奥斯曼人控制之中，英国军队和澳新军团则被困在了内盖夫。这份文件采取了与众不同的形式，它是一封信，是英国外交大臣詹姆斯·阿瑟·贝尔福写给英国犹太社区领袖沃尔特·罗斯柴尔德的。这封信公开后立即引起了争议，因为在巴勒斯坦建立犹太人家园这一承诺，似乎与英国在战争期间对巴勒斯坦和阿拉伯盟国做出的具体承诺相矛盾。宣言中并没有具体说明"犹太人的家园"可能意指什么，也没说明它可能在巴勒斯坦的什么地方，但这封信成了以色列建国的奠基性文件。（顺便提一下，据说外交大臣詹姆斯·贝尔福的叔叔罗伯特·贝尔福是詹姆斯的后台，因此詹姆斯总能找到好工作。难怪当时流行一句话——"鲍勃是你的叔叔"。）

我以前大学里有位教授里克·格科斯基说他有现存最早版本的《贝尔福宣言》，这让我很惊讶。[1] 虽然里克声称他放弃教学的原因是他的学生对法国理论家的热情，但他还是把雅克·德里达这样的哲学家介绍给了我。后来，他成了一名不常见的书商。《贝尔福宣言》的草稿在伦敦的一家犹太教堂的文件中被发现后，就经他之手于 2005 年 6 月在纽约拍卖。里克手中的草稿是由一个名叫利昂·西蒙的男子撰写的，他是一名英国公务员，同时也是世界犹太复国主义组织（WZO）的成员，该组织不断施压要求在巴勒斯坦建立家园。虽然文

---

[1] 2005 年 6 月 16 日，该物品以 217 件精美书籍和手稿（包括有关美洲的史料）整批拍卖的形式售出，成交价为 88.4 万美元。

件是信函形式的，但实际上西蒙既是发信人又是收信人。不过，我们不应认为这封信是强加给政府的，事实上它完全契合英国当权派对基督教犹太复国主义的青睐。从巴勒斯坦探险基金会到耶路撒冷的英德主教，再到犹太人协会，基督教犹太复国主义在英国是一项广受欢迎的运动。它不仅得到教会和政府的支持，而且得到了武装部队的支持。甚至有些表面看似普通组织，比如托马斯·库克旅游公司，其实也是个军工承包商。托马斯·库克旅游公司从1869年起就组织前往巴勒斯坦的圣地游，但这只是该公司实际业务中的一个副业，其主业是将军事邮件和装备运往驻埃及和苏丹的英国军队。

在英国，基督教犹太复国主义的根源在于"高教会"的圣公会教徒和"低教会"的新教教徒之间的分歧，前者强调与罗马之间的延续性，后者如卫理公会教徒、浸信会教徒、一位论派一心想要与罗马分道扬镳。19世纪伦敦与各省的新工厂城市——尤其是英格兰北部的那些——之间的冲突加剧了这种分歧，英格兰北部是反建制工业家的老家，那里有虔诚的信仰基督教的工人阶级。说到底，基督教犹太复国主义是英国凯尔特边缘地区的一个特点，在苏格兰、威尔士，尤其是爱尔兰，基督教犹太复国主义抚慰了一个信奉新教的少数群体民族，后者的权力被置于敌对的天主教多数派之上。在伦敦的犹太人协会成员中，爱尔兰新教徒的人数可不一般。迈克尔·亚历山大在爱尔兰皈依了基督教；詹姆斯·芬恩的父亲是个皈依了新教的爱尔兰天主教徒；巴克莱牧师是个爱尔兰人，不仅是耶路撒冷的主教，而且是第一个把《塔木德》翻译成英文的人。

劳合·乔治的内阁是由低教会的基督徒建立的，他们对基督教犹太复国主义投入了强烈的情感。他们代表了一个正在崛起的外省阶级，热衷于从字面上解读《圣经》，这反映了他们对《圣经》中的犹太人的认同。就像埃及统治下的以色列人一样，他们觉得自己被旧体制拖了太久的后腿。一旦他们掌权，就开始露出獠牙。基督教犹太复国主义今天继续在形成一股支持以色列的重要政治潮流，尽管其中心已经从英国转移到美国。《圣经》应该按字面意思来理解，这无疑是史上最奇怪的想法之一：当耶稣几乎完全只以寓言故事说话时，甚至连上帝也警告我们不要从字面上去解读文字。

在布洛斯家待着的那段时间，每天晚上我都会漫步到镇上，在和平中心角落里的咖啡馆喝一杯午夜咖啡，吃点甜品。教堂整夜都在嗡嗡作响，因为年轻的意大利修复师正在抢救教堂屋顶，那是威尼斯人在1480年用黎巴嫩雪松和英国的铅块建造的。之后，铅被奥斯曼人偷走了，并用于和英国的作战中。

英国在1917年至1948年间统治巴勒斯坦。于是，这里留下了他们逗留在此的许多印记。伯利恒阿拉伯东正教教会有一支带有管乐队的童子军。在圣诞节看到巴勒斯坦风笛手们游行进入马槽广场，真是一道风景。拜特贾拉邮局的外面有一个英文名字的邮箱，上面有乔治·瑞克斯的首字母GR，因其是金属铸造，立在那里的样子看起来颇有些洋洋得意。倘若你留心看，还会找到很多其他基础设施和主要建筑的例子，它们都表明英国曾在巴勒斯坦待过。英国军队建了一个新的泵站，用它整修了伯利恒的水库，并修复了奥斯曼的输油管道。然而，最能凸显英国统治的一点在于其破坏性，包括对自然环境和人民的。英国关闭了马槽广场上那个有千年历史的市场，让塔马利赫的家畜交易转移到了马里河谷脚下，当地的摊贩则搬到了如今的山脊上，推倒了城里最古老地带的三个街区来安置摊位。马槽广场的和平中心坐落于旧警察局的位置，这个地方也能让人想起英国人的暴力行径。我很清楚地记得 1990 年代，那里是一幢窗户上装有铁栏杆的低矮建筑。

英国的占领带来的最具破坏力的影响隐藏在官方文件的法律用语中。那份文件概述了英国在巴勒斯坦的托管权，称："当局可与第四条所述之犹太事务局（Jewish Agency）安排，[1] 在公平公正的条件下建造或运营任何公共工程、服务和公用事业。"文件中并没有提及巴勒斯坦的阿拉伯人群体。那些确定了英国托管巴勒斯坦的范围和目的的条款，看不出土生土长的巴勒斯坦居民的作用何在，可见，公平不适用于他们，他们在公共领域或塑造公共领域的机构和基础设施中将毫无发言权。

犹太事务局是由世界犹太复国主义组织成立的一个专门与在巴勒斯坦的英国人合作的机构。世界犹太复国主义组织的一个领导人哈伊姆·魏茨曼，是《贝尔福宣言》背后的关键人物，同时也是犹太事务局的领导。高级专员赫伯特·塞缪尔是建立犹太人家园的早期倡导者，[2] 也是英方当局的头。托管设想的是塞缪尔和魏茨曼分别担任犹太事务局的高级专员和主任，然后协同工作；实际上，这是一项法律要求。塞缪尔的工作是为犹太人家园的建立铺平道路，让巴勒斯坦人民适应这一新的现实。1917 年英国人来到该地时，犹太人社区规模很小，[3] 但由于托管的条款如此偏袒犹太人的工商业发展，人口在整

---

[1] 参见其第二条："国际联盟理事会于 1922 年 7 月 24 日确认了英国在巴勒斯坦的授权条款"。诺里斯转述（2011）。

[2] Aderet 2014.

[3] 英国人 1917 年抵达巴勒斯坦时，那里大约有 6 万犹太人，占人口总数的 8%。其中大多数人并没有被欧洲犹太复国主义组织所代表，要么因为他们是当地说阿拉伯语的土著社区，或者因为他们有宗教信仰。他们中许多都是单身汉，为学习《摩西五经》和游历全国各地，抑或是一些老人，希望通过慈善捐款的方式拜访圣地并死在那里。

个 1920 年代急剧增长，政府为安置犹太人而征用土地，并将公用事业公司的垄断权授予犹太企业家。

伯利恒商人易卜拉欣·哈兹伯恩的故事，[①] 说明了英国对土著群体的歧视在实践中是如何起作用的。哈兹伯恩希望赢得开采死海矿产的特许权。他买下了死海边的土地，并运营了一家渡轮公司来支付费用，将牲畜和农产品从约旦运到巴勒斯坦一侧。哈兹伯恩的渡轮在英国政府的鼓励下运作，但他们推迟了采矿权的授予。哈兹伯恩的债务不断增加，英国当局为哈兹伯恩从英埃银行再融资一事进行协商，该银行是英国巴克莱银行旗下的一家海外银行，其耶路撒冷分行在英国入侵后开业。

哈兹伯恩寻觅自己的合作伙伴，希望能与富有的巴勒斯坦金融家，即卡坦家族的人做生意。但交易被英国人否决了。他们的首选生意伙伴是俄罗斯犹太企业家摩西·诺沃梅斯基，他已经获得了在死海进行勘探的许可证，承担任务的是英国地质学家。面对财政和政治的双重压力，哈兹伯恩同意与诺沃梅斯基达成协议。然而，这个俄罗斯人还没履行协议就跑到国外去了，消失得无影无踪，而在他回来谈判——再次迫于英国人的压力——达成的第二笔交易上，不仅减了价，而且用股票代替现金。哈兹伯恩很沮丧，但又觉得别无选择，只能同意。这笔交易还是没有兑现。这一次，英国银行取消了哈兹伯恩的抵押品赎回权。哈兹伯恩破产了，诺沃梅斯基从抵押品接收者手中买下了哈兹伯恩在死海的资产份额。

随后，英国政府和犹太人事务局授予诺沃梅斯基长达 75 年的开采死海资源的垄断权，这桩交易被视为丑闻，当时在威斯敏斯特

---

① 完整的动人故事，参见 Norris 2011。

议会进行了辩论。诺沃梅斯基的"巴勒斯坦钾肥公司"盈利非常可观。

　　整个 1920 年代，犹太巴勒斯坦的构成发生了变化。相比以赫伯特·塞缪尔和哈伊姆·魏茨曼这些在英国当局的庇护下悠闲地做着生意的建制派英国犹太人为代表的一代人，中欧犹太人移民的数量给英国统治带来了更多的敌意和怀疑态度。随着时间从 1920 年代慢慢进入 1930 年代，形势也发生了变化。摆在英国人眼前的是 1929 年爆发的巴勒斯坦人起义，这促使英国在政府与犹太事务局之间拉开一定距离。而这反过来又激起了犹太人的斗志，并在新伊休夫——这是欧洲犹太人在巴勒斯坦所采用的名称——中激起了明显的反英情绪。1920年代末出现的领导人，反映出了伊休夫中的波兰人和俄罗斯人的性格特征，其中最杰出的是大卫·本-古里安。他身高甚至不足 5 英尺，身上却有着坚忍不拔的固执与强烈的务实精神。在整个 1930 年代，本-古里安主宰着新伊休夫的方方面面。他同时身兼数职，是犹太人总工会（Histadrut）总书记，也是占统治地位的政党以色列工人党（Mapai）的领袖，还是犹太民兵组织哈加纳（Haganah）的总司令，甚至取代魏茨曼成为犹太事务局的负责人。犹太人的权力集中于一个单一的等级组织，甚至集中在单独一个人身上，这与巴勒斯坦人的情况形成了鲜明的对比。耶路撒冷的政治因为大人物之间的针锋相对而分裂。在国家层面，巴勒斯坦的战略表明了要么采取一种自上而下的做法，它倾向于统治精英之间的诉求，要么采取一种更民粹主义或自下而上的办法，强调建立机构和为建国做准备，例如建立一个主权财富基金来资助民间社会，建立阿拉伯银行和阿拉伯国家银行这样的银行来支持像易卜拉欣·哈兹伯恩这样被大英帝国银行家剥削的商人。战士兼银行家艾哈迈德·希尔米帕夏就证明了这是一种更受欢迎的办法。

英国政府可能在执行任务期间刻意与犹太人社群保持了距离，但它对巴勒斯坦人是完全敌视的。帝国的政策是偏袒新的定居者而不是土著居民，认为前者是可以帮助殖民地繁荣发展的经济移民，后者则是潜在的民族主义的源头，将来可能危及帝国的计划。[1] 当耶路撒冷的大人物解决了他们的对手，成立了阿拉伯最高委员会时，英国人逮捕了委员会所有成员，并将他们流放到印度洋的塞舌尔群岛。在1936 年至 1939 年的巴勒斯坦阿拉伯人起义期间，英方关闭了所有的阿拉伯组织，无论它们属于社会团体、体育俱乐部还是某政党。军队还封锁了他们所在的建筑，没收了档案和财产，逮捕并驱逐了领导人。[2] 任何组织巴勒斯坦人为开战或建国做准备的企图都变成了不可能。

爆发群体暴力的地方，就在公共领域竞争最激烈的城市，比如耶路撒冷、雅法或希伯伦。英国人口普查显示，伯利恒当时和现在都没有犹太人（1930 年代初，仅有一个犹太人住在拜特贾拉）。[3]然而，有一个小型犹太社区生活在艾因法霍尔泉，那里是法瓦格拉赫家族的祖居地。这个定居点名叫卡法蔡恩。锡安林地的一个村庄，最多时有过约 20 对年轻夫妇。卡法蔡恩社区的延续经历了多次转变，那里的生活在 1920 年代作为一个宗教性的回归土地计划的被执行者开始，但该计划很快就被放弃了。后来，它被一个小的哈西德教派团体复活了，尔后再次被弃。1930 年代末，卡法蔡恩社区又被"基布兹

---

① 从印度到东非和南非再到加勒比海的工人、企业家和小企业主的非法交易便是见证。英国人看欧洲犹太人就像看帝国内部的印度移民一样。
② Issam Khalidi 的巴勒斯坦体育史和足球史讲述了体育俱乐部的命运。参见 John Bayne 1936 年有关对巴勒斯坦组织的镇压的论述。
③ 几次人口普查见 McCarthy1990。

运动"① 接管了，这是一个左翼组织，其灵感来自无政府共产主义关于合作、工业和军事上自给自足的理念。基布兹为新伊休夫输送了名为帕拉马赫（Palmach）的突击队。尽管他们通晓军事，但本-古里安还是对帕拉马赫突击队心存疑虑。② 即使在 1948 年 5 月战争爆发后，基布兹民兵依旧自豪地独立于他的哈加纳军队之外。

卡法蔡恩定居点横跨阿鲁布渡槽和比亚尔渡槽，环绕着艾因法霍尔泉的源头。像所有入侵部队一样，基布兹突击队也意识到，控制伯利恒山区的水源就意味着掌控了耶路撒冷。1948 年战争爆发时，伯利恒地区唯一一场战斗就发生在卡法蔡恩，它也是整个战争中最具争议的一次战役。

---

① 基布兹，意为聚集，是以色列的一种集体农场，过去主要从事农业生产，现在也从事工业和高科技产业。基布兹的目标是结合共产主义和锡安主义的思想建立乌托邦社区，它源自以色列工党的犹太复国主义思想体系。——译者
② Eliot A. Cohen, *Supreme Command: Soldiers, Statesmen, and Leadership in Wartime* (2002).

第九章 约旦

1948—1967

　　伯利恒位于沙漠和丘陵之间，也许是这个地理位置塑造了它，而连接周围村庄的渡槽网络决定了城市的大小。但自 1948 年战争以来，耶路撒冷—雅法铁路一直是伯利恒的西部边界。这是一条单

线轨道，蜿蜒向南穿过一系列山谷，然后绕去西面，穿过贝特谢梅什和拉姆勒（Ramle）去海岸。法国投资者在奥斯曼帝国的许可下为其提供了资金。当它1892年开通时，到达海岸一趟需要3个半小时到6个小时，与马车的速度相当。如今，每个小时都有一趟火车，90分钟就可以到特拉维夫。从耶路撒冷中央巴士站来的长途汽车每15分钟一班，全程50分钟。这就难怪铁路从未受到旅客的青睐。

看铁路轨道的最佳地点在克雷米桑修道院的另一边，在一个名叫瓦拉耶的村子里。穿过拜特贾拉走上山就可以了。经过阿拉伯东正教男孩俱乐部前的小广场，再往前走大约四分之一英里，道路转向右侧。对面就是吉洛定居点，就在克雷米桑山谷的南面。在这里可以完美地看到天桥，它是伯利恒周围的定居点支路最令人吃惊的一部分。天桥从吉洛定居点正下方一条隧道横空出世，被高高的桩子托举着穿过山谷，消失在拜特贾拉下方的第二条隧道之中。在吉洛定居点下面的隧道右侧，废弃的梯田上建有各种各样的房屋。它们显然是巴勒斯坦人的居所，不仅因为看起来太像临时搭建的，还因为每个房子的屋顶上都有几个水箱。巴勒斯坦人需要应急水箱来应对突然停水的状况，因为自来水公司会优先考虑以色列家庭的用水。这个小村庄叫新马尔哈。马尔哈村最初位于山谷的尽头，现在是一个购物中心。

这条路继续向前穿过修道院的葡萄园和一片成荫的松树林。从山腰岬角的树林中走出来，你会看到下方的铁轨，你的右边是马尔哈购物中心，紧挨着它的是耶路撒冷的泰迪-科勒克体育场。拆除原来的马尔哈村，是以色列和约旦之间协议的一部分，当时双方选择这条铁路的轨道作为结束1948年战争的停战线。

瓦拉耶与马尔哈的故事大同小异。[①] 几年前，莱拉和我拜访了一位 70 岁的农民，他叫艾哈迈德·巴古斯，养蜂取蜜，还种植水果和草药。巴古斯告诉我们，原来的瓦拉耶和马尔哈一样，都位于山谷的另一侧。现在的村庄建在他们的果园上。我们参观了他的梯田，那里有一棵已有四五千年树龄的橄榄树，保存着巴达维橄榄的品种。[②] 在树荫下的小树林里，我们可以看到他最近被军队捣毁的蜂箱残骸，以及他亲手为父母建造的陵墓。山谷里，一列向北行驶的火车开出了马尔哈站。车站旁边有个新建的动物园。巴古斯告诉我们，他可以在早晨看到长颈鹿，那是饲养员领着长颈鹿出来散步的时间。他还可以听见耶路撒冷贝塔队的球迷在泰迪体育场踢球时发出的叫喊。耶路撒冷贝塔队是由 1930 年代来自波兰的移民创建的，他们属于"贝塔青年"（Betar Youth），一个极右翼犹太"褐衫军"运动组织。该队现在很受耶路撒冷蓝领工人的欢迎，并得到中东米兹拉希犹太社区移民的大力支持。贝塔队球迷的口号是："让阿拉伯人去死吧"。

战后英国人打算在犹太人和巴勒斯坦社团之间瓜分巴勒斯坦的计划，遭到了巴勒斯坦人和邻国的反对。英国宣布，他们将于 1948 年 5 月单方面放弃对巴勒斯坦的责任，并将其交给联合国处理。就在预定日期的前一天，本-古里安宣布以色列建国。美国承认了这个新的国家，宣言成为既成事实，以色列就此诞生了。然而，在这之前的几个月里，英国曾主持了秘密谈判，试图恢复伊休夫与阿卜杜拉国王治下的约旦哈希姆王国之间的分治计划。尽管在有关细节上仍然存在分歧，但人们普遍认为，至少在战争之前，英国通过穿梭外交使约旦和以色列在未来边界问题上达成了一致。更具争议的说法是，尽管面临

① 有关历史和法律状况的概述，参见 Saleh, Ruba. *In the Seam Zone* 2012。
② Tupper. *Gethsemane Among World's Oldest Olive Trees*. Olive Oil Times. 2012.

压力，但在战斗最白热化的时候，这项协议仍然有效。然而在伯利恒，这是确确实实发生了的事。双方在战前就清楚商定的边界线在哪里，并迅速停止了在这条铁路沿线的敌对行动。

1947 年 12 月至 1948 年 1 月期间，犹太哈加纳部队击败了唯一一支驻扎在耶路撒冷的巴勒斯坦军队。英国仍然控制着这个国家，并冷眼旁观了这次败绩。随着 5 月最后期限的临近，英国人相信这个国家已经掌握在犹太军队手中，而巴勒斯坦人的状况不佳。由于没有军事力量，其大部分领导人遭流放，所有的民事机构都已支离破碎，巴勒斯坦方面期待的国家形态几乎无从说起。这就是英国情报机构组织约旦和本-古里安政府秘密谈判时的背景。英国人希望看到约旦人控制原分治计划中打算指定给巴勒斯坦人的那些地区。约旦的实力是个已知数：英国人不仅在 1920 年创建和训练了约旦军队，甚至还为其部队取了名字——阿拉伯军团。这个军团原本是要作为宪兵队的。到 1948 年，它有 4500 名战斗人员（战争结束时为 1 万人），训练和领导他们的是英国军官约翰·巴戈特·格鲁布中将。1948 年 3 月，格鲁布将野外训练任务交给了英国驻巴勒斯坦的高级情报官员诺曼·拉什负责，[①] 拉什被他的同行——哈加纳情报部门的埃兹拉·达宁称为"狮子"。拉什和达宁在 10 年前的阿拉伯起义期间共过事，曾一起镇压叛乱，当时达宁用流利的阿拉伯语为英国警方审讯囚犯。1948 年，拉什从殖民地警察局调到阿拉伯军团，并带有准将军衔，尽管一些级别比他低的阿拉伯军官抱怨他更像政治家，而不是士兵。拉什与其副

---

① 如今，拉什安全情报官员的身份已被披露。参见 Hughes, Matthew（2015）。4 月和 5 月，拉什、果尔达·梅厄夫人和阿卜杜拉进行了领土谈判。参见 Benny Morris, *Road to Jerusalem*（2002）。

手德斯蒙德·戈尔迪上校与达宁配合，负责约旦与以色列的谈判。

　　本-古里安宣布以色列国成立后，邻国立即做出了反应。埃及国王法鲁克不顾自己军队的忠告，从西奈半岛越境进入巴勒斯坦。阿拉伯军团在驻扎于杰利科的一名初级阿拉伯军官阿卜杜拉·埃尔泰尔的指挥下进入耶路撒冷，[①] 后者直接从阿卜杜拉国王那里接到了命令。这让在拉马拉的拉什领导的英军司令部措手不及，但到了晚上，他们派出部队支援埃尔泰尔，并确保耶路撒冷的停战线的安全。来自伊拉克的有限力量加入了阿拉伯军团，伊拉克是约旦的姐妹王国，名义上的统治者是阿卜杜拉 13 岁的大侄子。与此同时，黎巴嫩和叙利亚也开始行动起来，保卫自己现有的国境线。尽管这五支阿拉伯军队显得很有优势，但在战场上总是会冒出来更多的以色列军队：到战争结束时，他们大约有 10 万人。[②] 此外，战斗仅仅打了一个月，便于 1948 年 6 月宣布停火，以色列成功地通过海上重新武装起来。从 6 月到战争结束，以色列拥有的重型武器已经比所有阿拉伯部队的重型武器加起来还多，并且是唯一拥有空中力量的战斗部队。不仅如此，他们的补给线更短，战争目标也更为一致。最后，本-古里安领导下的以色列拥有指挥结构统一的独特优势，这使得以色列军队纪律严明。但本-古里安也是直到 6 月停火才实现了这种统一。他利用停火协议作掩护，不仅是为了获得重型火炮，也为了消灭犹太军队中的异见分子，将所有人置于他的指挥之下。

　　本-古里安在 1948 年 5 月并没有完全掌握对基布兹部队的控制

① Hart, *Zionism: David Becomes Goliath*. 2009.
② John Baynes 指出，即使在战争开始时，犹太—以色列军队的人数和其他军队人数之比也是三比一。他给出的数字为：以色列军队 60000 人、埃及军队 10000 人、阿拉伯军团 4500 人、伊拉克 3000 人、叙利亚 3000 人、黎巴嫩 1000 人，总数为 21500 人（1997，第 68 页）。

权，这一事实为解释在伯利恒的卡法蔡恩发生的事件提供了线索。
"基布兹运动"于1943年承担起了对被遗弃的卡法蔡恩定居点的责任。帕尔马赫突击队巩固了该定居点，并从1947年11月起开始参与了打击以耶路撒冷为基地的巴勒斯坦部队的行动。随着1948年5月英国撤军的最后期限的临近，帕尔马赫仍然留在卡法蔡恩，充分意识到了自己是多么脆弱。卡法蔡恩处在一个极其有利的地理位置，远离犹太人的人口和权力中心。然而，帕尔马赫一直认为它具有战略价值。该定居点不仅控制了耶路撒冷的水源，还扼住了希伯伦路，截断了巴勒斯坦两个最大的城市——希伯伦和耶路撒冷——之间的交通线。直到1948年5月及战争开始，该定居点仍然是个危机一触即发的地方。它显然是巴勒斯坦非正规部队的攻击目标，因为它的局势使伯利恒周边的旅行变得危险丛生。这个定居点也是英国控制的阿拉伯军团的靶子，因为到目前为止，它位于英国分治计划的"错误"的一边。鉴于这些因素，本-古里安的军事领导层定期讨论卡法蔡恩定居点的疏散问题。1948年1月，妇女和儿童在英国人的帮助下撤离，但帕尔马赫突击队仍然驻守在那里。

　　卡法蔡恩的人口从未被撤空。[①] 一个被广泛引用的原因是，哈加纳做出了一个冷血决定，要在卡法蔡恩保留军事力量。其目的是吸引阿拉伯军团加入在伯利恒的战斗，耗尽其资源，为以色列军队争取更多的动员时间。按照这种说法，卡法蔡恩是被故意牺牲的。但军队似乎不太可能在一场他们注定会失败的溃败中牺牲他们最好的突击队。此外，这个说法还忽略了一个事实：帕尔马赫并不接受哈加纳的指

---

① 科恩认为本-古里安想要争取时间做战斗动员。哈加纳的一名军事指挥官伊格达尔·亚丁反对撤离，理由是卡法蔡恩在希伯伦路上具有战略价值，尽管从资料中看不出他打算如何利用这一价值。

挥，你无法牺牲不在你控制下的军队。事实上，如果我们考虑到该定居点有多少次几乎被撤空，可能会发现事实很简单，那就是守卫者根本不愿离开。帕尔马赫突击队 5 年前就已经决定占领这个废弃的定居点。战争开始后，他们也不愿改变主意。本-古里安在这件事上几乎没有发言权，因为直到 1948 年 6 月帕尔马赫突击队才听命于他。

1948 年 5 月初，来自伯利恒和希伯伦的巴勒斯坦非正规军（他们后来加入了埃尔泰尔的耶路撒冷部队）袭击了卡法蔡恩。战斗打了两天，当帕尔马赫突击队投降时，卡法蔡恩定居点里的死亡人数大约有 130 人。另有 15 名士兵在投降后被无情地杀害。卡法蔡恩因为这些囚犯被处决而轰动一时。虽然其间的细节还不清楚，但来自以色列和巴勒斯坦双方的证据都表明，这些杀戮行径是对一个月前耶路撒冷郊外一个名为代尔亚辛（Deir Yassin）的村庄发生的大屠杀的报复。[①] 代尔亚辛村的村长得到哈加纳最高司令部的书面保证，允许他的村庄保持中立。然而，在隶属"贝塔青年运动"的非正规部队的压力下，这些保证被撤销了。哈加纳为贝塔攻击代尔亚辛村开了绿灯，也没采取任何措施警告村民他们有危险。600 名手无寸铁的人被杀害，其中包括妇女和儿童。以色列方的报告还包括残害和强奸。[②] 以色列对这一事件的官方报告目前仍属国家机密。

在 6 月的停火协议中，本-古里安巩固了他对帕尔马赫和贝塔的控制权。尽管在此过程中他曾面临自己的一些将军的反抗，但他最终赢了。他的胜利确保了他能够确定战争的目标，而不是像在卡法蔡恩那样，让自由行动的指挥官在战场上决定。6 月停火后不久，以色列和约旦之间的战斗就随着以色列用新的重型武器进行攻击而变得激烈

---

① 代尔亚辛大屠杀是犹太复国主义军队约 24 起有记录的大屠杀之一。——译者
② Morris 1988.

起来。他们都想夺取俯瞰耶路撒冷西部的大部分地区的拉特伦本笃会修道院。对于许多以色列士兵来说，夺取锡安这个犹如神话的城市是这场冲突的核心和灵魂。毕竟，这就是卡法蔡恩的魅力所在：那里有耶路撒冷的水源。然而 1948 年战争中，以耶路撒冷为中心的时期是短暂的，以色列和约旦部队都回到了他们商定的停火线。以色列内阁 9 月在耶路撒冷就发动第二次袭击进行了辩论。这个想法遭到否决，理由是之前与约旦的阿卜杜拉达成了协议。① 无论如何，没有伯利恒的水源，占领耶路撒冷就没有任何意义。

1948 年 10 月和 12 月，以色列两次在埃及的另一边对其发动攻击，而两次约旦都在伯利恒山区坚守自己的防线。约旦没有乘机扩大领土，也没有对埃及伸出援手。除了一些微不足道的例外，约旦军队从未在联合国最初的巴勒斯坦分治计划外擅自行动。② 以色列军队拥有更多的兵力、安全的补给线、更优良的装备、空中力量，以及比他们所对抗的部队更团结一致的目标。然而，他们最大的资源肯定是他们知道，英国指挥的阿拉伯军团永远不会仗着自己的有利条件进攻。③

以色列和约旦在 1949 年的停战协议中重申了战前协议，最终在巴以边界线问题上通过谈判达成了一致。这道边界被称为敌我分界线（Green Line）或 1949 年停战线。在伯利恒，沿着谷底行进的铁轨就是这条线的标志。由于轨道遵循的是地理特征，它可能被归类为自然边界，哪怕它跨越了私有土地。决心重新安置马尔哈和瓦拉耶这两个模糊了停战线的村子的居民，这表明谈判双方都认为他们已经在一个

① Morris 1990.
② Shlaim 1988.
③ Shlaim, *Debate about 1948*（1999）. 亦可见 Shlaim 1988。

合乎情理的边界上定居下来。事实上，联合签署的文件指出，这是一个出于军事目的的边界：以色列和约旦在法律上同意这条边界是合理的。尽管存在一长串违规行为，敌我分界线在1967年之前没有发生过重大的敌对行动。约旦/以色列的协议指出，这条线不能被视为巴勒斯坦问题的政治解决方案。在这里，"巴勒斯坦问题"一词指的是当初英国瓜分巴勒斯坦的计划。然而，从他们今后的行动来看，约旦和以色列显然都将"巴勒斯坦"这个词视为一个空洞的标签：它是一块不动产的名称，而不是要求自我代表的人的家园。

约旦军队用卡车将村民从瓦拉耶运到伯利恒，然后将他们的梯田变成了一个有带刺铁丝网、坦克陷阱和炮台的军事化边界地带。整个山谷铁路沿线都有类似的故事。因为敌我分界线将村庄与田地隔开，下一个村庄拜提尔失去了它们的大部分土地。以色列人将大钦河谷的村民逐出了他们的村庄，他们不得不诉诸联合国进行反击，待回到家园，才发现他们的房屋已经被以色列军队炸毁了。村民们再次被逐出家乡，再一次进行抗争，最终被允许重建家园。他们的固执显然破坏了约旦和以色列之间协议的某个秘密细节。

以色列炸毁巴勒斯坦村庄的做法意味着有许多故事在流传，比如许多村庄用鸟枪和步枪组成了守夜岗哨，正如在拜特贾拉发生的那样，更令人痛心的故事是，上了年纪的人仍留守在被遗弃的村庄，并把房屋周围的灯点亮、赶着牲口在村里转来转去，以此愚弄以色列人。伯利恒的修道院，就像圣马利亚的加尔默罗会修道院一样，挤满了难民，他们的家离敌我分界线的另一边仅有几英里远。

伯利恒建了三个难民营。德黑沙难民营立在希伯伦路上的一个旧采石场。艾达难民营位于拉结墓的后面。阿扎尔难民营是一条蜿蜒的街道，说不定在某个地方长了条尾巴，如果伯利恒真的是只熟睡的猫的话。约旦的统治在伯利恒的基础设施建设方面几乎无所作为，更别说改造难民营了，在 1993 年《奥斯陆协议》达成之前，难民营都没有建排水或排污系统。约旦人效仿英国拆除伯利恒老城区的做法，这次是扩建了马槽广场。他们还接管了英国警察局。1955 年，来自阿拉伯国家联盟的士兵朝伯利恒抗议军队的示威人群开枪。四人被杀。

记得在 1990 年代，我去过珠穆朗玛峰的一家酒店，因为那里的拜特贾拉峰名声在外。我被领到一个据说是皇家套房的房间。房间很简陋，刷成蓝色，一张双人床占据了大部分空间。移开一扇吱吱作响的窗户，马库尔的壮丽景色和酒店屋顶上的水箱都尽收眼底。这是皇家套房，因为阿卜杜拉访问伯利恒时曾入住那里。从酒店老板声称与阿卜杜拉有渊源这一点来看，并非所有人都憎恨约旦王室成员。尽管如此，对于许多人来说，在伯利恒发生的枪杀抗议者的事件是一个转折点。当时，阿卜杜拉国王已经去世了。1951 年，一名巴勒斯坦枪手在耶路撒冷暗杀了他。为了压制当地百姓反感约旦统治的故事，调查结论把此事归结为阿卜杜拉·埃尔泰尔与一群流亡埃及的巴勒斯坦贵族之间的一场阴谋。在枪击事件发生后，格鲁布上校的阿拉伯军团迅速废黜了国王的儿子和继承人塔拉勒（Talal），声称他精神不稳定。正如在伊拉克，一个孩子被放上王位，由指定的军官控制一样：新国王是侯赛因，阿卜杜拉 15 岁的孙子。侯赛因在国外的哈罗公学读书，随后进入桑德林汉姆军事学院学习。

巴古斯年轻时就强烈反对约旦的统治。他加入了共产党并参加了示威游行。成为难民使他感到很愤怒：他从未抛弃过自己的家。巴古斯描述了他是如何潜入敌我分界线，看看自己的土地变成了什么样，那里现在布满了带刺铁丝网和战壕。约旦军队的一个哨所就在老瓦拉耶村的对面，村子的另一个对面则是以色列人建的哨所。

巴古斯又一次在他的土地上生活了。但那不是真正的村庄，而是建有约旦军队瞭望台的果园。我们坐在他的露台上，吃着用鼠尾草调味的饼干，喝着浓浓的薄荷茶：红茶加上新鲜薄荷和糖。他是1967年以色列人入侵之后回来的，当时军队清除了约旦的铁丝网和坦克陷阱。村民们决定在废弃的梯田上建造新的房屋，而不是等着询问或被告知他们是否可以这么做。以色列人反应迟钝，再加上村民可以证明他们拥有土地，所以他们的房屋没被拆掉。军队经常拆除他们声称没有建筑许可证的建筑物，比如巴古斯的蜂箱。他打官司，为了不让他们破坏他父母的墓地。军队限制车辆通行，因此尽管瓦拉耶村靠近拜特贾拉——更不用说到足球场、商场和动物园了——实际上却让人感觉很遥远，难以靠近。如果这是一种胜利，那也是一种脆弱的胜利。以色列已公布计划，没收铁轨两侧所有瓦拉耶村的土地，并将动物园扩建成一个郊野公园。

如果说哪个人物体现了与约旦的复杂关系，那就是阿萨德·苏莱曼·阿卜杜勒·卡迪尔，人称萨拉赫·塔马利。当年他目睹约旦士兵在伯利恒射杀4名抗议者时只有13岁。几年后，他离开伯利恒去开罗上大学。1950年代，约旦和巴勒斯坦都没有大学，聪明的年轻人，包括不可多得的聪明女性，不得不出国接受教育。安东·桑索尔在莫斯科读研究生之前，曾就读于开罗和巴格达的大学。塔马利也去了开罗。即使70多岁了，他还是一个英俊的男人；高大健壮，有一双冰冷的蓝眼睛，一头灰发从他高高的前额垂下来。当年他朗诵他最喜欢的T. S. 艾略特的诗，一定是在开罗大学出尽了风头。伯利恒发生的军队枪击事件让他迷上了政治。他是法塔赫的早期成员，法塔赫是亚西尔·阿拉法特在1960年代组建的政党。很快，他就成了一名激进分子或者 fedayeen（阿拉伯语的"游击队战士"之意）。他是来自塔马利赫的贝都因人，这就是为什么他会选择这样一个独特的名字。

1967 年入侵伯利恒的战争始于以色列代号为"焦点行动"的一系列空袭。埃及军队在西奈半岛的行动，使以色列感到震惊。以色列声称担心可能遭到入侵，于是轰炸了埃及、约旦和叙利亚的机场，这是六日战争的第一次行动。随着以色列方面胜利的规模越来越明显，以色列人先发制人对约旦河西岸发动了攻击，事后以对方侵犯停战线为自己的行为找借口。伯利恒在一个下午被占领，以色列国旗高高升起在主诞教堂和拉结墓上空。随后，在 1968 年，不顾约旦方面的反对，支持亚西尔·阿拉法特领导的法塔赫党的军队在约旦河沿岸建立了训练基地。塔马利的新家是边境城镇卡拉麦（Karameh）的一个营地，游击队战士从那里定期前往以色列和约旦河西岸执行任务。

1968 年 3 月，以色列对卡拉麦发动了袭击。当时的报道显示，以色列人对成功过于自信了。他们在前一年占领耶路撒冷时，几乎没有遭到任何抵抗，似乎以为约旦军队会散去，让他们随心所欲地摧毁法塔赫的部队，杀死或俘虏阿拉法特。然而，当约旦人看到约旦河上尘土飞扬时，以为入侵者大兵压境。他们没有退却，而是选择了战斗。塔马利和其他巴勒斯坦战士别无选择，只能坚守阵地。战斗仅持续了 15 个小时，大约 1000 名游击战士中，有 156 人阵亡，100 人受伤，140 人被俘。这本应被视为一场灾难，却创造了一个传奇。侯赛因国王有句名言："我想，有一天我们可能全都会成为游击队战士。"这句话为人们对此次战斗的记忆定下了基调。阿拉法特在战斗中安然无恙。第二年，他成为巴勒斯坦解放组织（PLO）的领导人，而他的名字最终成为该组织的代称。在他的领导下，巴解组织成为巴勒斯坦的代言人，被国际公认为巴勒斯坦人民的代表。

从 1960 年代中期开始，巴勒斯坦事业被视为一场革命。巴勒斯坦问题也成为阿拉伯人的热门事业，不仅因为它反对以色列，而且因为它代表了对人民自决的一种呼吁，并且反对不负责任的精英。但革命需要一场战斗，卡拉麦之战正好符合这一点。那场战斗至今仍然是个决定性时刻，它让每个巴勒斯坦人都享有了自由斗士的名声。即使在今天，参观伯利恒难民营时，不难发现一个令人震惊的现象，那就是经常会看到墙上画着的切·格瓦拉，和他脸贴脸的是巴勒斯坦英雄。

与任何游击队战士一样，萨拉赫·塔马利也体现出一个浪漫的革命者形象。不仅因为他英俊潇洒，或者热爱诗歌，甚至也不是因为他曾经参加过卡拉麦战役。他曾是公主的情人。大约就在卡拉麦战役同一时间，塔马利遇见并爱上了侯赛因国王的第一任妻子，美丽的迪娜·宾特·阿卜杜·哈米德。她是一位真正的公主，其血统可以追溯到最早的哈里发，也可以追溯到马穆鲁克贵族。侯赛因和迪娜结婚短短两年后，便于 1957 年离婚，但他们生了一个孩子，那就是约旦公主艾莉娅，这让人对迪娜是一位巴勒斯坦自由斗士的情人这件事格外敏感。尽管如此，塔马利和迪娜还是在 1970 年结了婚，现在仍在一起。

塔马利和迪娜结婚的那一年，正好约旦武装部队和巴解组织之间发生了冲突。约旦王国中有大批的巴勒斯坦革命者，这损害了侯赛因的权威。巴解组织作为一个国中之国，在执行自己的安全行动时会在道路设卡，检查路人的身份证。但 1970 年的战争，即"黑九月"事件的导火线，是巴解组织内部一个较小的政党——巴勒斯坦人民解放阵线（PFLP）组织的一次飞机劫持事件。这是一个激进的世俗社会党，领导人是一个名叫乔治·哈巴什的极有号召力的知识分子。侯赛因国王后来声称"黑九月"对他是场飞来横祸：造成了一个"攸关法律、秩序、混乱与无政府状态的问题……对所有人来说，都是一次非常悲伤的经历"。[①] 这个经历对巴勒斯坦人来说更糟，因为约旦军队拥有重型武器和坦克。1970 年的战争中，成千上万名简单装备的巴勒斯坦人在被赶出约旦之前就遭到杀害。他们在黎巴嫩重新集结，这对任何人都毫无益处。

在伯利恒，切·格瓦拉旁边经常可以看到一个符号性人物——莱拉·哈立德，巴勒斯坦人民解放阵线的劫机者。切和莱拉这个搭配看起来像神圣的一对儿。[②] 很难知道革命精神对巴勒斯坦及其政治的影响到底是积极的还是消极的，但它留下的印记是不可磨灭的。它诱使人们相信，如果足够努力，任何人都可能成为一名游击队战士。莱拉·哈立德是劫机者中最有名的。她年轻漂亮，但让她如此引人注目的是她的投入：1970 年的劫机事件是她第二次这么干了。莱拉这个名字在阿拉伯人听来跟西方人认为的一样浪漫。它并不是特别常见的那种，但叫这个名字的女性往往很有魅力。它常让人联想到一个谐音词"夜晚"，比如《一千零一夜》（*Kitāb'al flaylawa-layla*）中的故事。事实上，它源于一个更古老的词，形容醉酒之后那种轻飘飘的无力之感。这个名字暗示了某种危险的力量。莱拉·桑索尔的说法是，它让叫这个名字的人相信自己可以有所作为，那也是她们的父亲非常爱她们的证明。

---

① http：//www. jta. org/1982/08/30/archive/west-bank-gaza-village-leagues-termed-as-israeli-collaborators.
② 我上网浏览发现，你甚至可以买到印有切和莱拉头像的马克杯。

第十章　以色列

从 1967 年到奥斯陆事件

　　我和安东一起参加的最后一个社交活动是为亚西尔·阿拉法特的妻子苏哈·阿拉法特举行的招待会。那是在 1995 年的圣诞节。第二天早上，阿拉法特在主诞教堂的屋顶上发表演讲，宣布他流亡归来。

这时正值《奥斯陆协议》时期，社会上弥漫着一种乐观的情绪，在青年男女中尤其如此。他们挤满了马槽广场，一边说话一边挥舞着旗帜，或者在希伯伦路上按着汽车喇叭开来开去。阿拉法特是巴勒斯坦民族权力机构的新主席，巴勒斯坦人似乎处在建国的边缘。但安东不那么乐观。他拒绝了主持巴勒斯坦民族权力机构高等教育部的工作，就像几年前他拒绝参加马德里和平会议①一样。也许他感到疲倦或不适，因为 5 个月之后他就去世了。但那个圣诞节他还很精神，见到自己的家人，尤其是莱拉他非常开心。

招待会在新路旁的一家酒店举行，至于它到底是叫"主诞"还是"三王"，我记不清了。招待会定在酒店楼上，一个已经挤满伯利恒社会名流的大厅里。苏哈·阿拉法特一直抱怨巴勒斯坦有太多关于她的流言蜚语，但作为一个矮小、年迈、生活节制的穆斯林革命家的基督徒妻子，身材高大艳丽耀眼的金发女郎苏哈·阿拉法特可能早就料到了会有她的流言蜚语吧。那晚便有不少。苏哈·阿拉法特 32 岁，比我大 2 岁。她 27 岁时在突尼斯与阿拉法特秘密结婚，阿拉法特当时已经 60 岁出头。她在 1995 年生下一个女儿，也是他们唯一的孩子。安东跟苏哈打招呼，介绍我是他的女婿。苏哈穿着高跟鞋个头和我差不多。我记得她当时穿了一件鲜亮的橙色丝绸衬衫，是那年很流行的款式。她对我很热情，对她母亲雷蒙达·塔维尔的朋友安东更是如此。莱拉一直在房间那边和一位朋友聊天，这会儿也来到她父亲身边。安东随即介绍了莱拉，苏哈顿时热情起来。她和莱拉拥抱亲吻，激动地说着话。我不懂阿拉伯语，但我能看出安东和莱拉越来越不自然。当我有机会问起这是怎么回事时，莱拉告诉我，苏哈想把她与她正在找对象的弟弟撮合在一起。

①　即 1991 年在马德里举行的中东和平会议。——译者

"但她两秒钟前见到了我。"

"是啊。太尴尬了。"

那天晚上我还遇到了一个人，伯利恒的市长伊莱亚斯·弗拉杰。安东介绍我时，他正站在房间一侧的台子上。我和他握手时，他绊了一下，眼看要摔倒。我不知怎的就把他举了起来，又把放在坚实的地面上。他简直没有重量。我觉得他是我见过的最羸弱的人。后来我才听说，不到 10 年前，他遭遇过一次汽车炸弹袭击。

自 19 世纪末奥斯曼帝国改革以来，伯利恒一直有市长和市议会。这种制度在英国和约旦统治期间没有改变，并延续到以色列控制时期。伊莱亚斯·弗拉杰赢得了 1972 年的选举，那一年，巴解组织曾要求予以抵制。1976 年，他再次当选，这一次，巴解组织不再表示反对。那是以色列最后一次允许进行选举，所以弗拉杰担任市长一职已经 25 年了。他不是巴解组织成员，但他是一个务实的人。与安东·桑索尔不同，弗拉杰参加了马德里和平会议的谈判小组，即奥斯陆和平谈判的前身。

以色列于 1967 年接管约旦河西岸后，统治伯利恒的人是一位军事总督。新政权给这块土地带来了检查站、突袭、宵禁和逮捕，但也带来了一个好处。它把伯利恒与加沙、海法、拿撒勒和提比里亚等城市的巴勒斯坦社区重新结合到了一起。在 1970 年代早期，人们还有相当大的行动自由。安东曾在莫斯科国立大学数学系工作，但 1973 年，他接受了比尔泽特大学的教职，并在那里加入了伯利恒大学的创始委员会。以色列曾试图将以色列的课程设置强加给约旦河西岸，由于遭到抗议，并没有强制施行。1970 年代成为巴勒斯坦教育的繁荣时期。以色列征收巴勒斯坦人的税款，还试图接管雨后春笋般出现的新中小学和大学。[①] 事实上，伯利恒大学最初的资金来自梵蒂冈，当时安东和其他老师坚持认为，这个大学应该是一个既有穆斯林学生也有基督徒学生的世俗机构，阿拉伯世界也为学校募集了资金。安东·桑索尔和伊莱亚斯·弗拉杰这样的人，在许多方面都是国际推销员：他们出去找钱，然后把钱带回巴勒斯坦。伯利恒大学是天主教教士大学集团（Catholic Frères）的一部分，安东利用自己的人脉帮伯利恒大学的学位课程获得了认可。伯利恒是第一所受到国际公认的大学，为比尔泽特大学和圣城大学（Al-Quds）铺平了道路。弗拉杰向阿拉伯世界，甚至在美国福音派社区寻求捐助，帮伯利恒建立了高中。他出生于1918年，曾就读于戈巴特主教在耶路撒冷创办的一所新教学校，这让他对新教和福音派的圈子都有深入的了解。

在1970年代和1980年代出现的，为管理巴勒斯坦的学校、医院、福利会以及福利国家的所有其他要素而建立的机构，都被自觉地称为"民间社团"。伯利恒由大大小小的委员会管理，任何决定都是通过没完没了的投票缓慢推进的。"民间社团"一词既是一种描述，也是一种概念，它借鉴了合作与互生的左翼传统。伯利恒好像是在展示这样一个社会是如何运作的，并且有时候又是如何不起作用的。当莱拉制作她的获奖纪录片《开放的伯利恒》时，最初的粗剪版弄了三个半小时，人们除了坐在会议桌旁为拍摄过程的细节争论不休之外，毫无建树。即使是研究这段历史，我在伯利恒找到的书也故意省略了个别作者的名字，只列出了参与创作的委员会成员。伯利恒的民间社会包括独特的机构，它们是长期占领的产物。例如，巴勒斯坦囚犯协会（PPS），它为在以色列监狱内的囚犯及其家属提供福利和法律援

---

① 参见 Sharon。他在其传记 *Warrior*（1989）中费了些笔墨来阐述这一观点。

助。巴勒斯坦囚犯协会是巴勒斯坦人生活中的一个重要因素，因为60％的巴勒斯坦男子被监禁过，这意味着每个家庭都受到过影响，该社团的存在反映了他们的想法。1970年代中期，安东因共产党员身份而被捕，当时，该党被以色列视为一个特别的威胁，因为它是唯一一个在以色列及被占巴勒斯坦地区活动的政党。安东是在其家人向约旦方面发出强烈呼吁之后才被释放的，约旦人反过来游说以色列当局，强调安东的共产主义是社会性的，不存在政治方面的内涵。

即使有逮捕和军事管制，70年代也被视为黄金时代，至少与接下来的时代相比是这样的。1977年的以色列大选一度使占主导地位的工党垮台。曾任贝塔在波兰的领导人的梅纳赫姆·贝京成了新政府的领导人。贝京1940年代初从安德斯将军的中东波兰军队叛逃后，来到了巴勒斯坦，[1] 之后转入地下，领导了针对英国军队的恐怖袭击。虽然定居点在1977年之前就已存在，但是贝京的胜利标志着翻天覆地的变化，从那一刻起，以色列的政治和精力几乎全部投入了以牺牲巴勒斯坦人为代价的开辟新土地的事业中。伯利恒一直是定居点计划的主要焦点。最早的两个定居点——吉洛和卡法蔡恩——都建在伯利恒。今天，在80万定居者中几乎有四分之一生活在伯利恒辖区。死海沿岸有定居点和工厂，包括Ahava化妆品厂[2]，它横跨汲沧溪的出口，从东耶路撒冷来未经处理的污水流经这里。但大多数定居点都位于城市周边的环形路上。

贝京虽然曾经做过以色列总理，但他并不是获胜党利库德集团的创始人。利库德集团是一位名叫阿里尔·沙龙的以色列军人政治家的

---

[1] 贝京写了两部回忆录：*White Nights*（1977）和 *The Revolt*（1950）。他为自己逃离军队，并在反法西斯战争尚在进行之时领导了一场反对盟军的恐怖主义运动洗白。
[2] Ahava在希伯来语中是"爱"的意思。这是一个创立于死海地区并为全球公认的死海海泥护肤品牌。——译者

主意，1960 年代中期他在争吵不休的右翼党派之间通过协商建立了
这个联盟。沙龙在约旦河西岸的巴勒斯坦人中知名度极高。1953 年，
他在当时约旦统治下的巴勒斯坦城市凯比亚（Qibya）指挥 300 名以
色列军人进行了大屠杀。沙龙给他的部队的书面命令称，他们要"进
行最大程度的杀戮和财产破坏"。他的部队炸毁了 50 间房屋，杀死了
至少 69 名手无寸铁的平民。作为对策划 1977 年的利库德集团赢得大
选的回报，沙龙要求在约旦河西岸拥有自主权。他的总计划是绕过巴
勒斯坦民间社团，特别是市长，认为此人是巴解组织的特工。他将约
旦河西岸划分为七个区，并成立了一个名为乡村联盟（Village
Leagues）的新机构，由巴勒斯坦合作者组成。联盟的这个伯利恒分
部领导人是比沙拉·库姆希耶，他还被任命为约旦河西岸联盟的副主
席。尽管库姆希耶对以色列军方负责，但他拥有签发建筑施工和旅行
许可证的独一无二的权力。出售许可证成了可观的收入来源。1981
年 11 月，拉马拉地区的乡村联盟领导人优素福·哈提卜被巴勒斯坦
武装分子伏击并杀害。沙龙的回应是授权武装乡村联盟，使之成为一
支准军事力量。最高峰时，有 400 名巴勒斯坦合作者接受以色列军队
的训练。并被允许携带枪支。这支伯利恒部队由库姆希耶的四个儿子
领导，他们因纵容殴打及毁坏汽车和财产而臭名昭著。

　　这一时期发生了一场针对巴勒斯坦人市长的战争，市长们被逮
捕、罢免和谋杀。1980 年 5 月，由一个名叫梅厄·卡赫纳[①]的美国人
领导的犹太恐怖组织对约旦河西岸的 3 位市长发动了协同袭击。[②] 其

---

① 他是一位拉比，创建了激进的卡赫党（Kach Party）。该组织 1988 年被以色列当局
　裁定为非法，美国国务院于 1994 年宣布其为恐怖组织。——译者
② 参见 http://www.csmonitor.com/1980/0603/060337.html。这些袭击案中唯一被判
　有罪的人是拉帕波特，当时他是一名政府部长的顾问。他逃到纽约，在那里为以色
　列的慈善机构工作，然后返回接受短期监禁。目前仍然是一名活跃的定居者。参见
　http://myrightword.blogspot.co.uk/2006/11/era-me 和-some-wine.html。

中两名市长受重伤，第三枚炸弹炸伤了一名正在检查市长车辆的以色列士兵。库姆希耶在弗拉杰的汽车下面安放了一枚炸弹，但在爆炸之前被发现了：这不是弗拉杰如此脆弱的原因，我后来才知道。我见到他时他已经差不多80岁了，不习惯陌生人在与他握手时太用力。

以色列人逮捕了库姆希耶和他的儿子，指控他们放置炸弹，最终判他们犯有暴力罪。库姆希耶被判两年徒刑，他的儿子们的刑期从3个月到18个月不等。库姆希耶并没有服满刑期，他很快被提拔为约旦河西岸乡村联盟的主席。他的长子则接任联盟的伯利恒分部老大。1988年巴勒斯坦人起义期间（Intifada）乡村联盟解散时，他们仍待在自己的位子上。

起义期间，军队直接控制了伯利恒。起义始于1987年伯利恒学生的罢课。[1] 1988年，以色列人关闭了这些大学，并且一关就是整整五年，这件事成了安东个人心底的痛。巴勒斯坦民间社团在起义期间组织了罢工和示威活动，组建了激进组织，同时继续开展巴勒斯坦福利国家的基本运作。起义直接导致了《奥斯陆协议》的达成，并最终使巴勒斯坦民族权力机构得以成立。

早在1980年代，罗纳德·里根就提议让巴勒斯坦自治。贝京总理在没有与内阁甚至美国总统商量的情况下就断然拒绝了这一建议。[2] 1991年，贝京的继任者、出自利库德集团的总理伊扎克·沙米尔宣布，在克雷米桑修道院上方的军事监听站吉洛附近建立一个新的

---

[1] Sullivan，"Palestinian Universities in the West Bank and Gaza Strip"（1991）.
[2] 以色列人将美国拖入了黎巴嫩的灾难。美国的介入将使巴解组织被逐出贝鲁特，并重新驻扎到突尼斯。同一时期还发生了当时鲜为人知的真主党轰炸贝鲁特美国基地的事件。这是首次死亡人数超过1946年梅纳赫姆·贝京针对大卫王酒店进行恐怖袭击的爆炸案。

定居点。乔治·布什总统在一封信中要求沙米尔要么停止定居点建设，要么给出其他足以支持严肃谈判的实质性提议。沙米尔和他的前任贝京一样，对美国总统的来信置之不理。他说，他"只是在表达一种民意"。[①] 对此，布什的态度强硬起来。他威胁沙米尔，称美国将拒绝为以色列正在寻求从银行和国际市场筹集的100亿美元贷款提供担保。[②] 布什列举了一个事实，即他们很可能会将这类贷款用于建立犹太人定居点，这样做将违反美国的政策。沙米尔妥协了，允许以色列谈判代表参加马德里和平会议，但随后他在选举中败北。这次选举使伊扎克·拉宾领导下的工党重新掌权，拉宾是负责签署《奥斯陆协议》的人之一。

双方都有人反对《奥斯陆协议》，反对者提出了不同的议程和想法，而撮合这份协议的人很清楚和平的含义：两个国家都将遵守1949年的约旦—以色列停战线。很可能会做出领土上的让步，做出这些让步将包括在其他问题上的让步，例如在世界各地以难民身份生活的无国籍的巴勒斯坦家庭的返回故土的权利。如果协议达成，所有这些问题都有望得到国际社会的帮助和支援。

协议没有达成。

对奥斯陆的失败的任何评估都不能忽视1995年11月以色列首相伊扎克·拉宾的遇刺身亡。凶手伊格尔·阿米尔是有组织的右翼圈子的一员，并非单独行动：他的同伙也被定罪。像阿米尔这样反对奥斯陆谈判的人的观点——巴勒斯坦领土永远不能用谈判夺走——在以色列举行的反奥斯陆集会中得到了充分的反映。这一立场阻止了巴勒斯

---

① Foundation for Middle East Peace，Report on Israeli Settlements，Vol. 1，no. 5.
② Friedman 在《纽约时报》上的文章。参见 http：//www. nytimes. com/1992/03/18/world/bush-rejects-israel-loan-guarantees. html。

坦人实现自治和建国的任何可能性。

刺杀拉宾的凶手既不是个不合群的人，也不是个幻想家，这个事实反映了以色列的政治现实：反对者可能不是多数，也可能对什么时候该使用暴力这一点想法不一，但他们是主流的一部分。正因为他们是主流的一部分，所以没有一个以色列政治家会和巴勒斯坦人达成协议。我并不是说以色列政治家缺乏个人勇气。在某种意义上他们感到害怕：他们不相信能把任何可能达成的协议放到以色列民众的面前，而不会造成对社会的进一步破坏，或不会对负有责任的政党和政治家施以惩罚。认识到了这一点，国际政治家就不再使用布什曾推动沙米尔走上谈判桌的那种实质性威胁。相反，以色列政治家一直被小心对待，这样做似乎无异于是在奖励那些对奥斯陆谈判失败负有责任的人。

认识到没有以色列政治家会支持谈判这一点，已经成为问题的一部分。解决问题的可能性屈指可数。事实上，可能只有三个。首先，国际社会可以找到一种方法，诱使以色列达成协议，这一立场总是被描述为将以色列从它自己手中救出来（这听起来像是以恩人自居，却是事实）。或者，以色列政治家可以另辟蹊径，提供一种不需要与巴勒斯坦人谈判的替代解决方案，这是阿里尔·沙龙通过1970年代和1980年代的乡村联盟所采取的策略，而且他在2000年至2006年总理任期内继续采取单方面行动。第三种策略是什么都不做，现任总理本雅明·内塔尼亚胡已经将这种策略完善为一种极具攻击性的艺术形式。

第十一章　巴勒斯坦

奥斯陆之后

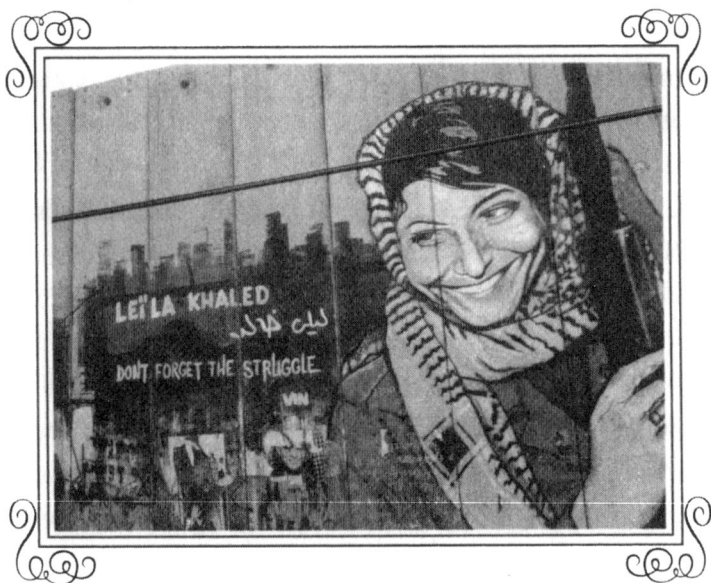

　　我问布洛斯是否可以借用他妻子的车去伯利恒周围的村庄转转。耶娃的那辆车是在以色列买的，挂的是以色列的车牌，可以在定居点的道路上行驶——即使驾驶员不是布洛斯也没关系。布洛斯问我是否

会开手动挡。我向他保证说没问题。然后，我一摸上方向盘，齿轮就磨得嘎嘎响，他脸上的笑容顿时僵掉了。

午餐时间快到时，我们到了拜特费贾尔村外，不知道那里的面包店东西好不好吃。米格达尔-奥兹定居点的巨大铁皮棚屋占据了村庄上方的高地，那是一个专门饲养火鸡和牛的工厂化农场。道路以平缓的曲线向低处延伸，一边是拜特费贾尔村，另一边是一系列采石场。我下车去拍照，这会儿风给人的感觉有些不一样，不那么干燥了，但变化不定。微风颇劲，足以扬起细小的碎石颗粒在空中打旋。我在前一天拜访了卡德尔外围的一个石匠，想看看 10 吨重的石灰石是从哪来的。来自伯利恒的石料以铺路石板和地砖的形式覆盖了耶路撒冷的全部所见之处。采石场是很深的地缝，在沙漠的衬托下看上去白白的。采石场的传送带被灰尘覆盖。我想，住在拜特费贾尔简直如同生活在地狱中，还好我戴着隐形眼镜。很明显这里有工作机会。伯利恒地区的平均失业率为 27％，而在最偏远的村庄，如纳哈林，年轻人的失业率高达 90％。相比之下，拜特费贾尔给人的感觉是一个相对富裕的城镇。

我们到达村庄的中心，发现街上挤满了正在午休的中小学生。他们三五成群地并排走着，所以我们不得不沿着主街缓慢前行。女孩们穿着有白色棉领的别致的蓝白条纹校服。

巴勒斯坦的学校由巴勒斯坦民族权力机构管理。《奥斯陆协议》让流亡的巴解组织领导人回到了巴勒斯坦，他们都是约旦和黎巴嫩战争的老兵，对医院、学校和社会福利机构的管理知之甚少。与之前管理这个国家大部分地方的巴勒斯坦民间社团相比，这些人对民主不那么敏感，对大大小小的委员会也不那么热衷，而且更习惯下命令或听命令。他们现在的任务是建立一个凌驾于民间社团之上并在许多方面取代它的政府。摩擦很快就开始了，而且总是被描述为"自己人"对抗"外来者"。冲突是围绕着从国外回来的人的腐败问题爆发出来的。①

　　我遇到的最引人瞩目的政府腐败案是 1996 年夏天的那个。当时我们正在桑索尔家的厨房里，莱拉的堂兄卡罗尔气急败坏地来了。原来有传言说，新任教育部长规定巴勒斯坦的每个孩子都必须从一家希腊制造商那里购买校服。安东的兄弟、卡罗尔的父亲塔菲克在自己位于拜特贾拉的家后面的一栋煤渣砌成的平房里经营着一家小型袜厂，而且巴勒斯坦各地还有其他纺织品厂，没理由从其他地方采购校服。这说不通啊。后来发现，教育部部长其实就是那家希腊工厂的老板。这件丑闻成了伯利恒茶余饭后的谈资，但当那项规定被撤销后，人们就逐渐淡忘了这事，我也忘了。看到拜特费贾尔的女生时我才又想起来。孩子们让我想起莱拉、她的妹妹拉里莎，还有她的堂亲卡罗尔、薇薇安、纳迪拉的一张合照，他们那时还是小学生，穿着同样的校服。时隔 20 年再来描述这桩丑闻，我真希望能找到那该死的白纸黑字的证明。我知道巴勒斯坦民族权力机构 1996 年委托完成了一份关于政府腐败的报告，该报告于 1997 年 7 月发布。报告指出，巴勒斯坦民族权力机构的 8 亿美元总预算中，似乎少了 3.26 亿美元，并确认了 3 名有腐败行为的部长的身份。阿拉法特主席将这份报告压了一年，到 1998 年，他决定保住这三名备受指责的部长，他们三人都是巴解组织的老兵。他还把最起劲地鼓动这份报告出炉的两位部长哈南·阿什拉维和阿卜杜勒·贾瓦德·萨利赫降了职，他们也都是自己人。阿什拉维和萨利赫辞职以示抗议。虽然我对校服丑闻一无所知，

① Graham Usher 和 Tarek Hassan Al-Ahram，"More of the same," *Weekly On-line* 13 - 19，August 1998，Issue No. 390. 可以在以下网址找到：http://weekly.ahram.org.eg/archive/1998/390/rel. htm。

但我发现，主席最终只解雇了一位部长，即教育部部长。

阿拉法特1998年的内阁改组反映出民间社团与巴勒斯坦民族权力机构之间无法弥补的分裂。这种恶感即使在四分之一个世纪之后也几乎没有减弱。然而，自己人和外来者的问题并不像人们通常描述的那样一成不变。返回的巴解组织官员并非从不批评阿拉法特。他们常常有自己的议程和势力基地。伯利恒的萨拉赫·塔马利在1982年以色列入侵黎巴嫩时被捕入狱，并成为黎巴嫩南部以色列监狱的所有囚犯的领袖。他于1996年回到巴勒斯坦，比其他巴解组织领导人晚了几年，因为以色列拖延了允许他返回的程序。无论在塔马利赫还是囚犯协会，他都有了自己的根基。塔马利对巴勒斯坦民族权力机构的许多方面都持批评态度，甚至批评过阿拉法特。他赢得了立法委员会议员席位，并于2004年成为伯利恒省省长。

如果说阿拉法特在回归的外来者中有竞争对手的话，那么他在自己人中也是有亲密伙伴的。实际上，在他的内阁成员中，巴解组织官员和当地代表之间是平分秋色的。然而，他选择的人很少来自民间社团的圈子。阿拉法特更喜欢任命商人为内阁成员。[①] 他转向金融家和技术官僚而不是社会组织者这一事实，看起来也许是一种背叛，但他不是唯一一个偏爱商人而不是社会活跃分子的政治领袖。阿拉法特的内阁成员人选问题，无疑反映了他相信金钱就是权力。在他生前，巴勒斯坦的全部预算都在他手上。

巴勒斯坦民族权力机构的收入主要来自外国援助和以色列收的巴勒斯坦的税。扣留税收，已经成为以色列对巴勒斯坦施压的手段。[②] 税

---

① Rubin 1998.

② 2008年、2011年、2012年、2014年、2015年分别代扣代缴。每一次都被视为对所谓的巴勒斯坦违规行为进行报复，几乎都是在它向联合国或欧盟这样的国际机构呼吁对以色列施加压力之时。

款支付得不规范，是巴勒斯坦民族权力机构一直处于财政困境的原因之一，以至于连支付像教师和市政工作人员、安全部队及自己的官员等国家雇员的工资都很吃力。自巴勒斯坦民族权力机构成立以来，"民间社团"一词往往只适用于非政府组织。虽然这些机构也经常面临筹集资金的危机，但它们有来自慈善组织的资金，也可以通过申请利基的外国援助资金来获得。这给了非政府组织一个独立于巴勒斯坦民族权力机构之外的资金来源，也意味着它们造成了巴勒斯坦国某种内在的"人才外流"。非政府组织可以为优秀的毕业生提供更有保障的工资、更多的自主权和更多样化的工作机会，而所受的政治监督却比在巴勒斯坦民族权力机构各部要少。

巴勒斯坦民族权力机构经常被指责为占领的工具和腐败的工具。这些指控在伯利恒这个持不同意见的地方尤其强烈。伯利恒的非政府组织中年轻人才辈出，由于巴勒斯坦各大学被关闭，他们基本上都是在国外接受的教育。当然，从某种意义上说，他们是对的：巴勒斯坦民族权力机构不过是占领的工具。《奥斯陆协议》促成了巴勒斯坦民族权力机构的成立，它专为处于敌对军事占领下的人民提供有限的自治，这种占领是一种独一无二的情况。我怀疑世上还有没有比当巴勒斯坦总统更糟糕的政治工作。

像校服事件那样明目张胆的腐败事件并不多见。现在巴勒斯坦政府的账目是透明的，并在网上公布。保密文化已经结束了。今天，当有人谈论腐败时，他们真正指的是裙带关系，而不是贪污或盗窃。为忠心耿耿的人提供工作机会，是巴勒斯坦政治生活中永远存在的特征。随着巴勒斯坦民族权力机构失去人气，它必须通过工作机会来交换支持率。到1990年代末，阿拉法特的问题在于他的政府与和平进程挂钩，而和平进程结束了。那种允许巴勒斯坦民族权力机构发行政府债券、吸引投资者，甚至不切实际地梦想有朝一日通过所得税筹集资金的乐观态度已不复存在。阿拉法特不再打算取悦所有的人，因此他的应对策略是取悦那些离他最近的人。他把好处都给了他的势力根基：法塔赫党。

将巴解组织变为巴勒斯坦民族权力机构的过程一直在鼓励发展裙带关系。《奥斯陆协议》达成前的巴解组织是一个国际性的对话场所，一个没有权力的伪议会，充斥着由叙利亚和伊拉克等令人讨厌的阿拉伯政权赞助的文官。在《奥斯陆协议》达成后，用巴勒斯坦民族权力机构取代巴解组织似乎是个明智之举，但这不可避免地导致了一个单一核心政党的地位提升。随着巴勒斯坦的国家收入下降，实现和平的希望越来越渺茫，法塔赫奖励效忠者的习惯变成了另一回事：一种绝望的迹象。法塔赫是迄今为止巴勒斯坦最人的政治组织；但它的受欢迎程度不堪一击，而这种恩惠是它奖励其成员并向他们灌输纪律的唯一途径。然而，给家庭成员提供工作机会会降低政府的质量，增加怨恨，并助长人才流向非政府组织。还有另一棘手的原因也制约了法塔赫，使其只能雇用效忠者。该党控制着安全部队，这个部队为巴勒斯坦人提供警察队伍，也为以色列提供安全保障。[①] 政府需要知道这些力量是忠诚的，特别是在政府的号召力最弱的时候。

巴勒斯坦人有着根深蒂固的反精英倾向。这可能是历史上长期与外国人打交道的结果，而那些外国人并不像他们自认为的那样聪明，也可能是巴勒斯坦革命的另一个遗产，在革命中每个人都是平等的，所有决定都是通过达成一致做出的。不管怎样，任何当权者都可能会

---

① 美国将军基思·戴顿对在安全部队内建立一支精锐部队承担了部分责任。2009 年，他警告说："如果你被告知你在建立一个国家而你并没有做什么，那么你可能只能在这里待两年了。"那是 8 年前的事了，所以巴勒斯坦民族权力机构越来越依赖军队固有的忠诚。*Time*，17 Nov. 2009。

看到激烈而持续的批评。具有讽刺意味的是，法塔赫跟其他任何组织一样，代表了这种受欢迎的左派态度：这毕竟是游击队战士的政党！然而，因为法塔赫实际上是当权者，它永远无法满足它所鼓励的民众需求。一个自由平等的社会是遥不可及的，部分原因是贫穷，部分原因是由于无能和裙带关系，但始终主要是因为它背负着以色列占领的重压。这种失败的历史记录使法塔赫的左翼民粹主义容易在右翼、在其伊斯兰对手哈马斯的新民粹主义面前不堪一击。

法塔赫所做的一切，都是盯着哈马斯。伊斯兰党是埃及穆斯林兄弟会的一个分支。1974年，宗教领袖谢赫·艾哈迈德·亚辛在加沙成立这个组织时，它是一家慈善机构。以色列于1979年批准了亚辛的慈善事业，直接通过巴勒斯坦的税收收入为其提供资金。这与阿里尔·沙龙的乡村联盟发生在同一时期，其原则也如出一辙。以色列没有把税收收据交给现有的、市长和市议会资助的市政学校，而是选择把钱交给亚辛的组织，资助宗教学校和福利慈善机构。1987年起义爆发时，亚辛组建了反以色列的激进组织哈马斯。亚辛撰写了臭名昭著的反犹哈马斯宪章，否定他之前与以色列之间有密切往来。

哈马斯在1990年代中期开始了一场恐怖活动，如今人们对它的印象最深的是自杀性爆炸。1996年以色列大选前夕，即2月底至3月初，发生了四次爆炸事件。选举是在拉宾被刺杀之后进行的，工党一开始领先了20个点，但爆炸事件很快把它炸没了。内塔尼亚胡在1993年成为利库德集团的领导人，他带领该党以一席的领先优势取得了意外的胜利。一旦执政，他就开始抵制和平进程中的任何行动，不去履行他签署的几项协议，而且还制定了一项政策拒绝参加任何有先决条件的谈判，这实际上中止了《奥斯陆协议》。

他的政府持政了三年，1999 年内塔尼亚胡因以权谋私而面临腐败指控。

在新总理埃胡德·巴拉克的领导下，工党重新掌权。他在一个不稳定的联盟领导下执政，但对和平进程采取了积极主动、大张旗鼓的做法，由此促成 2000 年在戴维营举行了新一轮的谈判。这些谈判均以失败告终。尽管巴拉克的联合政府正在分崩离析，但在戴维营会谈之后，2001 年 1 月又在埃及的红海度假胜地塔巴举行了新的会谈。不过这些谈判最终也失败了：这次是因为大选迫在眉睫，以色列谈判代表不得不突然退出。会谈的发起人美国总统克林顿也因为要为他的继任者乔治·W. 布什总统让路而无法继续参加谈判。

在 2001 年的以色列选举中，巴拉克将戴维营谈判的内容改头换面来主动出击，以此推卸为谈判失败所应负的责任。[1] 他竞选的依据是阿拉法特拒绝了所有提议，以至于扼杀了和平进程。克林顿正在逐渐退出白宫，却发表声明支持巴拉克编造的说法，希望这样可以让巴

---

[1] Eran Halperin 和 Daniel Bar-Tall 的文章 "The fall of the peace camp in Israel: The influence of Prime Minister Ehud Barak on Israeli public opinion: July 2000-February 2001"（2007）对该问题做了充分讨论，结论如下："巴勒斯坦人在 2000 年 9 月至 2001 年 2 月的暴力活动范围有限，与之前的暴力冲突没什么不同。因此我们认为，以色列公众在 2000 年秋季经历的心理地震的关键因素是埃胡德·巴拉克提供的信息，这些信息以特定的方式界定了 2000 年夏季和秋季的重大事件。也就是说，我们确实认识到戴维营的事和起义的开始对公众舆论产生了影响。但我们的观点是，影响公众舆论的决定性因素在于对这些事件的解读。它们并非孤立存在，而是存在于将它们呈现给公众的框架之内。正是提供的信息对这些事件赋予了意义。主要的信息表明，巴拉克提供了一切有关阿拉法特拒绝接受提议的信息：阿拉法特企图铲除以色列，阿拉法特坚持认为数百万巴勒斯坦难民有权返回以色列，他策划了起义并恢复执行恐怖政策等。以色列机构接受了这一信息，大多数媒体都大量传播了这一信息。最终，埃胡德·巴拉克提供的信息在对抗的早期被绝大多数以色列犹太人社会所接受，因而对以色列的和平政治以及巴冲突产生了决定性影响。实际上，他所提供的信息已成为以色列犹太社会中有关戴维营峰会和发生第二次起义的官方主流及大众的集体记忆。我们认为，巴拉克信息之所以被广泛接受，原因是多种因素的巧合：在特定的时间点、在特殊的社会背景、领导人（即埃胡德·巴拉克）及听众（即以色列犹太社会的大多数人）之间，在信息和特定的环境条件（例如暴力）下。"

拉克在民调中的成绩有所改观。① 而阿拉法特则被贴上了拒绝主义者的标签——尽管以色列和美国代表团的其他谈判代表后来强烈反驳了巴拉克/克林顿的说法——在以色列激烈的竞选活动中，有人给阿拉法特安上了一个说法，说他放着巴勒斯坦所能期待的最好的协议不要，反而选择拥抱恐怖。② 这个说法对巴拉克毫无帮助，对利库德集团领导人、重振旗鼓的阿里尔·沙龙却正好合用。他在经历了 20 年的政治冷遇之后重返政坛，并以和平进程是虚假的为理由开展竞选活动。由于双方都认为和平进程是个骗局，以色列公众自然就选择了那个从未相信过和平进程的人，而不是那个不打自招地承认自己容易受骗的巴拉克。沙龙以压倒性优势获得大选。

从那以后，巴拉克有关和平进程的描述使人们对阿拉法特的看法大打折扣。20 世纪最有趣、最有活力的政治领袖之一，因一位绝望的政客在一次他不可能获胜的选举中编造的故事而被人们铭记。但比玷污阿拉法特的声誉更糟的是，这个故事同时也扼杀了和平进程。巴拉克和克林顿把巴勒斯坦领导人描绘成不值得信任的暴力分子，这等于说以色列未来的任何政治家不再认真对待谈判都是情有可原的。沙龙从未打算进行任何谈判。随着第二次起义愈演愈烈，巴勒斯坦人的

---

① 有很多关于克林顿干预塔巴会谈的报道，他称是阿拉法特拒绝谈判，尽管阿拉法特实际上已经就新的参数达成了一致，是巴拉克关闭了塔巴会谈。关键文件是比尔·克林顿总统 1 月 7 日星期日晚在纽约举行的以色列政策论坛会上的讲话。他说，阿拉法特和巴拉克已接受他的提议。参见 Transcript of Clinton's remarks to the Israel Policy Forum gala（2001），http：//edition. cnn. com/2001/WORLD/meast/01/08/clinton. transcript/。

② "Palestinians Reject Peace Proposal," *The Guardian*, 8 Jan. 2001. 这就是在以色列大选中上演的故事。克林顿的谈判代表丹尼斯·罗斯在竞选活动中也接受了采访，以支持巴拉克。他指责阿拉法特的拒绝主义，称其"界定自己底线的方式任何以色列政府都不可能接受"。在同一个采访中，他还指责沙龙的清真寺之行破坏了和平进程，他说："我能想到几个坏主意，但我想不出比这更糟的了。"参见《纽约时报》上 Jane Perlez 的文章，http：//www. nytimes. com/2001/01/29/world/us-mideast-envoy-recalls-the-day-pandora-s-box-wouldn-t-shut. html。

抗议与暴力事件不断上演，军队的镇压和枪击不断升级，沙龙当上了以色列总理。

如果要说某个单一事件是第二次起义的导火线，那就是沙龙在2000年9月访问了耶路撒冷的阿克萨清真寺。以色列领导人但凡造访阿克萨清真寺都是敏感，都会受到以色列法律的严格限制。沙龙并没有独自进去，陪同他的是一支由1000名警察组成的安全部队。摆在人们面前的画面说明了一切：看起来沙龙带着一支军队入侵了清真寺大院。如果有人错过了这一点，还可以听听随后沙龙发表的胜利演讲，他宣布这个地方将永远掌握在以色列人的手中。几年前，在清真寺下方修建隧道的决定导致耶路撒冷发生了三天的骚乱。沙龙清楚自己小小的入侵行为会引发暴力，而这让他登上了总理宝座。

第二次起义是一场黑暗和暴力的灾难。我的岳母蕾莎·桑索尔是个寡妇，独自住在伯利恒的家中。2001年10月，以色列人炮击了附近的德黑沙难民营。2002年3月5日，一架以色列F-16战机轰炸了她家对面的伯利恒政府大楼。爆炸的冲击波将她家房子的屋顶掀开，压弯了所有的金属卷帘门。当爆炸的力量穿过整栋大楼，朝向爆炸大楼一侧的百叶窗向内炸开，而另一侧的百叶窗则向外弯曲。我不知道蕾莎是如何应对这场灾难的。她是战争年代成长起来的俄罗斯人，从来没有想过让谁来分担她的恐惧或焦虑。

莱拉和我来到伯利恒，在那里度过了那一年的大部分时间。以色列的轰炸和入侵，不时地被自杀式袭击打断。自1990年代以来，哈马斯自杀式炸弹袭击的真正目标是法塔赫，至少我是这样认为的。哈马斯不相信他们能对以色列造成任何改变，他们只是为了表达巴勒斯坦民粹主义的不满。随着局势演变成彻头彻尾的暴力行为，与法塔赫

有关的激进领导人做出了回应。在伯利恒，由法塔赫武装分子组建的
骨干队伍占据了拜特贾拉山上的阵地，向山谷对面的吉洛定居点射
击。他们甚至摆好姿势让伯利恒电视台拍摄他们。一家内衣店的楼上
有间工作室，那里就是小小的伯利恒电视台所在地，我看到一段视
频，一个壮实的孩子拿着一把通常安装在装甲运兵车上的那种机关
枪，并炫耀自己让这种枪能像并步枪一样。夜间的枪击事件带来了开
枪还击、直升机袭击和军队入侵。

　　在伯利恒的德黑沙难民营，一名好战的法塔赫领导人越过界限，
开始招募自杀式炸弹袭击者。我还记得 2002 年 3 月 29 日发生的那起
震惊伯利恒的事件，当时我们听说来自营地的一名 18 岁女孩，学校
的优等生，在马尔哈购物中心附近引爆了自己身上的炸弹。在我看
来，这似乎证明了恐怖活动已成为法塔赫民兵与哈马斯之间战斗升级
的一次演习。这是一种情感勒索，把注下在巴勒斯坦社会，想以此赢
得民众的支持。这些死亡事件的目的不是恐吓以色列，一切都是关于
纪念那些死去的男孩和女孩的海报，每死一人，海报都会贴满全镇。
随着以色列报复性袭击的加剧，死去青年的地位不断攀升。在人们的
情绪里，他们以牺牲自己的生命来回应以色列的暴力行为。这是一场
只有哈马斯才能获胜的军备竞赛，因为它没有任何社会或国际责任，
而执政的法塔赫正在被拖向毁灭之路。

　　联合国安理会通过一份决议要求以色列保持克制，阿拉伯部长会
议产生了一份广受赞誉的文件——《阿拉伯和平倡议》——表示充分
承认以色列的地位，[①] 在这样的背景下，以色列军队入侵了约旦河西
岸。入侵前夕，阿拉法特曾主动提出立即无条件停火。以色列政府的

---

① 全文可在新闻网站上看到，比如英国广播公司的 http：//news. bbc. co. uk/1/hi/
world/middle _ east/1844214. stm。

回应是宣布阿拉法特为敌人，并包围了他在拉马拉的住所。克林顿和巴拉克谎称是阿拉法特扼杀了和平进程，以致一位老人在他的骨干队伍的环绕下，被禁锢于卫生条件恶劣的环境，水和暖气也被切断。他活了两年，于2004年11月11日去世。

入侵拉马拉正好是在耶稣受难日那天。复活节的那个星期一，我参加了伯利恒的一次示威活动，其中既有巴勒斯坦人也有外国人。一名以色列炮手坐在装甲车上开火。弹片打在我们面前的路上，开始弹进我周围的人的身体，人们纷纷倒下。我看到英国广播公司的战地记者蜷缩在她的车后，子弹掠过她周围的柏油路。我带着一名受重伤的示威者去了医院，医生从她的腹部取出了弹片。

那天晚上伯利恒被入侵了。我们被阿帕奇直升机从房顶俯冲而过的轰鸣声，以及向德黑沙难民营方向发射炮弹的声音吵醒。一枚制导导弹把伯利恒大学的一侧轰了个大洞，更多的导弹飞向了露天市场区域。正如我们两天后所了解的那样，战斗集中在主诞教堂周围：150名男子在教堂内避难，其中有士兵、附近的居民和伯利恒警察。以色列军队对教堂进行了长时间围困。

在那几周里，我两次试图和同一波遭到枪击的外国人接近教堂。露天市场散发着一股腐烂食物的气味。肉类和蔬菜在电被切断之前已经锁进了冷库。在我头顶上的房子的窗户里，几个小孩偷偷往外看，想知道街上都有什么人。他们被关在房子里好几个星期了。我们两次尝试去教堂送些食物，结果都以被军队赶走而告终。我想我自愿去开救护车或许可以帮上点忙，因为我没什么能为教堂里的人做的。在我放弃后，一小群外国人不仅赶来了，而且设法进入了教堂，并在整个围困过程中一直待在里面。

以色列人用起重机将一个集装箱吊在了主诞教堂的上空，把它变成了狙击手的哨所。子弹从屋顶落下，大教堂与建筑群中唯一的蓄水池之间的空地也布满了狙击手。至少有一人在取水时被打中。阿拉法特任命萨拉赫·塔马利为首席谈判代表，担任伯利恒的巴勒斯坦民族权力机构的高级官员和巴勒斯坦囚犯协会的领导人。塔马利摆出了一个毫不妥协的立场，拒绝同意将教堂里的任何人流放。结果，他迅速被阿拉达特罢官。最终的协议是国际社会出面促成的。英国运输机把 13 名巴勒斯坦武装分子运往塞浦路斯，在第三方国家重新安置。另有 26 人被送到加沙，予以国内流亡，84 名平民被释放。

　　以色列入侵之后的第一次巴勒斯坦议会选举到 2006 年才举行，对法塔赫来说是一场灾难。① 该党组织如此混乱，无法向其地方委员会灌输纪律，后者经常派出候选人对着干。法塔赫的选票被自己搞得很分散，为哈马斯的胜利扫清了障碍。在加沙，哈马斯因赢得选举而胆大妄为，双方在安全部队归谁掌握的问题上僵持不下，不惜动用军队。哈马斯击败了法塔赫的军队，从那时起统治了加沙。哈马斯在约旦河西岸的活动基本上是地下的。伯利恒市长伊莱亚斯·弗拉杰于 1997 年退休，取代他的是身材高大、彬彬有礼的哈拿·纳赛尔。"哈拿"等于阿拉伯语的"约翰"。纳赛尔选择不参加 2004 年的伯利恒市政竞选，那次竞选中哈马斯成员以独立人士的身份参选。法塔赫希望获胜，但选举结果导致了议会分裂，联合起来的独立议员选择了非法塔赫候选人维克托·巴塔舍博士，一位精明能干、仪表堂堂的 71 岁全科大夫。巴塔舍是在巴勒斯坦人民解放阵线及其拥戴者的支持下参

---

① 2006 年 1 月 27 日，《华盛顿邮报》的标题是"Hamas Sweeps Palestinian Elections, Complicating Peace Efforts in Mideast." 参见 http：//www. washingtonpost. com/wp-dyn/content/article/2006/01/26/AR2006012600372. html。我的大舅子马克西姆·桑索尔当时是巴勒斯坦选举委员会的成员。那是一个奇怪的夜晚。

加议会竞选的。在他任职期间，重建伯利恒所需的外国援助因此次入侵而遭到冻结，原因在于哈马斯在他升任市长的过程中发挥了作用。来自法塔赫的市长终于在 2012 年的选举中回归，她叫维拉·巴伯恩，是自圣葆拉以来第一位管理伯利恒的女性。

第十二章 定居者的未来

伯利恒坐落在甜甜圈形的以色列古什埃蔡恩定居点内。这个名字来自约旦河西岸的第一个定居点卡法蔡恩,后者在1967年战争后建立,目的为确保耶路撒冷的供水。以色列的工程师选择绕开穿过伯利

214

恒、有着两千年历史的渡槽，直接从艾因法霍尔泉取水。这个定居点虽然是个土木工程项目，但据称是为了纪念 1948 年 5 月在卡法蔡恩的死难者并为他们复仇。[①] 报复原则一直是以色列在巴勒斯坦政策的一个关键特征。声称有权为上一代人的事复仇，意味着历史错误在人们的记忆中永远不会消失。1948 年 10 月在希伯伦的达瓦伊马村（al-Dawayima）实施的大屠杀更是如此，它被认为是为卡法蔡恩的大屠杀死者复仇的正当行为。[②] 那支在代尔亚辛执行大屠杀的贝塔部队后来被编入哈加纳的第八营，达瓦伊马村大屠杀也出自他们之手。[③] 像这样无休止的报复行为意味着每一次伤害都是一个无法愈合的伤口，只要有可能，就必须用尽可能多的人的性命无限期地偿还，而且就这样冤冤相报下去。这就是定居者的未来吗？

1967 年时，卡法蔡恩包含一个军事基地附近的几所房子。1977年，贝塔的老牌指挥官、现在的利库德集团的领导人梅纳赫姆·贝京获胜后，定居点开始扩大。目前伯利恒周围的 42 个定居点中，有 34个建在此处（完整名单详见附录）。事实上，古什埃蔡恩由两个独立的街区组成：东古什埃蔡恩和西古什埃蔡恩，或者更确切地说，是丘陵和沙漠。西部地区较老和较大的定居点靠近敌我分界线。这里的社

---

① 一天之中，达瓦伊马村有 80 至 200 个百姓丧生，以色列目击者的记录详细描述了殴打儿童致死、强奸妇女和焚烧房屋的罪行。实施这场屠杀的人至少有一部分来自以色列的军队，此次事件与早些时候的代尔亚辛大屠杀类似，但在许多方面要严重得多。参见 Benny Morris 1989 和 Illan Pape 2006。

② 参见 Morris 1988。也可见 http://jfjfp.com/? p＝80269 上的 We Established a State on the Mass Graves of Others 一文，其中引用了以色列非政府组织的 Zochrot 对大屠杀的描述。

③ 以色列知识分子 Amos Kenan 是参与这两起大屠杀的士兵之一。他妻子写的传记推翻了他之前对英国记者达夫娜·巴拉姆所说的，即他没有参加代尔亚辛行动。Gertz Nurit, *Unrepentant*（*Al Da'at atzmo：Arbaim pirkei haim shel Amos Kenan*），特拉维夫：Am Oved 出版社，2008。我没有读过这本传记，信息来源为维基百科的英语和希伯来语二手资料。

区居民已经看到，通过新的道路和公共设施以及对他们居住区的铁路沿线的改善，自己的家园越来越多地融入了以色列。相比之下，伯利恒东部沙漠一侧的定居者却总是有些格格不入，沙漠和偏远地区吸引了更多有思想的定居者。定居者在离 20 万巴勒斯坦人很远的地方建造自己的家园，他们仔细盘算后认为要融入以色列不是一件容易的事。为了生活在这些定居点里，人们已经在赌博，赌的是总有一大整个巴勒斯坦将被囊括进一个永远给巴勒斯坦下层阶级留一席之地的犹太国家。①

一条环形路将古什埃蔡恩定居点的东西两侧连结了起来，这条环路环绕着伯利恒已建成区域的最外围的几栋房屋，并有效地将这个城市与其村庄、农田和沙漠隔开。紧贴在这条公路后面的伯利恒，就像一座露天监狱。在西面，环形路被一堵 8 米高的混凝土墙加固。在南面和东面，有两排铁丝网围栏和一片碎石子铺的无人地带。

到 1999 年，伯利恒地区有 5 万名定居者，② 而巴勒斯坦的人口为137286 人。到 2008 年，伯利恒的人口已经增长到 176235 人，而定居者的人数已经跃升至 12 万到 13 万人。这些数字表明，定居者人数很快就会超过巴勒斯坦社区的人口。但事实证明这只是幻觉。到2016 年，定居者人数为 14.2 万人，而伯利恒的人口则已增至 20.1万人。

定居点继续扩大。有计划建设更多的定居点，不过可以肯定的

---

① 尽管大多数以色列人都不是定居者，但定居点决定了以色列的政治。以色列有 600万犹太人，其中 80 多万人生活在敌我分界线之外，50 万人自称定居者。这种差异是因为其他人住在耶路撒冷的郊区，他们忘记了那里是定居点，或者他们从未将其视为定居点。参见 http://www.timesofisrael.com/settler-group-says-421000-israelis-now-living-in-west-bank/。
② 巴勒斯坦人口数字来自 1997 年 ARIJ/PNA 人口普查。据"和平组织"估计，除去耶路撒冷，定居者人数为 9 万人。

是，以色列犹太人永远不会在约旦河西岸占绝大多数。居住在东古什埃蔡恩仍然是一场政治赌博。以色列政府致力于扩大定居点，但标出来要扩建的地区靠近敌我分界线和耶路撒冷，很容易用上以色列的基础设施，而又不会有东古什埃蔡恩那种好像住在军事区域的"定居感"——那里有武装警卫、门房，并且巴勒斯坦工人根据法律必须受到犹太武装人员的监督。比如，政府计划在夫钦河谷和瓦拉耶周边划出土地进行扩建。他们目前也在靠近耶路撒冷的吉瓦哈玛托斯和吉洛盖房子，对许多以色列人而言，这已经是该城扩张的一部分。历史学家、曾任耶路撒冷副市长的梅隆·本韦尼斯蒂认为，看似是由意识形态驱动的运动，似乎完全不是那么回事。正如他简明扼要地指出的那样：定居点是一个"用犹太复国主义的花言巧语来牟取利益的商业地产项目"。

新建房屋所用的土地没有任何成本，这样一来，开发商的运营开支等于是全世界最低的。这些新房屋将获得丰厚的抵押贷款补贴，这对以色列国内的银行业是很有利的。与最近在英国和美国实行的量化宽松政策相比，廉价住房更能有效地支撑一个陷入困境的行业。该定居点项目缓解了国内银行业的货币供应，使以色列的蓝领家庭受益，也为那些错过了高科技武器、软件和计算机系统的繁荣岁月的人造福，高科技武器、软件和计算机系统壮大了以色列的精英阶层。只要国内经济由房地产和廉价抵押贷款支撑，任何削减新房供应的企图都有可能会导致对政府产生反弹的金融危机。

也就是说，定居点在很大程度上是一个老式的殖民项目。坚定的定居者也许不会以这样的眼光来看待这件事情，但对于整个以色列来说，约旦河西岸就是一个信贷银行：它提供的甜头使经济继续对较贫穷的公民有利，而这些人也往往就是利库德集团的核心选民。约旦河西岸的一切都是自然资源：它是空置的土地，而不是我们更熟悉的钻石或石油等殖民地项目。这就是为什么房地产百万富翁在以色列政党的捐款者中比例如此之高。并不是只有以色列商人——还包括法国和美国的捐款者，包括美国总统唐纳德·特朗普。[1] 特朗普可能被嘲笑为一个没有经验的政治家，但比起他的前任来，他也许对占领问题的实质看得更清楚。

占领问题的复杂性令人难以置信。[2] 它由一个向军事当局汇报工作的民事当局管辖，这两者与定居者委员会（即耶沙定居点委员会）并存。这个委员会根据各种相互矛盾的法律法规运作（有奥斯曼帝国的、英国的、以色列民用的、以色列军队的），但这些全都以军事机密为先。这种复杂性在伯利恒再明显不过了，那里有支路、隧道和立交桥，目的就是把犹太定居者和伯利恒人隔开。水管和电线也各不相同，以确保只有巴勒斯坦人会被停水停电。就连夹在空气中的微波波段也被隔开了，各有各的电信通讯系统，这样哈尔吉洛的监听站就可以收听到伯利恒说的一切。

从地下深处至我们头顶之上，在各个层面上，这种隔离系统给犹太社区提供了舒适的生活方式，却使巴勒斯坦人的生活更为艰难、残酷。南非荷兰语中，"种族隔离"一词的意思是"分离"，以色列一直将对约旦河西岸的控制体系描述为分离；例如，以色列官方用语中将那道墙称为"隔离墙"。使用"种族隔离"一词通常被认为是挑衅，这意味着很难将西岸发生的事情与任何类似情况进行比较。如果它不

---

① 参见 Shuki Sadeh 的 Who Are the Biggest Contributors to Politics in Israel? Many Live in New York and Miami? (2015)。

② 以色列建筑师 Eyal Weizman 在他的 *Hollow Land* (2007) 一书中，试图解读这种复杂性。

能被描述，那么问题就来了，也就是说没有人能完全理解它是什么——所以我们更愿意说："啊，嗯，是的，可我听说它很复杂。"

然而，这种复杂性掩盖了一个基本的简单性。正如 2016 年圣诞节，联合国安理会的决议所重申的，约旦河西岸处于敌对的军事占领之下。这是一个人们可以想象的简单情况：战争的结果导致军队占领了领土。它甚至不是非法的：它只是对一种状况的描述。但是，占领受战争法的制约，目前的法规是《日内瓦公约》。该公约禁止一国因战争而获得领土，也禁止以相当于拥有该领土的方式采取行动或牟利。例如，以色列和约旦之间建立绿色停战线的协议规定，在巴勒斯坦问题上的任何决定都必须以和平的方式做出。在这份文件中，以色列同意不通过战争来取代和平谈判。它在约旦河西岸所做的一切都与这项协议及其签署的其他协议相抵触。以色列不能建造房屋，不能将平民迁入被占领土，不能经营企业、组织度假和旅游，不能出售化妆品、经营呼叫中心、养殖火鸡和奶牛，也不能出售参观考古遗址的门票等。这是人们在考虑占领国对平民的责任之前所要做的：不能驱逐他们、摧毁他们的家园，或对他们采取集体惩罚。

《日内瓦第四公约》[①] 是针对德国在第二次世界大战中的行为，特别是入侵捷克斯洛伐克而制定的。我们常常会想起英国首相内维尔·张伯伦对德国入侵捷克斯洛伐克所采取的绥靖政策，但我们忘记了事情的来龙去脉，忽略了张伯伦并不是唯一一个相信绥靖政策是可以接受的人。正如西蒙·温德尔在其著作《日耳曼尼亚》（Germania）中所详述的那样，19 世纪欧洲民族主义的出现引发了人们对民族志的浓

[①] 《日内瓦公约》是 1864 年至 1949 年在瑞士日内瓦缔结的关于保护平民和战争受难者的一系列国际公约的总称。《日内瓦第四公约》意在为平民（包括被占领土上的平民）提供保护。——译者

厚兴趣。捷克斯洛伐克北部原本是德国先民的摇篮，这一观点早在纳
粹上台之前就被几乎所有的德国人所接受，不论其政治信仰如何。结
果，不只纳粹支持吞并苏台德地区。这是一个广受欢迎的措施，感觉
就像是让德国的一部分重回怀抱。难怪张伯伦动摇了，认为吞并一片
主要讲德语的捷克斯洛伐克领土是历史的必然，而不是战争罪行。

最近，我们又看到塞尔维亚宣称，科索沃是塞尔维亚民族和国家
的摇篮，这一信念可以追溯到 12 世纪。俄罗斯吞并了克里米亚，理
由是它有些人口是讲俄语的，并且从 1783 年到 1954 年，克里米亚是
俄罗斯不可分割的一部分。塞尔维亚对科索沃的主张遭到拒绝，俄罗
斯在克里米亚的行动也继续受到谴责。许多以色列人，可能是大多数
定居者吧，认为他们对约旦河西岸的主权要求与这些案例无法相提并
论。他们对权利的主张有三种形式。第一种是宣称巴勒斯坦不是被占
领土，因为它从来没有独立过，所以也从未被"拥有"过，这就好比
声称在地上发现一分钱没有主人，于是发现者就把它据为己有。然
而，无论是否有所有者存在，对局势没有任何影响：如果领土是通过
战争获得的，那么平民就处于敌对的军事占领之下；在此基础上采取
任何改变当地事实的步骤都是非法的。

第二种是声称法律状况在占领过程中发生了变化，声称《贝尔福
宣言》允许这个犹太国家对约旦河西岸感兴趣，它是历史上巴勒斯坦
的一部分；约旦于 1988 年决定放弃对西岸的主权，这使得该国除巴
勒斯坦人之外，没有任何其他与之矛盾的诉求；并且 1993 年的《奥
斯陆协议》使以色列声称该领土属于有争议领土而非被占领土的主张
具有法律效力。这个说法是第一个论点的华丽版，更冠冕堂皇，之所
以变得更为复杂不过是因为它对以色列到底要争论什么表达得含糊不
清。如果以色列是与巴勒斯坦人争论领土的所有权问题，这也没有什

么区别：它仍然是一种敌对占领，巴勒斯坦人仍然是平民，仍然属于《日内瓦第四公约》规定的范围。如果他们只是争论巴勒斯坦是否被占领的法律问题，那么争论是片面的：联合国每一个被问到的成员国对于以色列是敌对的占领国这一点都没有异议。[①] 这就是为什么 2016 年圣诞节通过的联合国安理会决议在以色列引起震惊。这一决议等于断绝了以色列的念头，后者抛出过一个论点称局势已经随时间发生了变化。这一投票结果是在提醒以色列，情况没有变，只要以色列不能和平共处，《日内瓦第四公约》就适用于它。

以色列的第三个主张是上帝单单把这片土地给了犹太人。无论这种说法是超自然的还是仅仅是祖先的话，它构成了对这块土地的一种祖先依附，类似于德国对苏台德地区、塞尔维亚对科索沃的主权要求。但以色列人不这样看。在以色列，人们认为这样的类比是种冒犯。当然，将以色列的主张视为独一无二的，其主要后果是，巴勒斯坦人被事先禁止提出同样的诉求。巴勒斯坦人对这块土地的主权要求与通过任何人、任何地方与任何家园产生的任何关联一样古老和深刻，但在以色列境内提出这种主张几乎是不可能的。

我不确定是否有人因为认识到合法性或逻辑性而改变了自己的想法。至少，在巴以冲突中没有人这样做。然而，我一直觉得我需要听听定居者自己的看法。

机会忽然从天而降。

我开车带着布洛斯，沿着定居点环形公路的一段走，它俗称利伯

---

① 美国一直明确表示，以色列违反了《日内瓦第四公约》。然而在 2004 年，美国总统乔治·W. 布什给以色列总理阿里尔·沙龙写了一封谅解函，称以色列可以期待在达成和平协议后能继续拥有约旦河西岸的大片土地。很难想象还有什么比布什的信更像张伯伦的绥靖政策的了。

曼公路，是以以色列部长阿维格多·利伯曼的名字命名的，他住在诺
克迪姆，那是围绕着希律堡建造的像钟面上的数字一样排列的定居点
中的一个。有个以色列的笑话说，修建这条路是为了让利伯曼上下班
路上少走半个小时，但事实上，这条公路第一次让这些沙漠定居点有
了到达耶路撒冷的基础设施的途径，增加了定居者的信心，他们永远
也不会被迫离开。另一位部长泽耶夫·埃尔金住在希律堡的另一个定
居点卡法伊利达。在由房地产开发商资助的政客名单中，埃尔金的名
字非常显眼。[①]

那是我参观希律堡山一周之后，我故地重游是想再看看发现安萨
哈利情侣雕像的克里图恩河谷。我可以看到河谷的口，但不知道如何
进去。布洛斯也不知道。路标指示观光者前往提哥亚的定居点。定居
者的家被布置成一系列同心圆，就好像山被一条龙缠绕，挤成了一圈
一圈似的。当我把车停在定居点的门房时，我猜布洛斯和我一样紧
张。虽然以色列人可以是很好的朋友，但我之前与定居者的所有交往
都糟透了。在希伯伦时，一个女人冲过马路朝我脸上吐口水，尖声叫
骂我是"纳粹"；而当我试图让某次示威游行中的一个男孩平静下来
时，却发现一把手枪顶在了我额头上。所以，当我看到一个带枪的年
轻人从门卫室出来时，我心里忐忑不安。

当然，他是你能想象到的最好的人。

他检查了我的护照和布洛斯的身份证。在询问布洛斯是否有进入
定居点的许可后，他告诉我们他怀疑我们也许不会获准进入，但他说
他会和他老板谈谈。在此期间，他邀请我们喝咖啡。我们在他小屋外

[①] 以色列议会的第三位成员，以色列议会发言人尤利·爱德斯坦住在西古什埃蔡恩的
奈维丹尼尔。这三人都是俄裔以色列人，Edelstein 的父母就住在那儿。他的父母是
基督徒。其父是由犹太教皈依，现在是一名牧师。

的一个遮篷下面站着，他用水壶烧了水，等待他的老板回电话。他打量了我们的衣服，并暗示我们的穿着不适合去洞穴。我穿着牛仔裤和衬衫，布洛斯穿着短裤和凉鞋。显然我们需要靴子、手电筒和头盔，因为洞穴在地下绵延达数英里。这个卫兵 20 多岁，出生在提哥亚，一生都在和这些洞穴打交道。

我问他是否有可能通过河谷到达死海。他告诉我这并不容易，因为天就快黑了，我得学会看星星找方向，因为 GPS 不可靠。我问他是怎样学会用星星导航的。

"在他妈的军队待了 5 年。"

他的脖子上有道疤，这是 2014 年最后一次入侵加沙时留下的纪念。我没问他这事是怎么发生的。也许我应该问，但我更想自己去搞清楚。据称，这场战争是在 3 名以色列青少年遭到来自希伯伦的两名分别为 29 岁、32 岁的男子绑架和杀害后，以色列对哈马斯的镇压。绑架者与加沙的哈马斯组织之间的联系从来没有得到过充分的证实，战争导致 2000 名巴勒斯坦人死亡，其中至少四分之一是平民。复仇的精神引出了对杀戮的各种反应。一群定居者在马勒阿杜米姆附近建了两个新的前哨。贝塔的耶路撒冷足球俱乐部的 6 名球迷折磨并杀害了一名 16 岁的巴勒斯坦男孩。一个政府部门指示军队夺取了在夫钦河谷附近的伯利恒居民的私人产业——格沃特定居点的 1.54 平方英里的土地。① 工业部长纳夫塔利·贝内特表示，这是"犹太复国主义者对谋杀行为应有的反应"，尽管这片土地并不归绑架者的家属所有，也不属于哈马斯的支持者，是在伯利恒，而不是在绑架者的家

---

① 2016 年 2 月，贝内特提出了一项法案，追溯性地将盗窃巴勒斯坦私有财产合法化。目前没有比梅隆·本韦尼斯蒂的解释更清晰的了，他指控定居点是"一个运用犹太复国主义说辞牟利的商业房地产项目"。

乡希伯伦。所有这些单独的报复行为都来自以色列社会的不同人群，没有一个与最初的罪行有任何关联，对此做出的反应之间也没有任何协作。这些完全是一种个人的自作主张，只能证明愤怒和复仇是没有止境的。除了贝内特没收私人土地之外——那只是生意。

我没问守卫他在战争中充当什么角色。当他说战争"是狗屎，一坨臭狗屎"的时候，我的耳朵竖了起来。他的幻想破灭了，打算移民美国。他不确定会在那里待多久，也许永远，也许不。

我一直没问他的名字，对我来说这样做不太友好。事实上，我被他的开朗、温暖和自信给迷住了，其实他看起来很像法国电影明星罗曼·杜里斯。我发现头脑里冒出一种讨厌的想法，如果肩上挎一把赫克勒-科赫冲锋枪会很容易让人自信。布洛斯也感受到一种兄弟情谊，他马上出来告诉守卫，说他以前从未见过像他这样的定居者。耶娃后来提醒我们，提哥亚已故的拉比梅纳赫姆·弗罗曼以努力与巴勒斯坦团体对话而闻名。[①] 他被誉为唯一一个古怪的自由派定居者拉比，在认定他和巴勒斯坦人都不会去任何地方之后，他选择了自己开启对话。弗罗曼于 2013 年 3 月去世。我们眼前的这位守卫在按照弗罗曼的精神行事。

我们喝完咖啡后，他老板的回复也到了，不允许我们进入定居点。那个守卫感到很抱歉，问我们是否饿了，建议我们去他朋友在附近的斯德巴尔定居点开的餐厅吃饭。他觉得这话说得对："它很干净，笔直地穿过沙漠就行了。"

---

① 他写道："我们在学校学到的一项正式原则是，如果一个人想通过破坏另一个世界（哪怕是贫穷的）来建立自己的世界（哪怕是美丽的），那就是'罪恶及罪恶的惩罚'。""从中吸取的教训很简单：禁止犹太人以牺牲阿拉伯人为代价，建造回归锡安之路。禁止定居者在阿拉伯人被毁掉的家园上建立定居点——即使那些定居点美丽而牢固。"摘自 Ha'aretz, "The Right To Stand," 1995, 引自 Froman 的 *The Tablet*, 2005 年 8 月 4 日。

我注意到他又用了几次"干净"这个词。他说，沙漠是干净的，还做了个手势，好像在擦桌子上的面包屑。当我问他是否相信提哥亚定居点就在《圣经》中的遗址上时，他又用了这个词。他说，那是当然。他看过1930年代的照片，那时这片土地很干净，他又做了同样的手势，意思是，目前名叫"土夸"的村庄不可能还是原来那个，因为它是最近才出现的。从我们站的地方能俯视村庄的屋顶，看到一堆横七竖八的晾衣绳、水箱，还有卫星天线和太阳能电池板。守卫说得对：今天的土夸是塔马利赫贝都因人最近才建的。这个村庄的确有点乱糟糟的，但是你看看那蛇形盘绕的沥青和鲜红的屋顶，提哥亚定居点与自然景观就更不协调了。更不用说把这个定居点建在一个该死的沙漠中央的山顶上，而不是像别的寻常小镇那样是建在河谷的荫蔽之下。

我本想告诉守卫，我认为原来的土夸就在尤多西亚修道院的遗址下面。但提哥亚定居点的设计无关此事真实与否，只关乎风景、干净的风景。定居者认为巴勒斯坦的物理空间指的是它的高度。"跑去占领山顶"这个想法，正如阿里尔·沙龙在《奥斯陆协议》达成期间指示以色列人做的那样，在以色列其实由来已久。[①] 好战的定居者称自己为"山顶青年"，但这种对高地的热爱并不是古老的传统，甚至不是犹太传统：它是由一位英国基督徒亚瑟·斯坦利院长发明的，他喜欢上高处去欣赏风景。登高望远，斯坦利能够忽略生活中令人分心的场景，想象一下，他看着一片风景，那与他的袖珍版《圣经》中描述的景色如出一辙。他被蒙蔽了，但他的搜寻从没有让他做出什么来毁掉巴勒斯坦真正的考古学。这就是希律堡所发生的一切，在那里，历

---

① 1998 年 11 月 11 日对犹太定居者所说，参见 https：//www. theguardian. com/world/2001/feb/07/israel1。

史的方方面面被一笔勾销，留下一块空白的石板，可以在上面书写新的考古学；实际上，是一个全新版本的过去。

定居点也破坏了已有的景观，甚至比希律堡来得更直截了当。在他对梅纳赫姆·弗罗曼的采访中，后者总是坚称他热爱这片土地。我不想再去猜测这对他意味着什么，但我知道，土地从来不是一个抽象的、空洞的概念。它是实实在在的，伯利恒周围的沙漠从来不是干净的或空旷的。从最早的纳图夫人，经过牧羊人、商人、沥青商人，到荒野隐士、僧侣和沙漠神父，再到18世纪从土夸迁到伯利恒安纳特利区的人们，乃至今天的塔马利赫人和定居者，荒野总是出奇地繁忙。这是人类的一个居所。巴勒斯坦从来就不是"干净"的，希望一切都消失的冲动反映了一个移民在新的环境中重新开始的愿望。当你专注于重新开始时，历史便成了一种羁绊。这也许就是沙漠的独特魅力吧——它广袤的空间足以支撑我们想象中的蓝图。沙漠允许定居者重塑自己，同时也重塑犹太人的生存意义。

动员犹太人移民到巴勒斯坦和以色列的想法，比较能打动人的一面是，流散在外的生活是有辱人格的。当2016年联合国安理会以投票方式谴责定居点时，内塔尼亚胡总理在反击时在这一点上做了发挥。他说："这种放逐心态该适可而止了。[1] 卑躬屈膝是没有政治智慧的……其他国家会尊重为自己挺身而出的强国，不会尊重卑躬屈膝的弱国。"流亡海外的犹太人将吞下联合国安理会的侮辱，内塔尼亚胡说，但以色列的新犹太人不会这样。问题是，如果你拒绝接受历史，甚至是犹太历史，你到底拿什么来取代旧观念呢？通常情况下，定居者会丧失理智，因为他们需要找到一个前所未有的项目：那就是

---

[1] Haaretz，2016年12月26日。

留下不可磨灭的印记的复仇行为。对于一个最近面临种族灭绝危险的人来说，复仇可能足以成为行动的动机。

布洛斯邀请我们的新朋友来伯利恒玩。这不是一个想来就来的要求。2000年的沙龙政府规定，以色列人进入巴勒斯坦城镇是非法的。入口处有大型标志告诉以色列人，法律这么规定是为了他们自身的安全好。然而，如果我的以色列朋友拒绝来伯利恒拜访我，我会不高兴。我告诉他们，一直都有外国的犹太人来伯利恒：主诞酒店举办了一次美国犹太人和平主义者会议。当然，每天还有成千上万的游客途经伯利恒，所以很容易融入其中。然而，虽然从来没有以色列人在伯利恒被绑架，但也不能说这种事永远不会发生，至少，2014年在希伯伦发生过3名青少年被杀害的事。

布洛斯一定也想到了这一点，因为他建议守卫假装自己是西班牙人。毕竟，他看起来确实像西班牙人。

守卫说："可我不想作为西班牙人去那儿。我想以我自己的身份去。"

当然应该这样。这就是和平进程的意义：人人享有自由。但我又在脑子里自我审查了一下，我并没有问他以自己的身份去到底是什么意思。他是想作为犹太人、以色列人，还是定居者去呢？我猜他是想作为一个住在提哥亚的邻居吧。① 如果布洛斯想进入提哥亚，必须持有工作许可证，并在一名持枪男子的监督下才能成行，而我不相信我们的新朋友也能用这种办法进入伯利恒。但是，以邻居身份来讨论的话，主要问题在于与定居点建立睦邻友好关系这一点是不可想象的，

---

① 巴勒斯坦部长们一再明确表示，在和平协议达成后，巴勒斯坦欢迎犹太人居住，但他们不能居住在非法建造的、排外的定居点。参见 *Times of Israel*，2014年6月27日。

因为定居点的建立本身就被视为暴力行为、报复行为。它们的存在只是一个敌对的政府项目的一部分，没收土地、建造公寓，无视任何人尤其是所有合法业主的意见。在这种情况下，你怎么开口谈邻居和社区问题呢？

第十三章　伯利恒之未来

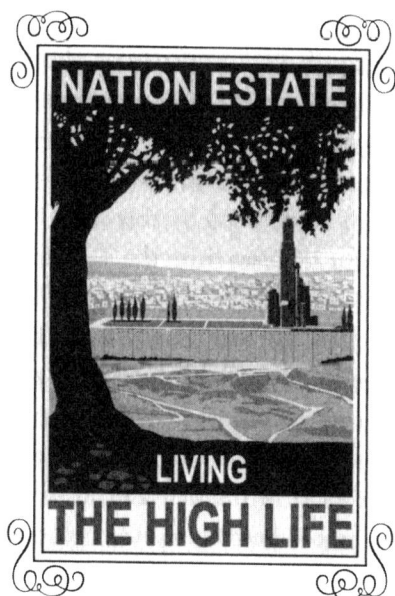

NATION ESTATE

LIVING
THE HIGH LIFE

　　直到最近，侯桑、拜特费贾尔、纳哈林和夫钦河谷的村民才更倾向于去耶路撒冷而不是伯利恒。那是他们在宗教节日里从阿克萨清真寺出来后去购物的地方。这些村庄可能是伯利恒地区的一部分，但没人一定将伯利恒视为中心。然而，近20年来，耶路撒冷一直不对约旦河西岸的人开放，已经长大成人的一代很少去耶路撒冷——许多人甚至从没去过。伯利恒算是耶路撒冷的一个替代品吧，那里的商店和清真寺是一个新去处。周末和节日期间，小镇上到处都是乡村村民，这让伯利恒人感到拥挤不堪，常常抱怨这里已经不是他们认识的伯利恒了。

在过去的7个世纪里，伯利恒像吹肥皂泡一样营造自己的文化。它有点光鲜时髦，相当有基督教气氛，充满了看似不可能的矛盾。它与世隔绝却又国际化，小镇居民有教养、开放却又能表现得像个最糟糕的小镇势利鬼。它是一个由店主和自然保守主义者组成的小镇，却又同情激进左翼的民粹主义和反精英主义。它接受了民族主义斗争，同时又远离政治主流，偏爱像巴勒斯坦人民解放阵线和共产党这样的小党派，而不是法塔赫。

1948年难民的涌入，对小镇提出了一个挑战。这件事之所以得到解决，是因为难民营是自治性质的，与小镇生活是如此不相干。塔马利赫人放弃了半游牧生活在城市地区定居下来时，也同样对小镇造成了挑战。尽管如此，这些因素的融合使伯利恒变得更为丰富，还让小镇感到自豪的是，它为1948年从亚美尼亚和叙利亚流散到"浩劫日"（Nakba）①的巴勒斯坦的难民找到了生活的地方。与此同时，伯利恒的居住时间较久的人家也被赋予了特殊的地位。巴勒斯坦民族权力机构重申了市长必须是基督徒的传统（拜特贾拉和拜特萨霍对市长职位的要求也是如此）。

---

① 巴勒斯坦一方将以色列的独立建国视为一场民族大浩劫，并将以色列"独立日"的次日（即5月15日）作为巴勒斯坦人的"浩劫日"，即"Nakba"日。代尔亚辛大屠杀尤其成为"Nakba"的象征性事件。——译者

伯利恒的基督徒一直有机会去国外接受教育和找工作，这一点对移民来说是种鼓励。然而，只要他们的生计植根于旅游业和采石业，居住时间较久的家庭就深深扎根在了伯利恒，哪怕他们的孩子分散在世界各地。现在，伯利恒的人口有 20.1 万，但基督徒集中在伯利恒、拜特贾拉和拜特萨霍构成的三角地带，人数仅五六万，才占总数约四分之一。这里的人可能和所有的巴勒斯坦人一样都有反精英倾向，但他们也享受着精英主义的亮色，我猜这使占领变得可以忍受。在过去的 16 年里，这亮色已经消失不见，维系这个小镇的纽带也随之瓦解。隔离墙、定居点的支路以及镇上不断积聚的压力几乎要扼杀掉一些特别的东西。

布洛斯和我继续开车前往夫钦河谷。以色列让最偏远的村庄的生活变得困难重重，从这一点上说，没有比夫钦河谷的村庄更与世隔绝的了。1948 年后，村民们寻求联合国的帮助重返家园，他们看到了以色列再次试图剥夺他们的土地，以此作为 2014 年以色列青少年遇害的"适当报复"。缺乏资源、缺少工作机会、水电被切断——所有这些都迫使村民离开山区，去伯利恒找工作，争取过上更自由一点的生活。

这个村庄坐落在山谷的底部，在山谷顶部连绵不断的公寓楼的映衬下，难免黯然失色。这是古什埃蔡恩地区最大的定居点——贝塔伊尔利特定居点。它是右翼定居者在 1985 年建立的，但随后被政府认定为极端正统的哈西德教派犹太人的家园。随着哈西德教派社区的扩大，最初那批定居者陆续迁走了：这个过程似乎在以色列，尤其是耶路撒冷周边经常发生。许多妇女在呼叫中心工作，好让她们的丈夫可以终生研习《塔木德》和《摩西五经》。处在多层公寓楼的阴影下的夫钦河谷是个伤感的地方。几乎看不到任何东西，只有一排沿着河谷的纵深延伸的塑料大棚，一个有着破旧的混凝土房屋的村庄。布洛斯和我发现了一只狗，还抚弄了它一会儿。我后来查过，知道那是一只迦南犬。这就是安萨哈利情侣的雕像家驯养的那个品种，现在也是以色列的国犬。

当我们爬出夫钦河谷时，大开始下雨了。那天是 11 月 4 日，8 个月来第一次下这样的大雨。漫长而炎热的夏天已经把热橡胶和油磨成了沥青，雨水使路面变得油腻腻的。我在一个急转弯处熄了火，给一辆卡车让道，然后发现我得在上坡道上发动汽车。记得考古学家凯·普拉格讲过她在伯利恒考驾照的故事：她的路虎车需要在一个小山坡上起步。我也试着这么干，车轮在我踩离合器的时候猛烈地旋转起来，很快就散发出刺鼻的烧焦气味。布洛斯发出可怕的尖叫。后来才知道，他是在请求让他来开车。

布洛斯开车的话，我们就得避开定居者的道路。我们开车穿过侯桑村，迷了路，然后找到了一条回拜提尔的路。事实证明，这完全凭的是最不可思议的好运气，因为当我们进入山谷时，头顶上方乌云翻滚，大雨倾盆而下的时候才看到亮光。陡峭的山谷发出明亮的绿光，展示出一种令人难忘的、深邃饱满的色彩和力量。我们都下了车，浑身湿透地站着，惊得目瞪口呆。

在拜提尔，雨大得出奇，像急流一样顺着陡峭的道路奔腾而下。在山谷的壁上有一间小型的罗马浴室。雨水已漫过蓄水池，正从梯田上倾泻而下。拜提尔是巴尔-科赫巴起义的最后一站所在地，这个被《塔木德》里的拉比谴责为"谎言之子"的人，现在却成了以色列人的民族英雄，这得益于亚博廷斯基（Ze'ev Jabotinsky）对他的重新认识。亚博廷斯基在 1932 年为拜提尔写过一首诗，这首呼唤血腥与残酷之作，随即被用作"贝塔青年运动"的赞歌。

贝塔 (拜提尔)[①]

从腐朽和尘土的坑里，

带着血水与汗水

一个民族将站立起来

骄傲、慷慨而冷酷

被占领的贝塔、尤达菲特和马萨达

必将重振旗鼓，荣耀再生！

　　我们继续着漫长的旅途，行驶在环形路上，经过安东·桑索尔的母亲将在那里度过夏天的马库尔果园返回伯利恒。在山间的褶皱里，坐落着一座石头的避暑屋，里面有家餐厅。业主已经收到通知，威胁要没收他们的财产，但目前餐厅仍在营业中。

　　我们在交通高峰期回到了拥挤不堪的伯利恒。道路堵得死死的。布洛斯答应过要将车还给耶娃，她在伯利恒圣经学院上夜校，接受导游培训。我们之前把时间算得太死，心里清楚肯定不能及时赶到了。希伯伦路上充满了汽车尾气，灰尘被雨水打湿后，在汽车挡风玻璃上留下了一道道红色印迹。宣礼塔召唤信徒去礼拜的声音都太响了，争着把从村里来的新来者们叫到自己那边去。很难预测伯利恒未来会怎样，只知道会变得越来越拥挤，因为乡村都空了，居民都迁到城里去住了。巴以冲突已经成为许多其他冲突的代号，不仅仅是会触发东方与西方、伊斯兰教与基督教之间矛盾的导火索，而且是真正的政治分

---

① 全诗参见 http：//www.hebrewsongs.com/song-shirbetar.htm。

歧；还有国家主权凌驾于国际法之上的种种好处，普遍人权对抗自决权的种种优点。这是一个二元世界，既然我们大多数人已经选择了自己的阵营，为什么还要努力以不同的方式看世界呢？奇怪的是，当冲突其实应该让我们扔掉自满的时候，我们却从冲突中得到了安慰。我们应该修桥铺路帮我们为跨越我们之间的鸿沟，而不是退回到黑暗与沉默之中。

我们的塔马利赫出租车司机穆斯塔法曾给过莱拉一些有关谈判艺术的建议。他告诉她，在任何争执中，你要派上智者的你、白痴的你和疯子的你。聪明人在那里是为了达成一个让每个人都高兴的协议。当一方耍手段，你需要时间思考的时候，白痴会把节奏放慢。而疯狂的举动是为了提醒大家，如果你不达成交易，后果会怎样。我不确定这是不是个好建议。不过我确信你绝不能直接把个疯子派出去。

伯利恒一直是个夹在多个世界——山丘与沙漠、游牧民族和城镇居民、东方与西方、天与地——之间的地方。既然有如此多的可能性，我们完全有理由希望其中一种可能性会是个奇迹。伯利恒需要更多的空间、更多的关注，最重要的是它需要和平。这不就是 Pardes 寓言中阿基瓦拉比造访花园的故事的重点所在吗？他并不认为他的使命是去改变那里的什么，而认为是要去理解它。做到这一点，他只需心平气和地进去。

附录

定居点名录

伯利恒周边地区定居点清单、定居点建立的确切日期及已知的当前人口数。标有星号的数字根据家庭数量估算（假设有一对父母和2.5个孩子）。

古什埃蔡恩西区

贝塔伊尔利特（Beitar Illit）（1985），人口：49343

阿隆什维特（Alon Shvut）（1970），人口：3218

拜特艾因（Bat Ayin）（1989），人口：1226

卡美兹尔（Carmei Tzur）（1984），人口：1036

格沃特（Gevaot）（1984），人口：75 *

埃拉扎尔（Elazar）（1975），人口：2577

哈尔吉洛（Har Gilo）（1968），人口：1474

卡法蔡恩（Kfar Etzion）（1967），人口：1071

米格达尔奥兹（Migdal Oz）（1977），人口：439

内弗丹尼尔（Neve Daniel）（1982），人口：2275

罗什特苏林（Rosh Tzurim）（1970），人口：915

古什埃蔡恩西区前哨

夏克伊扎克犹太学校（Yeshivat Siach-Yitzakh）（1995；1996 年重建为犹太学校），人口：不适用此条（以下同）

吉瓦特哈塔马（Giv'at HaTamar）（2001），人口：（同上）

西德波阿兹（Sde Bo'az）（2002），人口：（同上）

吉瓦特哈西（Giv'at HaHish）（1998），人口：（同上）

西拜特艾因（Bat Ayin West）（1999），人口：（同上）

东拜特艾因（Bat Ayin East）（2002），人口：（同上）

伽夫纳（Gavna）（2001，作为饭店），人口：（同上）

德雷希哈沃特（Derech Ha'avot）（2001），人口：（同上）

特苏尔沙仑（Tzur Shalem）（2001），人口：（同上）

古什埃蔡恩东区

伊菲拉塔（Efrata）（1983），人口：8300

基达（Kedar）（1984），人口：1490

卡法埃尔达（Kfar Eldad）（post-1982），人口：400 *

马勒阿莫斯（Ma'ale Amos）（1981），人口：384

阿斯法/梅扎德（Asfar 或 Metzad）（1984），人口：583

诺克迪姆（Nokdim）（1982），人口：1937

提哥亚（Tekoa）（1975），人口：3500

旅游胜地希律堡（Herodion），人口：不适用此条

古什埃蔡恩东区前哨

蓬内科得蒙（Pnei Kedem）（2000），人口：175 *

马勒雷哈瓦姆（Ma'ale Rehav'am）（2001），人口：不适用此条

伊贝哈那哈尔（Ibei HaNahal）（2000），人口：100 *

斯德巴尔（Sde Bar）（1998，作为问题青年的教育农场），人口：不适用此条

提哥亚B区与C区（Tekoa B & C）（2001），人口：不适用此条

提哥亚D区（Tekoa D）（2001），人口：（同上）

死海区

阿夫纳特（Avnat）（2004），人口：128

卡尔亚（Kalya）（1968），人口：300

米茨佩沙勒姆（Mitzpe Shalem）（1970），一家圣爱化妆品工厂所在地），人口：173

米茨佩德拉戈特（Mitzpe Dragot）（1996，沙滩野外游览中心），人口：不适用此条

艾因费什卡（Ein Feshka）（2001，考古、旅游胜地），人口：（同上）

耶路撒冷特区

吉洛（Gilo）（1970），人口：40000

霍马山（Har Homa）（1997），人口：20000

吉瓦哈玛托斯（Giv'at Hamatos）（2016），人口：不适用此条

参考文献

Abulafia, David. *The Great Sea: A Human History of the Mediterranean*. London: Penguin, 2012

Adomnan. *Concerning sacred places*. Available online at http://medieval. ucdavis. edu/20B/Arculf. html

Applied Research Institute Jerusalem. *The Status of the Environment in the West Bank*. Bethlehem: ARIJ, 1997

——An Atlas of Palestine: *The West Bank and Gaza*. Bethlehem: ARIJ, 2000

Albright, William F. *Contributions to the Historical Geography of Palestine*. AASOR 2–3 1921/1922, pp. 24–46.

——*Yahweh and the Gods of Canaan: A Historical Analysis of Two Contrasting Faiths* Warsaw, Ind. : Eisenbrauns 1990

al-Najjār, Muhammad Rajab. *The Epic in the Arabic Tradition: Structure, Significance, and Function*. Ed. Al-Jayussi, Salma. A personal draft copy.

Arab Educational Institute. *Bethlehem Community Book*. *Bethlehem*.

Bethlehem: Arab Educational Institute, 1999

Armstrong, Karen. *The Bible: The Biography*. London: Atlantic Books, 2007

——*Fields of Blood: Religion and the History of Violence*. London: Vintage, 2015

Ashtor, Eliyahu. *Levant Trade in the Middle Ages*. Princeton NJ: Princeton University Press, 1984

Baedeker, Karl. *Palestine and Syria, Handbook for Travellers*. Baedeker: Leipzig, 1906

Bartlett, John R. *Jews in the Hellenistic world: Josephus, Aristeas, the Sibylline oracles, Eupolemus*. Cambridge: Cambridge University Press, 1985.

Baynes, John. *For the Love of Justice: The Life of a Quixotic Soldier*. London: Quartet, 1997

Beard, Mary. *SPQR: A History of Ancient Rome*. New York: Norton, 2015

Bede. *The Holy Places*. Available online at en. wikisource. org/wiki/ The _ Book _ of _ the _ Holy _ Places

Begin, Menachem. *White Nights: The Story of a Prisoner in Russia*. New York: Crime Club Doubleday, 1977

Begin Menachem. *The Revolt: Inside Story of the Irgun*. London: Allen, 1951

Benjamin, Walter. *The Origin of German Tragic Drama*. London: Verso, 1977

Benvenisti, Meron. *City of Stone: The Hidden History of*

Jerusalem. Berkeley, CA: University of California Press, 1996

Birley, A. R. "St. Helena, Discoverer of the True Cross (250 - 330) " [1990] available online at http: //www. brown. edu/

Blumberg, Arnold. *A View from Jerusalem* 1849 - 1858: *The Consular Diary of James and Elizabeth Ann Finn*. New Jersey: Associated University Presses, 1980.

Bonazza, Allessandra; Ciantelli, Chiara; Sardella, Alessandro; Pecchioni, Elena; Favoni, Orlando; Irene, Natali and Sabbioni, Cristina. *Characterization of hydraulic mortars from archaeological complexes in Petra*. Periodico Mineralogia 82, 2, 2013. 459 - 475

Bowman, Glen. *Sharing and Exclusion: The Case of Rachel's Tomb*. Jerusalem Quarterly 58, 2014. 30 - 49

Boyd, B. and Cook J. *A reconsideration of the ' Ain Sakhri ' figurine*. Proceeding of the Prehistoric Society 59, 1993. 399 - 405.

Bronstein, Judith. *The Hospitallers and the Holy Land: Financing the Latin East*. Cambridge: Boydell Press, 2012

Center for Cultural Heritage Preservation. *Bethlehem: A Pictorial Guide*. Bethlehem: CCHP, 2016

Citarella, Armand O. *The relations of Amalfi with the Arab world before the Crusades*. Speculum 42, 2, 1967. 299 - 312

Cohen, Eliot A. *Supreme Command: Soldiers, Statesmen, and Leadership in Wartime*. London: Anchor, 2003

Dabdoub, Andre. *History of Bethlehem Families*. 2006. Online. Available: dabdoub. ps

Dabdoub Nasser, Christiane. *Anatreh Quarter: An Urban and*

Architectural Study of a Bethlehem Quarter. Bethlehem: Centre for Cultural Heritage Preservation, 2005.

Dalrymple, William. *From the Holy Mountain: A Journey in the Shadow of Byzantium*. London: Flamingo, 1998

Davidovich, Uri; Porat, Naomi; Gadot, Yuval; Avni, Yoav and Lipschits, Oded. *Archaeological investigations and OSL dating of terraces at Ramat Rahel, Israel*. Journal of Field Archaeology 37, 3, 2012. 192 - 208

Davidovits, J. ; High performance Roman cement and concrete, high durable building 2006. Available online: geopolymer. org 2006

——Reworking of "From ancient concrete to geopolymers, published in Art et Metiers Magazine, 180, 8 16, 1993. " Available online at geoloymer. org

Davidovits, J. and Davidovits, F. *Archaeological Analogues (Roman Cements) and longterm stability of geopolymeric materials*. Proceedings of the Geopolymer Institute 1999. Geopolymers, green chemistry and sustainable development solutions. San Quentin, France: Polymer Institute 1999

Davidovits, J. ; Davidovits, F and Naso, Alessandro. *The Making of Etruscan Ceramic (Bucchero Nero) in VII-VIII Century B. C.* Proceedings of the Geopolymer Institute 1999. Geopolymers, green chemistry and sustainable development solutions. San Quentin, France: Polymer Institute 1999

De Feo, Giovanni; Angelakis, Andreas N. ; Antoniou, Georgios P. ; El-Gohary, Fatma; Haut, Benoit; Passchier, Cees W. and Zheng, Xiao

Yun. *Historical and Technical Notes on Aqueducts from Prehistoric to Medieval Times.* Water 2013, 5 (4), 1996 – 202

Deleuze, Gilles, Guattari, Felix. *A Thousand Plateaus.* Tr. Massumi, Brian. Minneapolis: University of Minnesota Press, 1987

Derrida, Jacques and Bennington, Geoff. *Circumfessions.* Chicago: University of Chicago Press, 1993

Derrida, Jacques. *Of Grammatology* tr. Spivak, Gayatri Chakravorty. Baltimore: John Hopkins University Press, 1976

Derrida, Jacques. *White Mythology: Metaphor in the Text of Philosophy.* Trans. Bass, Alan. Margins of Philosophy. Brighton: The Harvester Press, 1982

Dothan, Trude and Dothan, Moshe. *People of the Sea: The Search for the Philistine.* London: Macmillan 1992

Edens, Christopher and Bawden, Garth. *History of Tayma, and Hejazi Trade During the First Millennium B.C.* Journal of the Economic and Social History of the Orient 32, 1, 1989. 48 – 103

Ehrenreich, Ben. *The Way to the Spring: Life and Death in Palestine.* London: Granta, 2016

Ekonomou, Andrew J. *Byzantine Rome and the Greek Popes: Eastern Influences on Rome and the Papacy from Gregory the Great to Zacharias, A.D. 590 – 752.* Lanham, MD: Lexington, 2007

Ephal, Israel. *The Ancient Arabs: Nomads on the Borders of the Fertile Crescent, 9th – 5th Centuries B.C.* Leiden: Brill 1982

Epstein, Mordecai. *The Early History of the Levant Company.* London: Routledge 1908

Eusebius, *Life of Constantine*. Oxford: Oxford University Press, 1999

Fallow, David. *Like father like son: Financial practices in the Shakespeare family*. Studies in Theatre and Performance. 28, 3, 2008. 253 – 263

Foundation for Middle East Peace, *Report on Israeli Settlements*. Vol 1 Number 5. Washington: FMEP, 1991

Frankopan, Peter. *The Silk Roads: A New History of the World*. London: Bloomsbury 2015

Fridman, Julia. *Riddle of the Ages Solved: Where Did the Philistines Come From?* Ha'aretz. 21 Sept. 2015.

Gibson, Dan. *The History of Concrete and the Nabataeans*. Available online at Nabataea. net.

Gilboa, Ayelet; Cohen-Weinberger, Anat and Goren, Yuval. *Philistine Bichrome Pottery: The View from the Northern Canaanite Coast Notes on Provenience and Symbolic Properties*. Published in Maeir, A M. and de Miroschedji, P. eds. *I Will Speak The Riddles Of Ancient Times. Archaeological and Historical Studies in Honor of Amihai Mazar on the Occasion of his Sixtieth Birthday*. 2. 303 – 334 Winona Lake, IN: Eisenbrauns, 2006.

Graves, Michael. *Jerome's Hebrew Philology: A Study Based on His Commentary on Jeremiah*. Leiden: Brill 2006

Grierson, P. and Travaini, L. *Medieval European Coinage. Vol. 14*. Italy III: South *Italy, Sicily, Sardinia*. Cambridge, UK: Fitzwilliam Museum 1998.

Gruenwald, Ithamar. *Reflections on the Nature and Origins of Jewish*

Mysticism. In Peter Schafer, Peter and Dan, Joseph. *Gershom Scholem's Major Trends in Jewish Mysticism 50 Years After*: *Proceedings of the Sixth International Conference on the History of Jewish Mysticism* Tubingen: Mohr 1993

Eran Halperin & Daniel Bar-Tall. *The fall of the peace camp in Israel*: *The influence of Prime Minister Ehud Barak on Israeli public opinion*: *July 2000-February 2001* Published in *The Peace Journalism Controversy*. conflict & communication online 6, 2, 2007. Available at cco. regener-online. de

Hart, Ian. *Zionism*: *The Real Enemy of the Jews. Volume II. David Becomes Goliath*. Atlanta, GA: Clarity Press. 2012.

Heck, Gene W. *Charlemagne, Muhammad, and the Arab roots of Capitalism*. Berlin: Walter de Gruyter, 2006

——*The Islamic Code of Conduct for War and Peace*. Riyad: King Faisal Center for Research and Islamic Studies, 2006.

——*Islam, Inc*. Riyad: King Faisal Center for Research and Islamic Studies, 2004.

Hegel, G. W. F. *Philosophy of Right*. Trans. Knox, T M. Oxford: Oxford University Press. 1968

Herodotus. *The Histories*. Marincola, John and de Selincourt, Aubrey. London: Penguin, 2003

Hitchcock, L. A. , and Maeir, A. M. *A Pirates' Life for Me*: *The Maritime Culture of the Sea People*. Palestine Exploration Quarterly 148, 4, 2016. 1 – 20

Hogan, J. F. , Saint Cathaldus of Taranto. *Vita e Miracoli di S.*

Cataldo. Trans. Bartolomeo Moroni. Available: http: //catholicsaints. info.

Holland, Tom. *In the Shadow of the Sword : The Battle for Global Empire and the End of the Ancient World*. London: Little Brown, 2012

Hughes, Matthew. *Terror in Galilee : British-Jewish Collaboration and the Special Night Squads in Palestine during the Arab Revolt, 1938 - 39*. The Journal of Imperial and Commonwealth History, 43: 4, 2015. 590 - 610,

International Court of Justice. *Legal Consequences of the Construction of a Wall in the Occupied Palestinian Territory. ICJ advisory opinion*, issued 8 July 2004.

Irving, Sarah. *Leila Khaled : Icon of Palestinian Liberation*. London: Pluto Press, 2012

Jerome. *The Principle Works of St Jerome*. Eds. Schaff, Philip and Wace, Henry Trans. Fremantle, WH; Lewis, G and Martley, WG. Available. www. ccel. org

Josephus. *The Works of Josephus*. Trans. Whiston, William. Peabody, Mass. : Hendrickson, 1987.

Justin Martyr. *Dialogue Trypho*, Trans. Brown, Henry. Available. www. ccel. org

Kartvei, Bard. *Dilemmas of Attachment : Identity and Belonging among Palestinian Christians*. Leiden/Boston, 2014

Kelly, JND. *Jerome : His Life, Writings, and Controversies*. Peabody, Mass. Hendrickson, 1998.

Khalidi, Issam. *One Hundred Years of Football in Palestine*. Amman: Sar al-Shorok, 2013

Kimmerling, Baruch, and Migdal, Joel S. *Palestinian People: A History*. Cambridge, MA: Harvard University Press, 1994.

Kirk, Martha Ann. *Women of the Bible Lands: A Pilgrimage to Compassion and Wisdom*. Collegeville: Liturgical Press, 2004.

Kreutz, Barbara M. *Before the Normans: Southern Italy in the Ninth and Tenth Centuries*. Philadelphia, PA: University of Pennsylvania Press, 1996.

Lapin, Hayim, ed. *Religious and Ethnic Communities in Later Roman Palestine*. Bethesda, MD: CDL Press, 1998.

Lewis, Bernard. *The Middle East: 2000 Years of History from the Rise of Christianity to the Present Day*. London: Weidenfeld & Nicolson, 1995

——*The Revolt of Islam: When did the conflict with the west begin, and how could it end?* The New Yorker, November, 2001.

——*The Roots of Muslim Rage: Why so many Muslims deeply resent the West, and why their bitterness will not easily be mollified*. The Atlantic, September 1990.

Luckenbill, Daniel David. *The Annals of Sennacherib*. Chicago: Oriental Institute Publications 2, 1924.

MacKenzie, Duncan. "The Excavation of Beit Shemesh November-December 1912." *PEF* 2016 (London, 2016)

Madden, Robert. *Travels in Turkey, Egypt, Nubia and Palestine: In 1824, 1825, 1826, and 1827*. London: Whittaker, Treacher,

1833.

Mason, B. *Principles of Geochemistry*. New York: John Wiley and Sons, 1966.

Matar, Nabil. "An Arab Orthodox Account of the Holy Land c. 1590s. " *Through the Eyes of the Beholder: The Holy Land, 1517 – 1713*. Eds. Judy Hayden and Nabil Matar. Leiden/Boston: Brill, 2012.

Maximus of Tyre. *The Dissertations of Maximus Tyrius*. Trans. T. Taylor. London: Evans, 1804.

Mazza, Roberto. *Jerusalem: From the Ottomans to the British*. London: I. B. Taurus, 2009.

McCarthy, Justin. *The Population of Palestine: Population Statistics of the Late Ottoman Period and the Mandate*. New York: Columbia University Press, 1990.

Minns, Denis, and Paul Parvis. "Justin, Philosopher and Martyr: Apologies. " *Oxford Early Christian Texts*. Ed. H. Chadwick. Oxford: Oxford University Press, 2009.

Montefiore, Simon Sebag. *Jerusalem: The Biography*. London: Phoenix, 2011.

Moroni, Bartolomeo, trans. *Vita e Miracoli di S. Cataldo*. Naples: A. Migliaccio, 1779.

Morris, Benny. *The Birth of the Palestinian Refugee Problem, 1947 – 1949*. Cambridge: Cambridge University Press, 1988.

——*1948 and After: Israel and the Palestinians*. Oxford: Clarendon Press, 1990.

Muhly, James D. "Sources of Tin and the Beginnings of Bronze Metallurgy. " *American Journal of Archaeology* 89. 2 (1985): 275 – 291.

Murphy-O'Connor, Jerome. *The Holy Land: An Oxford Archaeological Guide from Earliest Times to 1700*. 3rd Edition. Oxford: Oxford University Press, 1992.

Naili, Falestin. *The Millenarist Settlement in Artas and its support network in Britain and North America, 1845 – 1878* Jerusalem Quarterly 45, 2011. 43 – 56

Nasser, Fayez (Frank). "The Nasser-Jaar Genealogic Family Tree with Historical Timelines. " 2007. Online. Available: Palestine-family. net.

Norris, Jacob. "Exporting the Holy Land: Artisans and merchant migrants in Ottoman-era Bethlehem. " *Journal of Middle East Migration Studies* 2 (2013): 14 – 40.

——*Land of Progress: Palestine in the Age of Colonial Development, 1905 – 1948*. Oxford: Oxford University Press, 2013.

——. "Repression and Rebellion: Britain's Response to the Arab Revolt in Palestine of 1936 – 39. " *Journal of Imperial and Commonwealth History* 36. 1 (2008): 25 – 45.

——. "Toxic Waters: Ibrahim Hazboun and the Struggle for a Dead Sea Concession, 1913 – 1948. " *Jerusalem Quarterly* 45 (2011): 25 – 42.

Nigro, L. "Bethlehem in the Bronze and Iron Ages, in the light of recent discoveries by the Palestinian MOTA-DACH. " *Vicino Oriente* XIX (2015): 1 – 24.

O'Connor, Lucy. "In Search of the Late Antique Pilgrim Eulogia of Jerusalem." *PEQ* 148. 3 (2016): 219 – 221.

PENGON (Palestine Environmental NGOs Network). *The Wall in Palestine: Facts, Testimonies, Analysis and Call to Action.* Jerusalem: Palestinian Grassroots Anti-apartheid Wall Campaign, 2003.

Pappe, Ilan. *The Idea of Israel: A History of Power and Knowledge.* London: Verso, 2014.

——*The Ethnic Cleansing of Palestine.* London: Oneworld Publications, 2006.

Patrich, Joseph. *The Formation of Nabataean Art: Prohibition of a Graven Image Among the Nabataeans.* Jerusalem: Magnes Press, 1990.

Philo of Alexandria. *The Complete Works of Philo.* Peabody, MA: Hendrickson, 1993.

Planhol, X., and Paul Clavel. *An Historical Geography of France.* Trans. Janet Lloyd. Cambridge: Cambridge University Press, 1994.

Plato. *The Republic.* Trans. Tom Griffith. Cambridge: Cambridge University Press, 2000.

Pliny the Elder. *Natural History.* Book XII, Ch. 7. 3. Trans. John Bostock and T. H. Riley. London: H. G. Bohn, 1855.

Porat, Roi, Rachel Chachy, and Yakov Kalman. *HERODIUM Final Reports of the 1972 – 2010 Excavations Directed by Ehud Netzer Volume I Herod's Tomb Precinct.*

Jerusalem: Israel Exploration Society The Hebrew University of

Jerusalem, 2015.

Prag, Kay. "Bethlehem: A Site Assessment, 169 – 181." *PEF* 132. 2 (2000): 169 – 181.

Pringle, Denys. *Pilgrimage to Jerusalem and the Holy Land, 1187 – 1291*. London: Routledge, 2012.

——*The Churches of the Crusader Kingdom of Jerusalem: A Corpus*. Vol. 1 – 4. Cambridge: Cambridge University Press, 1993.

Prothero, Rowland. *Psalms in Human Life*. London: Nelson, 1904.

Pummer, Reinhardt. *Early Christian Authors on Samaritans and Samaritanism: Texts, Translations and Commentary*. Heidelberg: Mohr Siebeck, 2002.

——*The Samaritans: A Profile*. Leiden/Boston: Brill, 1987.

Rajak, Tessa. "Roman Intervention in a Seleucid Siege of Jerusalem?" *Greek Roman and Byzantine Studies* 22 (1981): 65 – 81. Reprinted: Rajak, *The Jewish Dialogue with Greece and Rome: Studies in Cultural and Social Interaction*. Boston: Brill, 2002.

Rapoport, Meron. *History Erased*. Ha'aretz. July 5th 2007. Available online at http: //www. haaretz. com/israel-news/history-erased-1. 224899

Rebenich, Stefan. *Jerome*. London: Routledge, 2002.

Riley-Smith, Jonathan. *The Feudal Nobility and the Kingdom of Jerusalem, 1174 – 1277*. London: Palgrave, 1973.

Roberts, Andrew. *Napoleon the Great*. London: Allen Lane, 2014

Rosenthal-Heginbottom, Renate, ed. *Nabataeans in the Negev*. Haifa: Reuben and Edith Hecht Museum, 2003.

Rubin, Barry. "After Arafat: Succession and Stability in Palestinian Politics. " *Middle East Review of International Affairs* 2. 1 (1998): 1 - 7.

Runciman, Steven. *A History of the Crusades*. Vol. 1. Cambridge, 1951.

—— "The Pilgrimages to Palestine before 1095. " *The Crusades: The First Hundred Years*. Eds. Kenneth Setton and Marshall Baldwin. Philadelphia, PA: University of Pennsylvania Press, 1955.

Sabbagh, Karl. *Britain in Palestine: The Story of British Rule in Palestine 1917 – 1948*. London: Skyscraper, 2012.

Saenz-Badillos, Angel. *A History of the Hebrew Language*. Trans. John Elwolde. Cambridge: Cambridge University Press, 1993.

Saleh, Ruba. "In the Seam Zone: Walaja's Fate Between Jerusalem and Nowhere. " *Jerusalem Quarterly*. 49. 2012. 49 – 67

Sand, Shlomo. *The Invention of the Jewish People*. London: Verso, 2009.

——*The Invention of the Land of Israel*. London: Verso, 2012.

Schlock, Alexander. *Palestine in Transformation, 1856 – 1882: Studies in Social, Economic and Political Development*. London: Institute for Palestine Studies, 2006.

Schroeder, Otto. *Keilschrifttexte aus Assur verschiedenen Inhalts*. Leipzig: JC Hinrichs, 1920.

Shahid, Irfan. *Rome and the Arabs*. Washington, DC: Dumbarton Oaks, 1988.

——*Byzantium and the Semitic Orient Before the Rise of Islam*.

London: Variorum, 1988.

——*Byzantium and the Arabs in the Fourth Century*. Washington, DC: Dumbarton Oaks, 1984.

——*Byzantium and the Arabs in the Fifth Century*. Washington, DC: Dumbarton Oaks, 1989.

Byzantium and the Arabs in the Sixth Century. Vol. 1. Washington, DC: Dumbarton Oaks, 1995.

——*Byzantium and the Arabs in the Sixth Century*. Vol. 2.1. Washington, DC: Dumbarton Oaks, 2002.

——*Byzantium and the Arabs in the Sixth Century*. Vol. 2.2. Washington, DC: Dumbarton Oaks 2010.

Sharon, Ariel, and David Chanoff. *Warrior*. New York: Simon & Schuster, 1989.

Shlaim, Avi. *Collusion Across the Jordan: King Abdullah, the Zionist Movement, and the Partition of Palestine*. New York: Columbia University Press, 1988.

—— "The Debate About 1948. " Reprinted in *The Israel/Palestine Question*. Ed. Ilan Pappe. London: Longman, 1999.

——*The Iron Wall: Israel and the Arab World*. London: Allen Lane, 2000.

Singer, Amy. *Palestinian Peasants and Ottoman Officials: Rural Administration Around Sixteenth-Century Jerusalem*. Cambridge: Cambridge University Press, 1994.

Singer, Isidore, ed. *The Jewish Encyclopedia*. New York: Funk & Wagnalls, 1906.

Sperber, Daniel. *Roman Palestine, 200 - 400, the land: Crisis and change in agrarian society as reflected in rabbinic sources*. Ramat Gan: Bar-Illan University Press, 1978.

Spyridon, S. N. , ed. *Annals of Palestine, 1821 - 1841: A Manuscript by the Monk Neophytus of Cyprus*. Jerusalem, 1938. 674 - 683

Stemberger, Gunter. *Jews and Christians in the Holy Land*. London: T & T Clark, 2000.

Stern, Ephraim. "Pagan Yahwism: The Folk Religion of Ancient Israel. " *BAS* 27. 03 (2001): 21 - 28.

Strickert, Frederick M. *Rachel Weeping: Jews, Christians, and Muslims at the Fortress Tomb*. Collegeville, MN: Liturgical Press 2007.

Sullivan, Antony T. "Palestinian Universities in the West Bank and Gaza Strip. " *Minerva* 29. 3 (1991): 249 - 268.

Taylor, Jane. *Petra and the Lost Kingdom of the Nabataens*. London: I B Taurus, 2002.

Tebes, Juan Manuel. "Assyrian, Judaeans, Pastoral Groups and the Trade Patterns in the Late Iron Age Negev. " *History Compass* 5. 2 (2007): 619 - 631.

Tsatsos, Jean. *Empress Athenais-Eudocia: A Fifth Century Byzantine Empress*. Northampton, MA: Holy Cross Orthodox Press, 1977.

Tupper, Naomi. "Gethsemane Among World's Oldest Olive Trees. " Olive Oil Times. Oct 30th, 2012.

Visser, Margaret. *Much Depends on Dinner: The Extraordinary History and Mythology, Allure and Obsessions, Perils and Taboos, of an Ordinary Meal*. New York: Grove Press, 1986.

Weizman, Eyal. *Hollow Land: Israel's Architecture of Occupation*. London: Verso, 2007.

Whitcomb, Donald. "Dimitri Baramki, Discovering Qasr Hisham. " Reprinted *This Week in Palestine*, Issue 178, February 2013.

Wilde, William. *Narrative of a voyage to Madeira, Tenerife and along the shores of the Mediterranean, including a visit to Algiers, Egypt, Palestine, Tyre, Rhodes, Telmessus, Cyprus and Greece. With observations on the present state and prospects of Egypt and Palestine, and on the climate, natural history, antiquities, etc. , of the countries visited*. Dublin: William Curry, 1840.

Wilkinson, John. *Jerusalem Pilgrims Before the Crusades*. Liverpool: Aris & Phillips, 2002.

——*Egeria's Travels*. Oxford: Oxford University Press, 1999.

Willi, Andreas. "Cows, houses, hooks: The Graeco-Semitic letter names as a chapter in the history of the alphabet. " *Classical Quarterly* 58. 2 (2008): 401 – 423.

致谢

　　写一个鲜为人知的城镇，在如此多蕴藏于心底的希望与期许、偏见与信仰中找到聚焦点实属不易。我尽我所能保持清晰准确，虽然有些地方还是有些不尽如人意。由衷感谢我的经纪人马修·汉密尔顿及编辑亚历山德拉·巴斯塔利，他们信心满满地让这本书的出版成为现实。十分感谢亚历山德拉，她在关于此书的形成与焦点问题上给予我的帮助让我受益匪浅。我也很感谢民族书籍出版社团队对此书的关注，其中尤其感谢马尔科·帕维亚和凯瑟琳·海格勒。

　　我也获得许多历史学家和考古学家的帮助，但愿我在此没有遗漏应该感谢的所有人。我要特别感谢雅各布诺里斯，他慷慨地让我看到他关于19世纪和20世纪初的伯利恒的研究成果，而拉斐尔科恩对书稿提出的一系列中肯的、具有挑战性的问题，让我数易其稿。也要感谢巴勒斯坦探险基金会的费利西提·科宾。我在PEF历史研究院的工作困难重重，费利西蒂一直不知疲倦地帮助我。PEF即将迁至格林尼治开始新的旅程，我祝愿未来一切顺利。

　　我要对桑索尔全家表达最深切地感谢。非常荣幸能成为桑索尔家族的一员。我对莱拉感激不尽，同时非常感谢她的姐姐拉里萨、哥哥马克西姆，同样感谢索伦·林德、杰奎琳·肖恩、卡罗尔·桑索尔、纳迪拉·桑索尔、薇薇安·桑索尔，以及安德烈·达布多布。

我还要感谢马丁·德拉米尔和戴西·古德温，他们为我多次审阅初稿，帮助我理顺思绪，并让我确信自己始终没有偏离正确的方向。

译后记

　　2018年9月开启《伯利恒：一座小城的前世今生》的翻译之旅，4个月来，每天的生活多多少少都与这座沙漠边陲的小城有所交集。2005年的中东之行遗憾地与伯利恒失之交臂，此次翻译美国作家尼古拉斯·布林科的这部作品也算一种缘分，让我由远及近地与伯利恒进行了一次心灵交流。作为著名的小说家，布林科对伯利恒的历史描述得细致而生动，更让人感怀于心的是他对于那片敏感土地上的人们的深刻同情。通过一个个有血有肉的普通家庭，通过食品、香料、驼队、房屋、道路与土地的风土人情，通过荒原与沃土、沙漠与绿洲、历史与现实、内部与外部的冲突，布林科将耶路撒冷与伯利恒、阿拉伯人与犹太人、以色列与巴勒斯坦之间古往今来的爱恨情仇一一展示在我们眼前。作为伯利恒的"女婿"，作者的写作立场显而易见，但他陈述历史时的客观与严谨也给我们留下了深刻的印象。世界历史不应该只是强者的历史，更不应该只由强权来叙述。况且，作者推崇处理冲突的最佳途径——归根结底还是"和平"二字。正如作者所言，"夹在过去与现实之间"的伯利恒，面朝沙漠，似乎是伸向温暖，又或许在期待新的一天。

作者在解读 Pardes 一词时告诉我们，阅读时需要"保持敏感睿智"的头脑，同时还应"怀有宽厚仁慈之心"。读书如此，"阅读一座城市，更要加倍用心"。翻译何尝不是这样？不仅要用脑，更要用心。要合着作者的脉搏和呼吸，尽可能将原文的意义、情感与文体风格忠实地传达出来，还需顾及读者的体验与感受。对我来说，翻译这样的好书，要完全做到不负读者不负君实在只是理想境界。好在对于每一次严肃的翻译工作，我都抱有一颗敬畏之心。也好在有我四位优秀的翻译专业硕士：符伟、姜程、朱丽阳和杨文晶同学对这项工作的重要付出。每一次相关细节的讨论和学习都是一次教学相长；每一次争论与修正都表达了我们对作者的尊重与致敬。感谢同学们的用心参与。不得不说，因为你们我有过焦虑上火，也失去过耐心和信心；但你们让我懂得，你们的参与最终成就了更好的我们。比起工作时的辛苦与劳累，我们从阅读与翻译中获得的满足与快乐更加长久。

上海大学　周　平
2018 年 12 月 20 日于广西防城港

Nicholas Blincoe
Bethlehem：Biography of A Town
Copyright © Nicholas Blincoe，2017
This edition arranged with AITKEN ALEXANDER ASSOCIATES LTD
through BIG APPLE AGENCY, INC., LABUAN, MALAYSIA.
Simplified Chinese edition copyright:
2022 SHANGHAI TRANSLATION PUBLISHING HOUSE (STPH)

图字：09 - 2018 - 1268 号

图书在版编目（CIP）数据

伯利恒/（英）尼古拉斯・布林科
（Nicholas Blincoe）著；周平译. —上海：上海译文
出版社，2022.6
（历史学堂）
书名原文：Bethlehem：Biography of A Town
ISBN 978 - 7 - 5327 - 8876 - 7

Ⅰ.①伯⋯　Ⅱ.①尼⋯②周⋯　Ⅲ.①巴勒斯坦-历
史　Ⅳ.①K381

中国版本图书馆 CIP 数据核字（2022）第 062402 号

伯利恒
［英］尼古拉斯・布林科　著　周　平　译
责任编辑/钟　瑾　装帧设计/柴昊洲

上海译文出版社有限公司出版、发行
网址：www.yiwen.com.cn
201101　上海市闵行区号景路 159 弄 B 座
上海新华印刷有限公司印刷

开本 890×1240　1/32　印张 9　插页 2　字数 180，000
2022 年 8 月第 1 版　2022 年 8 月第 1 次印刷
印数：0，001—6，000 册

ISBN 978 - 7 - 5327 - 8876 - 7/K・297
定价：58.00 元